W0371366

Schätze auf dem Meeresgrund

ATLAS VERSUNKENER SCHIFFE

Schätze auf dem Meeresgrund

ATLAS VERSUNKENER SCHIFFE

Angus Konstam

Bechtermünz Verlag

Titel der englischen Originalausgabe: Atlas of Shipwrecks
Originalverlag: Prima Editions, England

Deutsche Erstausgabe
für Weltbild Verlag GmbH, Augsburg 1999
Copyright © 1999 Prima Editions, England
Copyright © 1999 für die deutsche Übersetzung und Ausgabe by
Weltbild Verlag GmbH, Augsburg 1999

Alle Rechte vorbehalten. Kein Teil dieser Veröffentlichung darf reproduziert, mit einem elektronischen Bearbeitungssystem gespeichert oder sonstwie übertragen werden, ob auf elektronische, mechanische Weise oder als Fotokopie, ohne die vorherige Einwilligung des Verlages.

Illustrationen: Oliver Frey
Geographische Karten: Martin Teviotdale, Roger Kean und Oliver Frey
Gestaltung: Joanne Dovey
Koordination und Bearbeitung sowie Layout der deutschen Ausgabe:
Der Buchmacher, Arthur Lenner, München
Übertragung ins Deutsche: Annegret Hunke-Wormser, Heidelberg
Redaktionelle Betreuung: Heike John, Faistenhaar
Einbandgestaltung: Georg Lehmacher, Friedberg/Bayern
Umschlagmotive: vorne: Prima Editions/Georg Lehmacher (oben), Mel Fisher Maritime Museum, USA/Dylan Kibler; (Mitte links und unten), Colorific (Mitte), Gary Gentile Productions (Mitte rechts); hinten: Parks Canada/Denis Pagé (oben), Colin Martin (unten)
Gesamtherstellung: Rotolito Lombarda, Italien
Printed in Italy
ISBN 3-8289-0360-6

Bildnachweis:

John Adams: 94, 130, 131; AKG London: 22 unten, 47; Ancient Art & Architecture Collection, London: 46, 54, 55, 65; The British Library: 63, 122; The British Museum: 48; John Broomhead: 154; Colonial Williamsburg, Virginia: 166; Colorific: 41; Nicholas Dean: 169; Delaware State Archaeologist's Office: 156; Delaware State Museums, Delaware: 157; Deutsches Schiffahrtsmuseum, Bremerhaven: 72, 73; Draeger Limited: 40; Florida Bureau of Archaeological Research: 82, 93; Oliver Frey: 171 oben; Gary Gentile Productions: 172, 173, 182, 183 oben, 185; Hamilton-Scourge Foundation und Ian Morgan: 158; The Hispanic Society of America: 106, 107; Imperial War Museum: 186, 187, 188; The Institute of Nautical Archaeology: 50, 51, 57, 76, 79; Jamestown-Yorktown Editional Trust, Williamsburg, Virginia: 167; Kälmar Läns Museum/Kronan Project: 152, 153; Michael L. Katzev: 18, 52, 53; L'Invincible Society, Portsmouth: 155 oben; Abraham Lopez: 80, 81; Rod MacDonald: 189; Mariners' Museum, Newport News, Virginia: 164, 165, 178, 183 unten, 184; Colin Martin: 17 unten, 96, 97, 128, 129; Edward Martin: 101; Mary Evans Picture Library: 15 links, 30, 134; The Mary Rose Trust: 10, 11, 12 oben, 22 oben, 23, 95; Mel Fisher Maritime Museum, USA: 2, 29, 36, 84, 126; Mel Fisher Martime Museum, USA/Pat Clyne: 27, 116 oben, 117; Mel Fisher Maritime Museum, USA/Dylan Kibler: 8, 14 oben, 15 rechts, 17 oben, 20, 21, 26, 28, 38, 85, 111 oben, 112, 113 oben, 140, 141; Mel Fisher Maritime Museum, USA/ Scott Nierling: 9, 16, 105, 110, 111 unten, 116 unten, 127 oben; Keith Muckelroy: 100; Robert Muir: 189 oben; Musée Archeologique de Beyrouth: 49; The Museum of London: 62, 68, 69; National Geographic Society/Jonathan Blair: 114, 115; National Geographic Society/Sisse Brimberg: 127 unten; National Geographic Society/Robert Goodman: 59; National Geographic Society/Emory Kristof: 39; National Geographic Society/Davis Meltzer: 56; National Geographic Society/J. Baylor Roberts: 24 unten; National Geographic Society/Lloyd Townsend: 58 unten; National Maritime Museum, London: 1, 5, 6, 7, 12, 14 unten, 31, 32, 34, 35, 64, 77, 90, 92, 93, 104, 105 oben, 120, 121, 135, 136, 149, 150, 155 unten, 162, 163, 170 oben, 179, 180, 181; National Park Service, U.S. Dept. of Interior: 167 oben; North Carolina Archives and History/Julep Gillman-Bryan: 145; North Carolina Archives and History/ Alan Westmoreland: 144; Parks Canada/Denis Pagé: 138, 139; Peabody Essex Museum, Salem, Massachusetts: 168; Pepys Library, Magdalene College, Cambridge: 12 unten, 91; Prima Editions: 24 oben; Rijksmuseum, Amsterdam: 19, 78; Margaret Rule: 66, 67; The Sea Venture Trust: 87; The Sea Venture Trust/Bank of Bermuda: 86; Texas Historical Commission: 38 unten; Texas Historical Commission und das Corpus Christi Museum of Science and History 108, 109, 113; Thames and Hudson Limited: 58 oben; Vasa Museum, Schweden: 98, 99; The Viking Ship Museum, Roskilde: 70, 71; Western Australia Maritime Museum/Patrick Baker: 125; Western Australia Maritime Museum/Jeremy Green: 124; The Whydah Society /Barry Clifford/City Arts Centre, Edinburgh: 142, 143; Woods Hole Oceanographic Institution: 170 unten, 171 unten links und rechts, 174, 175.

Titelseite: »Der Verlust der HMS Magnificent, März 1801.« Ölgemälde von John Christian Schetky.

Vorhergehende Seite: Das Highborn Cay Wrack. Ein Taucher untersucht das versunkene Schiff, 1986.

Gegenüber: Ein Schiff der Ostindienkompanie erliegt einem Sturm. »Das Wrack der Amsterdam.« Ölgemälde von Cornelius Wieringen.

Inhalt

Vorwort

Warum ist unser Interesse an der Entdeckung versunkener Schiffe so groß? Warum faszinieren uns diese Ereignisse, die vor so langer Zeit geschehen sind – oder umgekehrt, erst vor so kurzer Zeit, daß sie Gegenstand der Abendnachrichten sind? Wird die Tragödie, ein Schiff, seine Mannschaft und die Ladung zu verlieren, größer, nachdem Taucher es entdeckt haben und beginnen, es dem Meeresboden wieder abzufordern? Warum entsteht der Eindruck, ein Schiffswrack wäre wichtiger als das Schiff selbst?

Für einige Interessierte bringen die Bergungsunternehmungen und archäologischen Studien mehr über das Leben der Menschen zutage, als die Historie allein uns jemals zeigen könnte, weil die Geschichte des Schiffes für immer ohne Ende blieb. Die gefundenen Gegenstände wurden nicht durch die Jahrhunderte weitergereicht, von zahllosen Händen berührt, benutzt und ausrangiert. Für andere gleicht die Entdeckung eines Schiffswracks einer Zeitreise. Die Jahre zwischen Untergang und Entdeckung sind ausgelöscht, und der Leser von Berichten über Schiffsuntergänge fühlt sich direkt mit den Menschen verbunden, die ihr Leben lassen mußten und deren Geschichte ein so plötzliches Ende nahm.

Vielleicht ist es aber auch die geheimnisvolle Veränderung, die sich im Meer mit allem von Menschenhand Geschaffenen vollzieht. Wenn dem Meer ausreichend Zeit zur Verfügung steht, wird aus einer gewöhnlichen Vase oder einem ganz alltäglichen Werkzeug ein fast unirdisches Gebilde. Korallen überziehen alles mit einer Kruste, Wasser erodiert, und Würmer haben freie Bahn. Das Schiffswrack ist dem Menschen sogleich vertraut und doch anders als alles bisher Gesehene. Shakespeare hat dies in »Der Sturm« beschrieben:

Fünf Faden tief liegt Vater dein,
Sein Gebein wird zu Korallen;
Perlen sind die Augen sein;
Nichts an ihm soll verfallen,
Das nicht wandelt Meereshut
In ein reich und seltnes Gut.

Menschen aller Altersgruppen unterschiedlichster Herkunft verfallen dem Zauber von Schiffswracks. Ein Schiff auf dem Meeresgrund signalisiert Reichtum und Abenteuer. Ob in einem Buch oder in einer Ausstellung – die akribische Kleinarbeit, mit der alles ans Tageslicht gebracht wurde, und die Vertrautheit der entdeckten Gegenstände faszinieren und regen die Phantasie der Menschen an.

Die Entdeckung versunkener Schiffe nimmt stark zu. Jedes neue ans Tageslicht beförderte Schiffswrack offenbart uns die reiche Welt unserer Vergangenheit. Wenn wir die Geschichte dieser Wracks und der Menschen näher kennenlernen, wird die Geschichte dieser Schiffe endlich abgeschlossen werden können.

Claudia L. Pennington

CLAUDIA PENNINGTON
Direktorin des Mariners Museum,
Newport News, Virginia (USA)

Unten: »Das Wrack des Ostindienfahrers Dutton in Plymouth Sound am 26. Januar 1796« von Thomas Luny. Überlebende und Zuschauer stehen am Strand und beobachten hilflos die Tragödie eines auseinanderbrechenden Schiffswracks, während andere versuchen, die Mannschaft zu retten.

SCHIFFSWRACKS

Geschichten von Schätzen und Tragödien schüren die Faszination, die von versunkenen Schiffen ausgeht. Sie gewähren uns auch einen einzigartigen Einblick in unsere Vergangenheit und geben uns die seltene Gelegenheit, die Seeleute vergangener Zeiten und die Schiffe, auf denen sie die Welt umsegelten, zu verstehen.

Oben: »Einfangen einer Meerjungfrau«, Ölgemälde von James Clark Hook. Die Nachwirkungen einer menschlichen Tragödie: Kinder säubern den Strand nach einem Sturm vom Strandgut eines Schiffswracks. Für die Dörfer an den Küsten waren die Überreste eines Schiffs ein unverhoffter Glücksfall.

Schiffswracks sind eine faszinierende Angelegenheit. Von Kindheit an beschwören sie Bilder von wunderschönen Segelschiffen herauf, die an felsigen Klippen zerschellen, von Tragödien und Schrecken, tollkühnen Rettungsaktionen und verlorenen Schätzen. In diesem Buch werden 40 der faszinierendsten Schiffswracks auf der ganzen Welt beschrieben; es wird erzählt, wie die Schiffe untergingen und – ebensowichtig – wie sie später entdeckt wurden. Obwohl das romantische Bild versunkener Schätze sehr beeindruckend ist, wurden nur auf einer Handvoll dieser Schiffswracks Schätze im herkömmlichen Sinne geborgen. Die übrigen brachten jedoch einen ebensoreichen Schatz zutage: Informationen über die Vergangenheit, die Schiffe selbst, ihre Fracht und die Menschen, die auf ihnen segelten. Der Begriff Schatz hat für die Menschen unterschiedliche Bedeutungen: Für einen Schatzsucher oder Bergungsarbeiter bedeutet er Gold- und Silberbarren sowie kostbare Edelsteine, gefunden in den Überresten einer spanischen Galeone. Für einen Meeresarchäologen bedeutet er das Wissen, wie Schiffe früher gebaut wurden oder wie die Fracht, zum Beispiel Weinfässer, in die wirtschaftliche Situation der jeweiligen Zeit paßt.

Eines der Themen in diesem Buch ist der Konflikt, der hieraus zwischen Archäologen und Schatzsuchern entstand. Die Entwicklung der Meeresarchäologie, die Ausbildung und Techniken, die sie erfordert, werden nachfolgend erläutert.

Zur Zeit unserer Großväter hätte dieses Buch nicht geschrieben werden können. Vor 1940 gab es für gewöhnliche Menschen keine Möglichkeit, die Unterwasserwelt auf der Suche nach der Vergangenheit zu erforschen. Jacques Cousteaus Erfindung der Aqualunge im Jahre 1942 war bahnbrechend. Endlich hielt die Menschheit den Schlüssel in Händen, der ihr ein weites Feld an Informationen, die auf dem Meeresboden lagen, öffnen sollte. Unsere Kenntnis historischer Schiffe hat in den letzten 50 Jahren in erster Linie durch die Entdeckung von Schiffswracks einen gewaltigen Schritt nach vorne getan. Ich hoffe, ich kann dem Leser eine Vorstellung davon geben, welche Informationen ein historisches Schiffswrack liefern kann, wenn man die richtige Methode anwendet.

Die hier beschriebenen Schiffswracks wurden in zehn Kapitel aufgeteilt, wobei jedes Kapitel einen Einblick in eine besondere Periode der Seefahrt gibt. Das Faszinierendste beim Erforschen von Wracks ist das Beantworten von Fragen. Von der Bestimmung, wie die Schiffe gebaut wurden, über die Erklärung, wie sie gekämpft haben, bis zur Beantwortung der Frage, warum es sie überhaupt gab. Diese Abschnitte des Buchs setzen die von den Wracks gewonnenen Informationen zusammen und zeigen, wie jedes dazu beigetragen hat, wichtige Fragen zum Schiffsbau und zur Seefahrt zu beantworten.

Schiffswracks und das Tauchen sagen ebensoviel über Menschen aus wie Schiffe und Unterwassertechniken. In diesem Buch werden immer wieder Abstecher unternommen, in denen vier Persönlichkeiten beschrieben werden, die auf ihre Art zur Geschichte beitrugen. Die Wahl ist nicht durch Zufall auf einen Pionier, einen Tiefseeforscher, einen Archäologen und einen Schatzsucher gefallen. Es ist wichtig zu verstehen, was sie dazu getrieben hat zu tun, was sie taten.

Wenn der Leser selbst kein Taucher ist, mag er es befremdlich finden, in einer so ungewöhnlichen Umgebung wie der Welt unter Wasser zu arbeiten. Während alles für den Gebrauch unter Wasser speziell präpariert werden muß, können viele archäologische Techniken, die an Land benutzt werden, auch unter Wasser angewandt werden. Die eingeschränkte Sicht jedoch, die auf dem Meeresboden verbrachte Zeit und der Einfluß des Meeres sind mit nichts an Land vergleichbar. Dies verleiht den Erkundungen und der Archäologie unter Wasser eine romantische Aura. Die Ergebnisse lohnen den Aufwand, weil die Schiffswracks uns die Möglichkeit geben, unserer Vergangenheit auf eine Art und Weise einen Besuch abzustatten, wie es an Land unmöglich wäre. Dieses Buch erklärt, warum.

MEERESARCHÄOLOGIE

Mit Hilfe der Wissenschaft der Meeresarchäologie können Schiffswracks erforscht und ihre Geheimnisse gelüftet werden. Die Entwicklung des Tauchens mit Sauerstoffflaschen in den letzten 50 Jahren hat diese faszinierende wissenschaftliche Disziplin erst möglich gemacht, und neue, wertvolle Informationen werden ständig von tauchenden Archäologen an die Oberfläche gebracht.

Obwohl Cousteau schon in den 50er Jahren klassische Schiffswracks im Mittelmeer untersuchte, fand die erste professionelle archäologische Bergung 1960 statt. Ein amerikanisches Team unter der Leitung von George Bass barg ein mehr als 3500 Jahre altes, antikes Schiffswrack in der Höhe des Kap Gelidonya in der Türkei (siehe Seite 50). Dies war der Beweis, daß Archäologen auch unter Wasser arbeiten konnten. Im darauffolgenden Jahr wurde das Kriegsschiff *Vasa* unversehrt aus dem Schlamm des Stockholmer Hafens in Schweden geborgen – eine Meisterleistung maritimer Bergungsarbeit, durch die das immense Potential von Schiffswracks ins Licht der Öffentlichkeit gerückt wurde (siehe Seite 98).

Da die Anzahl der Sporttaucher in den 60er und 70er Jahren stetig zunahm, wurden immer neue historische Wracks entdeckt. Die Gruppe tauchender Archäologen wurde langsam größer; zu ihren Aufgaben zählten sowohl das Kartographieren versunkener Häfen und Pfahlbauten als auch die Erforschung von Schiffswracks. In den 80er Jahren waren die Unterwassertechniken und -methoden so weit entwickelt, daß sie als Trainingsprogramme in den Unterrichtsplan der Universitäten in Europa und den USA aufgenommen werden konnten.

Definitionsgemäß bedeutet Archäologie die Identifizierung und Deutung der Überbleibsel vergangener Lebensweisen. Archäologen setzen – ähnlich wie Detektive – die Vergangenheit aus einzelnen Beweis-

Rechts: Die Meeresarchäologen Corey Malcolm und David Moore arbeiten am St.-John's-Wrack in den Gewässern der Bahamas, dem Fundort eines spanischen Entdeckerschiffes aus dem 16. Jahrhundert. Der Wirrwarr von Gegenständen und Ballaststeinen im Vordergrund wird systematisch von den Archäologen kartographiert, geborgen und konserviert.

stücken zusammen. Meeresarchäologen arbeiten nicht anders, nur unter anderen Bedingungen. Dieses archäologische Spezialgebiet umfaßt die Erforschung versunkener Überreste von Schiffen, es kann aber auch den Aushub versunkener Gebäude oder sogar Städte bedeuten.

Die Arbeit eines Archäologen ist hart und mühsam, ob an Land oder unter Wasser. Meeresarchäologen müssen gute Taucher und in der Lage sein, unter Wasser zu arbeiten, bevor sie mit ihrer eigentlichen Aufgabe beginnen können. Dem Meeresarchäologen steht sehr viel weniger Zeit für seine Arbeit zur Verfügung als seinen Kollegen an Land. Eingeschränkt durch die Zeit der Druckverminderung, die Gezeiten, das Wetter, die Versorgung mit Sauerstoff und die Temperaturen, verbringt er fast ebensoviel Zeit mit dem Kampf gegen seine ungewohnte Umgebung wie mit der Entdeckung der Vergangenheit.

Meeresarchäologisches Können

Weitere Probleme, die an Land nicht auftauchen, sind die geringe Sicht und die fehlende Kommunikation mit Kollegen, was bedeutet, daß man halbwegs isoliert arbeiten muß. Ein Meeresarchäologe muß ein guter Archäologe und Taucher sowie gleichzeitig in vielen anderen Bereichen bewandert sein; so muß er sich auch als Techniker, Mechaniker, Handwerker, Fotograf und Vermesser betätigen können. Obwohl an die Arbeit unter Wasser derselbe Genauigkeitsanspruch gestellt wird wie an Land, ist diese doch weitaus anspruchsvoller und problematischer. Für viele ist genau das ein Teil der Herausforderung.

Heute gibt es zahlreiche Meeresarchäologen, die im Staatsdienst für Universitäten, Museen, Handelsfirmen oder als Freiberufler tätig sind. Einige arbeiten sogar mit kommerziellen Bergungsdiensten oder Schatzsuchern zusammen und versuchen, auch während solcher Unternehmungen archäologische Forschung zu betreiben. Ein archäologischer Purist mag dabei die Nase rümpfen und sagen, sie wirkten bei der »Plünderung« historischer Fundstätten mit. Archäologen, die mit Bergungsmannschaften zusammenarbeiten, könnten erwidern, die Bergung könne ohnehin nicht verhindert werden, und es sei besser, einen Nutzen daraus zu ziehen, um etwas zu lernen, als nichts zu tun. Auf den Seiten 26 bis 28 wird näher auf den Konflikt zwischen Archäologie und Schatzsuche eingegangen.

Die 40 in diesem Buch beschriebenen Schiffswracks wurden fast alle nach archäologischen Gesichtspunkten untersucht und ausgehoben; die Arbeit erfolgte nach wissenschaftlichen Standards. Zwei der Wracks – die *Andrea Doria* und die *Titanic* – sind nach Ansicht der Wissenschaftler zu tief auf dem Meeresgrund oder zu jung für eine archäologische Untersuchung. Andere, z. B. drei der Schiffswracks in dem Kapitel über die spanische Schatzflotte, wurden nicht archäologisch untersucht.

Einige Schiffswracks, die von Schatzsuchern oder kommerziellen Gesellschaften geborgen wurden, werden in diesem Buch behandelt, um einen Vergleich zu ermöglichen. Ihre Aufnahme ist in keiner Weise ein Zeichen dafür, daß der Autor oder der Verlag die Schatzsuche billigen, sie soll vielmehr einige der Probleme verdeutlichen, die eine kommerziell ausgerichtete Bergung nach sich zieht. Unsere Vergangenheit stellt ein zu bedeutendes Vermächtnis dar, als daß wir ihr aus reinem Gewinnstreben Schaden zufügen dürften.

Oben: Spanische Silbermünzen wie diese »Acht Reales« aus einem Schiffswrack aus dem 17. Jahrhundert sind nicht die einzige Art von Schatz auf dem Meeresgrund. Archäologen können den großen Schatz an Informationen über unsere Vergangenheit, der in jedem Schiffswrack verborgen liegt, ans Tageslicht bringen.

Unten: Ein bronzenes Astrolabium, das in einem Schiffswrack aus dem 17. Jahrhundert entdeckt wurde. Dieses seltene Instrument war ein Navigationswerkzeug. Seeleute hatten bis in die Mitte des 18. Jahrhunderts keine Möglichkeit, Längenmaße zu bestimmen.

Schiffe als Zeitkapseln

Schiffbrüche ereignen sich an einem ganz bestimmten Punkt der Geschichte und spiegeln so den Stand der Entwicklung zum Zeitpunkt ihres Untergangs wider. Auf diese Weise wirken sie wie eine Zeitkapsel, mit der wir auf einzigartige Weise einen Blick auf die Vergangenheit werfen können – eine Gelegenheit, die uns die Archäologie an Land in der Regel nicht bieten kann.

Jedes durch einen Schiffbruch verlorengegangene Schiff ist zu einem bestimmten Zeitpunkt in der Vergangenheit gesunken. Alles an Bord stammt entweder von diesem Tag oder aus einer früheren Zeit. Dies ist ein großer Vorteil bei der Bergung eines Schiffswracks gegenüber der Aushebung eines Fundortes an Land. Anders als dieser, der vielleicht noch jahrhundertelang bewohnt war oder von moderneren Gegenständen überlagert wurde, ist ein Schiffswrack wie eine Fotografie: ein zu Eis erstarrter Augenblick. Es ist, als ob das Schiff eine Zeitkapsel wäre, mit der wir mehr über das Leben in jener Zeit erfahren können, in der das Schiff über die Weltmeere fuhr und Menschen auf ihm lebten und arbeiteten.

Oben: Das Speichenrad einer Lafette ragt aus dem Schlamm auf dem hinteren Kanonendeck der Mary Rose hervor, einem Kriegsschiff aus der Tudorzeit, gesunken 1545. Unter den richtigen Bedingungen können Artefakte unter Wasser erstaunlich gut erhalten bleiben.

Jedes historische Schiffswrack erzählt eine eigene Geschichte und gewährt neue Erkenntnisse. Es zeigt uns, wie Schiffe in jener Zeit entworfen und gebaut wurden, mit welchen Waffen sie ausgestattet wurden und welche Fracht sie geladen hatten. Obwohl menschliche Überreste auf Schiffswracks, die älter als 60 Jahre sind, extrem selten sind, können doch die Artefakte, die einmal den Passagieren und der Mannschaft gehört haben, viel über die einstigen Besitzer berichten. Wie das Schiff selbst wurden auch ihre Habseligkeiten in diesem Augenblick der Geschichte »eingefroren«, frei von Modeerscheinungen und Stilrichtungen späterer Generationen. Alles auf dem Wrack wurde genau an jenem Tag, in jener Zeit oder früher benutzt.

Manchmal stammen diese Artefakte auch aus einer viel früheren Zeit. Bedeutende antike und historische Stücke sind bei Schiffbrüchen verlorengegangen, viele von ihnen kamen aus einer Zeit, die mehrere hundert Jahre zurücklag. Ein Beispiel hierfür ist das Wrack der *HMS Colossus*, ein Kriegsschiff aus dem späten 18. Jahrhundert, das vor den Scilly-Inseln, bei der Einfahrt von Westen in den Ärmelkanal, Schiffbruch erlitt. Als das Wrack 1974 entdeckt wurde, fand man neben den für Kriegssegelschiffe jener Zeit herkömmlichen Gegenständen Tausende von Tonscherben, einige aus dem 4. Jahrhundert v. Chr.! Die *Colossus* sank mit einer Ladung antiker Stücke italienischer und griechischer Herkunft auf dem Weg von Neapel nach London, was zeigt, wie die Durchsicht von Dokumentationsmaterial scheinbar unerklärliche Funde bei Schiffbrüchen verständlich machen kann.

Das 16. Jahrhundert im Schlamm konserviert

Ein Schiff, das auf einen Meeresboden mit guten konservierenden Eigenschaften gesunken ist, hat eine ausgezeichnete Chance, viele seiner historischen Informationen zu bewahren. Schiffe wie die *Mary Rose* (siehe Seite 94–95) oder die *Vasa* (Seite 98–99) waren in kürzester Zeit von dem anaeroben Schlamm und Schlick der Häfen bedeckt, in denen sie untergingen. Das bedeutete, daß die Fundstücke und die Schiffsrümpfe bis zu ihrer Entdeckung und Aushebung Jahrhunderte später geschützt waren.

Diese großen »Zeitkapseln« sind als Quellen gut erhaltener Informationen von einzigartiger historischer Bedeutung und das beste Vehikel, um eine Reise in die Zeit vor ihrem Untergang zu unternehmen. Die Erforschung der Fundstücke der *Mary Rose*, auf der die seltenen Bedingungen gegeben waren, menschliche Knochen intakt zu erhalten, ermöglichte medizinische Anhaltspunkte über die Gesundheit von Arbeitern in der Mitte des 16. Jahrhunderts. Mit einer repräsentativen Stichprobe wurde aufgezeigt, daß Knochenverformungen und Zahnverfall weit verbreitet waren. Die Überreste der Betten und Kleider wiesen Spuren von Läusen auf, und die restlichen Nahrungsmittel zeigten, daß das Schiff unter Ratten zu leiden hatte. Es wäre unmöglich, diese Art von Informationen von einem Fundort an Land aus derselben Zeit zu erhalten, weshalb Schiffswracks eine besondere historische Quelle sind.

Sogar schlecht erhaltene Wracks enthalten wertvolle Informationen. Das St.-John's-Wrack (Seite 84–85) zum Beispiel sank auf der Höhe der Bahamas in einem ungeschützten Gebiet, in dem nicht viele organische Überreste oder Schiffsbalken die Zeit überdauerten. Trotzdem konnten intakte Aufbewahrungsbehälter (»Olivenkrüge«) und Teile zerbrechlicher gläserner Phiolen zusammen mit Überresten von Tieren geborgen werden; es können also sogar an Orten ohne konservierende Schlammschicht lebendige Anhaltspunkte über das Leben an Bord jener Schiffe erhalten bleiben. Einer der kleineren Knochen wurde als Knochen eines jungen Alligators identifiziert, der als Haustier an Bord gehalten wurde und wahrscheinlich als Souvenir aus der Neuen Welt nach Spanien gebracht werden sollte! Die Struktur des Schiffsrumpfes und die Überbleibsel der Geschütze können mit anderen »Zeitkapseln« spanischer Schiffe aus dem Zeitalter der Entdeckungsreisen verglichen werden, so daß ein klareres Bild über den Bau und die Bewaffnung dieser Schiffe entsteht. Sehr wichtig ist also die Zusammenarbeit, um Fundstücke ähnlicher Fundorte miteinander zu vergleichen und mit schon bestehenden Sammlungen oder Informationen in den Museen und Archiven der Welt in Verbindung zu bringen.

Unten: Ein Nachbau des hinteren Kanonendecks der Mary Rose, das im Original auf dem Foto auf der gegenüberliegenden Seite zu sehen ist. Eine sorgfältige Untersuchung der Fundstücke versetzte die Archäologen in die Lage, bis ins Detail nachzuvollziehen, wie es auf einem Kriegsschiff im 16. Jahrhundert ausgesehen hat und wie die Geschütze auf einem Schiff in dieser Übergangsphase der maritimen Kriegsführung gehandhabt wurden.

Sorgfältige Dokumentationsarbeit

Die Informationen, die durch die sorgfältige Untersuchung der Schiffe selbst zusammengetragen wurden, können durch Informationen aus Dokumentationen noch erweitert werden. So waren die Verwalter, welche die Schiffe der spanischen Armada im Jahre 1588 mit Geschützen ausstatteten, peinlich genaue Buchführer. Jede Kanonenkugel wurde für jedes Schiff vermerkt, und wenn das Schiff nach dem Feldzug den Heimweg nach Spanien überstanden hatte, mußte über den Verbleib jeder einzelnen Kugel Rechenschaft abgelegt werden.

So können Archäologen, wenn ein Schiff der spanischen Armada wie *La Trinidad Valencera* (Seite 96–97) sorgfältig ausgehoben wird, die Buchführung der spanischen Schreiber, die schon vor langer Zeit gestorben sind, vollenden.

Rechts: Schiffsbauer aus der Tudorzeit beim Entwurf eines neuen Schiffes – vielleicht handelt es sich sogar um die unglückselige Mary Rose.

Wenn Forscher die Anzahl der ausgehobenen Kanonenkugeln mit jenen vergleichen, die das Schiff vor dem Auslaufen geladen hatte, können sie genau berechnen, wie viele Kugeln während der Kämpfe der Armada abgefeuert wurden, als sie sich ihren Weg durch den Ärmelkanal erkämpfte. Hieraus kann man folgern, welche Kanonen am häufigsten abgefeuert wurden, und so einen Einblick in die Taktik der Spanier gewinnen. Es wurde deutlich, daß sie fast nie mit ihren großen Kanonen feuerten – wahrscheinlich, weil es zu zeitaufwendig war, sie neu zu laden. Sie verbrauchten hingegen eine beachtliche Anzahl an Kanonenkugeln für kleine Kanonen für den Nahbereich, womit der Mythos zerstört wäre, die englische Flotte hätte Kanonen für weiter entfernte Ziele verwendet, um die spanischen Schiffe zu bekämpfen. Dieser Einblick in eine bedeutende Seeschlacht war nur durch ein Zusammenwirken von Archäologen und Archivaren möglich und zeigt einmal mehr die Bedeutung von Schiffswracks als »Zeitkapseln«.

Aufzeichnen der zerbrechlichen Vergangenheit

Es gibt nur eine begrenzte Anzahl von Wracks auf den Meeresböden der Welt, die im Laufe der Geschichte der Menschheit versanken. Obwohl uns schon viele bekannt sind, warten sicher noch einige andere auf Entdeckung. Historische Schiffswracks werden andauernd geborgen, und die Entwicklung neuer Technologien in der Tiefseeforschung bedeutet, daß sogar die Schiffswracks, die niemals von Tauchern erreicht werden, entdeckt werden können.

Leider gibt es für Archäologen schon zu viele historische Wracks, die untersucht und ausgehoben werden müssen. All diese Wracks können historische Informationen enthalten, unabhängig davon, wie gut oder schlecht ihre Fundstücke über die Jahrhunderte hinweg konserviert wurden. Da Wracks eine begrenzte Quelle sind, muß all ihr Informationsmaterial gesammelt werden. So ist es höchst bedauerlich, wenn die Ergebnisse nicht mit großer Sorgfalt aufgezeichnet werden. Es bedeutet den Verlust eines Zeitzeugnisses und die Zerstörung von möglichen Erkenntnissen.

Oben: *Für alle armen Seelen an Bord eines sinkenden Schiffes ist dies ein schreckliches Erlebnis mit wahrscheinlich fatalem Ende. George Cruikshanks »Interessante Szene an Bord eines Ostindienfahrers, welche die Auswirkungen einer schweren Mahlzeit zeigt« demonstriert nur zu deutlich, wie sehr das Leben der Menschen an Bord an einem seidenen Faden hing.*

Kommerzielle Bergungsarbeiten und Schatzsucher sind einer der Hauptgründe für den Verlust dieser Informationen; aber auch die Schleppnetze der Fischer, Hafenbau und andere menschliche Aktivitäten haben in der Vergangenheit ihr übriges dazu beigetragen. Aus diesem Grund birgt die Zusammenarbeit von Archäologen und Schatzsuchern viele Probleme, ist jedoch immer noch das geringere Übel, da sonst alle Informationen verlorengingen. Andererseits ist eine vollständige Aufzeichnung sämtlicher archäologischer Daten während einer kommerziellen Bergungsaktion so gut wie unmöglich.

Wenn Schiffe Zeitkapseln sind, durch die wir wie durch ein Fenster einen Blick auf unsere Vergangenheit werfen können, stellen sie einen wertvollen Schatz dar. Diese Informationen sind mehr wert als alle Schätze, die jemals von Schiffen geladen wurden und auf See verlorengingen.

Der Fundort eines Schiffswracks

Anders als in Romanen werden echte historische Schiffswracks selten unversehrt aufgefunden; meistens bestehen sie aus einer verstreuten Ansammlung von Artefakten und einer kaum erkennbaren Rumpfstruktur. Dieses Durcheinander muß sorgfältig untersucht werden, um zu den Geheimnissen des Schiffswracks durchdringen zu können.

Oben: Meeresarchäologen bei der Arbeit am St.-John's-Wrack vor den Bahamas.

Unten: Die Aushebung dieses Fährschiffes wurde in den Schlammschichten einer Meeresbucht im Norden Englands durchgeführt. Diese Rekonstruktion zeigt, wie die Überreste des 3000 Jahre alten Schiffes freigelegt wurden.

Jahrhundertelang gehörten Schiffe zu den komplexesten technologischen Errungenschaften ihrer Zeit, weil sie nach dem letzten Stand der Technik und mit den modernsten Werkzeugen gebaut wurden. Dies gilt sowohl für die Schiffe der Bronzezeit als auch für die Kriegsschiffe des 18. Jahrhunderts. Es ist sicherlich gültig für alle Schiffe, die in der Zeit vor der Industriellen Revolution gebaut wurden. Schiffe, vor allem Segelschiffe, waren außerdem von beeindruckender Schönheit. Ob sie nun als schwimmende Kanonenträger oder als Frachtschiffe im Einsatz waren – Segelschiffe besaßen eine Anmut, die vielen Schiffen im Zeitalter der Dampfschiffahrt abhanden kam.

Nach einem Schiffbruch ist es mit der Schönheit vorbei. Das Bild des einst stolzen Schiffes geht mit ihm unter, entweder während des Schiffbruchs oder in den darauffolgenden Jahrzehnten. Die Vorstellung, ein Schiff würde mit aufrechtem Mast und zerfetzten, wogenden Segeln auf dem Meeresgrund liegen, ist romantisch, aber völlig falsch. Während des Untergangs bricht das Schiff häufig bis zur Unkenntlichkeit auseinander.

Nach den ersten Tagen auf dem Meeresboden beginnt der Rumpf zu zerbrechen, so wie alle anderen von Menschenhand geschaffenen Dinge, die zerfallen, wenn sie den Elementen ausgesetzt sind. Mit der Zeit bricht der Schiffsrumpf völlig auseinander und verstreut alle möglichen Artefakte über den Meeresboden. Schlick legt sich über das Wrack, bisweilen begräbt er es sogar unter sich. Häufig verfaulen herausragende Balken, oder sie werden von Würmern gefressen; Stürme und die Bewegungen des Meeresbodens können die Reste der noch hervorragenden Teile überdecken, so daß schließlich nur wenige Anzeichen vorhanden sind, daß an dieser Stelle einmal ein Schiff untergegangen ist.

Halbwegs intakte Schiffsrümpfe sind extrem selten. Das häufigste Anzeichen für ein Wrack aus dem Zeitalter der Segelschiffe sind ein Berg von Ballaststeinen und verstreute Geschützteile. Der Archäologe muß mit Hilfe dessen, was zu finden ist, versuchen herauszuarbeiten, um welche Art von Schiff es sich gehandelt hat, wie und warum es gesunken ist, warum die Überbleibsel so verstreut liegen und wie sie in die ursprüngliche Schiffsstruktur einzufügen sind. Wracks gleichen häufig eher einem Kriegsschauplatz als dem Fundort einer ehemals zusammenhängenden Konstruktion.

Konservierung der Vergangenheit

Für den Meeresarchäologen ist ein Wrack eine Art Riesenpuzzle, bei dem er die zur Verfügung stehenden Informationen erst ganz verstehen muß, bevor er mit dem Zusammensetzen beginnen kann. Jeder Gegenstand und jedes Rumpfteil könnte den gesuchten Schlüssel enthalten, so daß die vor ihm liegende Aufgabe außeror-

Le Petit Journal

ADMINISTRATION 15 CENT. SUPPLÉMENT ILLUSTRÉ 15 CENT. ABONNEMENTS

31me Année Numéro 1.535

DIMANCHE 23 MAI 1920

Recherche des Trésors engloutis pendant la guerre

On évalue à 50 milliards la valeur des navires coulés par les mines et les sous-marins allemands

dentlich umfangreich werden kann. Ein archäologischer Fundort an Land wurde vielleicht verschüttet, bebaut oder geplündert, so daß nur selten ein unberührtes Stück gefunden wird. Unter Wasser konnte ein Mensch nur schwimmen und in einigen wenigen Gebieten mit Enterhaken und Schleppnetzen arbeiten. Aus diesen Gründen waren Wracks bis zur Erfindung der Aqualunge vor Menschen sicher. Sogar nachdem es einfacher wurde zu tauchen, waren Wracks wegen der geringen Sicht, der Tiefe und der Weite des Meeresbodens geschützt.

Wenn Archäologie die Erkundung einer Gesellschaft anhand historischer Fundstücke bedeutet, hängt alles davon ab, diese Überbleibsel zu finden, um sie erforschen zu können. Verschiedene Umstände fördern oder behindern das Überdauern von Bauteilen oder Gegenständen auf einem Schiffswrack. Ihr Zustand beeinflußt den Wert der Information. Wenn etwas verrottet ist, bleibt nichts übrig, was untersucht werden könnte. So wissen wir zum Beispiel mehr über die Artillerie der Spanier im 17. Jahrhundert als über den Bau spanischer Galeonen aus jener Zeit, weil weitaus mehr Kanonen auf dem Meeresboden überdauern als Schiffsbalken. Bestimmte Materialien halten sich auf dem Meeresgrund besser als andere.

Zu den wichtigen Merkmalen einer Fundstelle unter Wasser gehört, daß empfindliche Dinge aus Holz, Leder, Haut oder anderen organischen Materialien unter den richtigen Bedingungen überleben können. Der Mangel an Sauerstoff in stillen Gewässern oder Ablagerungen ist der Schlüssel zu ihrem Überleben, so daß große Holzkonstruktionen wie Schiffe in tiefem Schlick gut die Zeit überdauern können. So geschehen mit der *Mary Rose*, dem Schlachtschiff von Heinrich VIII. von England, das 1545 im Ärmelkanal unterging. Bei seiner Aushebung blieb etwa die Hälfte des Schiffsrumpfes unversehrt und wurde Schritt für Schritt an die Oberfläche befördert (siehe Seite 94). Der Reichtum an Material, der an gut konservierten Fundorten gesichtet werden kann, ist einer der wichtigsten Aspekte für die Erforschung historischer Schiffswracks.

Oben links: Das romantische Bild eines Schiffswracks und seiner Erkundung: Die französische Zeitschrift aus der Zeit um 1920 zeigt ein Schiffswrack mit versunkenen Schätzen und Taucher mit Taucherglocke, die mit einem Unterwasserroboter die Fracht bergen!

Oben: Ein Schiffswrack in der Realität: Die verstreuten Überreste des spanischen St.-John's-Wracks zeigen, daß der Rumpf zerfallen ist und nur einige Schiffsbalken unter einem Berg von Ballaststeinen übriggeblieben sind.

Das Aufspüren eines Schiffswracks

Ein Schiffswrack kann häufig nur schwer lokalisiert werden. Die Reste sind meistens mit Sand bedeckt und können nur mit hochentwickelten elektronischen Suchgeräten aufgespürt werden. Nach dem Auffinden müssen Archäologen die Überreste genau überprüfen, um das Wrack zu rekonstruieren.

Oben: *Ein Wrackjäger sucht den Meeresboden mit einem Magnetometer nach Überresten eines Schiffswracks ab. Er sucht in einer Kurve nach Zeichen für Auffälligkeiten im Magnetfeld, die auf metallene Reste eines Wracks hinweisen könnten.*

Schiffswracks werden häufig durch Zufall entdeckt – Fischernetze verfangen sich in den Balken, Sporttaucher entdecken freigelegte Artefakte, und Strandgutsammler finden Überreste, die an den Strand gespült wurden. Andere suchen vorsätzlich nach einem Wrack, indem sie den Meeresboden wie bei einer Vermessung absuchen oder auf die Jagd nach einem bestimmten Schiff gehen. Das Emanuel-Point-Wrack wurde auf die erste Art entdeckt (siehe Seite 82–83); die *Kronan* wurde gefunden, nachdem gezielt nach ihren Überresten gesucht worden war (Seite 152–153).

Die Suche nach einem Wrack ist ein schwieriges Unterfangen, weil so viele Faktoren entscheidend sind: die Ausrüstung, die Beschaffenheit des Meeresbodens, das Wetter, die Landnähe usw. Während Taucher sich bei der Suche auf ihre Augen verlassen, kann die Suche mit elektronischen Hilfsmitteln schneller und effizienter durchgeführt werden.

Magnetometer lesen die Stärke eines magnetischen Feldes ab. Werden sie hinter ein Boot gebunden, nimmt ihr Sensor metallene Kontakte (oder »Schläge«) auf. Die Stärke des »Schlages« zeigt die Größe des Gegenstandes auf dem Meeresboden an.

Echolote oder Sonar-Geräte können ein Schiff identifizieren, indem sie ein Bild des Meeresbodens unter ihrem Trägerschiff aufzeichnen. Ein mit einer dicken Schicht Sand oder Schlick bedecktes Wrack kann so geortet werden, obwohl an der Oberfläche des Meeresbodens kaum etwas von ihm zu sehen ist. Mit einem Side-Scan-Sonar kann man ein »Schall«-Schrägbild des Meeresbodens herstellen, so daß auch Objekte, die sehr wenig herausragen, gefunden werden können.

Die genaue Positionierung mit Navigationsgeräten per Satellit oder einem globalen Positionierungssystem hilft der Suchmannschaft, beim Durchkämmen des Meeresbodens einem logischen Muster zu folgen und die Gebiete auszulassen, die schon abgesucht wurden. Die Suche nach Wracks gleicht häufig einem Prozeß des Auslassens und Abgrenzens – man muß wissen, wo das Schiff nicht ist!

Die beste Unterstützung bei der Suche ist die Information. Historische Aufzeichnungen können Informationen über zeitgenössische Bergungsaktionen, das Logbuch des Schiffes oder sogar Augenzeugenberichte vom Untergang enthalten. Wenn man weiß, wo man suchen muß, kann man sich auf ein bestimmtes Gebiet beschränken – aber die Quellen sind nicht unfehlbar. Sogar Wracks, über die gutes Dokumentationsmaterial zur Verfügung steht – mit genauen Angaben, an welcher Stelle der Untergang oder Schiffbruch passierte – können mehrere Kilometer weiter entfernt liegen.

Der Lageplan des Schiffswracks

Obwohl Schatzsucher einen genauen Plan des Wracks nicht anfertigen wollen oder müssen, wenn sie es erst gefunden haben, ist ein solcher Plan für Archäologen ein wesentlicher Ausgangspunkt. Nach einem vollständigen Lageplan könnte ein Archäologe Merkmale des Wracks ausmachen, die zuvor nicht offensichtlich waren. Der genau Lageplan dient als Karte, auf der die ausgehobenen Fundstücke eingezeichnet werden; ohne Karte würde jede Aushebung Informationen sinnlos zerstören. Die vollständige Geschichte des Wracks kann nur durch genaues Einzeichnen und Ausmessen auf dem Plan enthüllt werden. Eine Reihe von Geräten erleichtert diese Arbeit.

Die Fotografie bildet einen wesentlichen Bestandteil der Archäologie, an Land oder unter Wasser. Sie kann den Verlauf der Aushebung festhalten, die Entdeckung der Fundstücke dokumentieren oder sogar Details zu einem Lageplan beisteuern. Ein Fotomosaik (oder die Fotogrammetrie) ist eine Form des Lageplans, bei dem eine Serie überlappender Fotos geschossen wird, mit denen dann ein Bild des gesamten Fundortes zusammengesetzt wird. Ein Fotomosaik ist bisweilen die einzig praktikable Lösung, einen großen Fundort in tiefen, klaren Gewässern aufzuzeichnen, wo Tauchern nicht genügend Zeit für das Erstellen eines vollständigen Plans zur Verfügung steht.

Bevor die Fundstücke kartographiert und an die Oberfläche gebracht werden können, muß ihre Position in drei Dimensionen aufgezeichnet werden. Die Hauptmethode besteht darin, eine Grundlinie durch den Fundort des Wracks zu legen, die an beiden Enden mit festen Punkten (Nullpunkten) verankert wird. Dann können, entweder mit Triangulation oder mit Hilfe eines Gittersystems, die Maße genommen und die Ergebnisse eingezeichnet werden. Computer bieten dabei eine große Hilfe. Mit der Direct Survey Method (DSM), einem Netz von Markierungspunkten über dem gesamten Fundort, können die Gegenstände abgemessen und mit dem Computer kann dann ihre genaue dreidimensionale Position errechnet werden. Eine Weiterentwicklung dieses Systems ist die Methode des Electronic Distance Measuring (EDM), bei der die Maße mit einem Schallmeßgerät, das in der Hand gehalten wird, aufgenommen werden; so kann man das Erstellen des Lageplans der Fundstücke eines Schiffswracks erheblich beschleunigen.

Oben: Jede Unregelmäßigkeit, die sich bei der Suche mit dem Magnetometer ergibt, muß untersucht werden. Hier sucht ein Wrackjäger den Meeresboden mit einem Metalldetektor ab, um Anzeichen von Fundstücken unter dem Meeressand aufzuspüren.

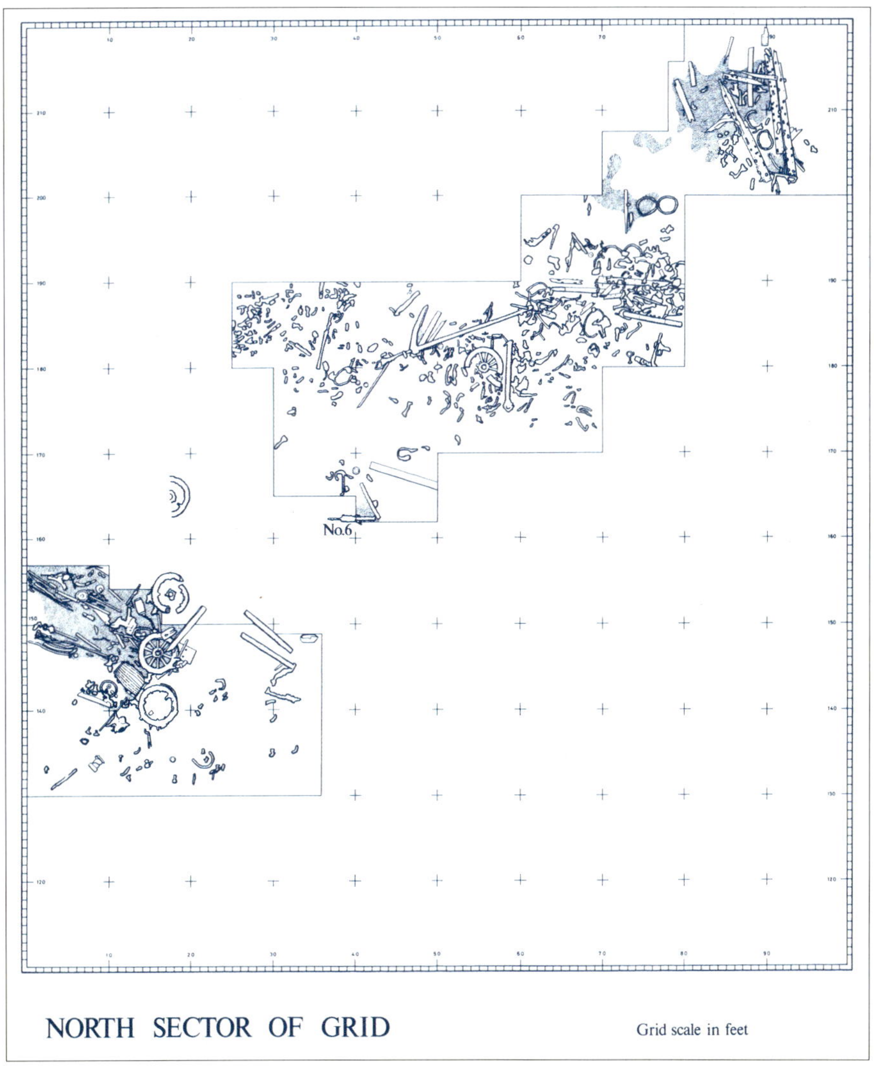

Links: Der archäologische Lageplan der La Trinidad Valencera, die in der spanischen Armada segelte und 1588 vor der Küste Irlands unterging. Archäologen deckten die Fundstellen des Wracks auf, indem sie den überschüssigen Sand abtrugen und die darunter verstreut liegenden Artefakte an die Oberfläche holten.

Schiffe und Handel

Unten: Die Überreste des Wracks der Kyrenia (siehe Seite 52): Aus den erstaunlich gut erhaltenen Schiffsbalken dieses Seglers wurde ein seetüchtiges Schiff rekonstruiert. Die hier angewandte Bauweise, zuerst den Rumpf zu errichten, wurde bis ins 16. Jahrhundert beibehalten. Dieses Wrack lieferte unschätzbare Informationen über den Handel im Mittelmeerraum im 4. Jahrhundert v. Chr.

Schiffe wurden in der gesamten Geschichte der Seefahrt in drei Hauptgruppen eingeteilt: Kriegsschiffe, Handelsschiffe und Vergnügungsschiffe. Schiffswracks liefern den Archäologen Informationen über alle drei Gruppen. Bei den Vergnügungsschiffen gibt es viele verschiedene Typen von den Prozessionsbarken im Alten Ägypten bis hin zu den luxuriösen Segeljachten der heutigen Zeit. Die geschichtliche Entwicklung von Kriegsschiffen kann anhand von Wracks aus der Zeit der Römer bis ins 20. Jahrhundert nachvollzogen werden, darüber hinaus wurden diese Schiffe häufig von Zeitgenossen beschrieben oder bildlich dargestellt.

Handelsschiffe waren die unbesungenen Helden der Seefahrt. Schiffe, die lediglich mit bescheidenen Notwendigkeiten wie Nahrung und Kleidung unterwegs waren, wurden kaum in Kunstwerken oder exakten Schiffsplänen festgehalten. Mit Hilfe der Errungenschaften der Meeresarchäologie können wir mehr über die großen Handelsschiffe erfahren, von den Versorgungsbooten vergangener Zivilisationen bis hin zu den Segelschiffen des 18. und 19. Jahrhunderts. Ebenso faszinierend ist die einzigartige Gelegenheit, etwas über ihre Fracht und somit über den Handel in den entsprechenden Gebieten herauszufinden.

Die archäologische Forschung über Schiffe und Handel zur Zeit der Antike im Mittelmeerraum ist von besonderer Bedeutung, weil das Dokumentationsmaterial über dieses Gebiet und diese Zeit nicht gerade umfangreich ist. Das früheste, den Archäologen derzeit bekannte Schiffswrack der Welt ist ein Handelsschiff aus der Bronzezeit, mit dem wir einen einzigartigen Einblick in das Geschäftsleben im östlichen Mittelmeer jener Zeit gewinnen können. Der Seehandel florierte während der Pax Romana, als römische Handelsschiffe, ohne Angriffe fürchten zu müssen, im Mittelmeer segeln konnten. Ihr einziges Risiko war der Schiffbruch, und die große Zahl der Schiffe, die während der Zeit der Römer unterwegs waren, spiegelt sich in der ebenso großen Zahl an bekannten und ausgehobenen Wracks wider.

Weinhandel auf dem Wasser

Bis zum Jahr 1945 war nur eine Handvoll Schiffswracks aus dem Alten Rom entdeckt worden. Die Erfindung der Aqualunge brachte schließlich den Umschwung, und heute sind es mehr als 600 römische Wracks, die lokalisiert und identifiziert wurden, außerdem Hunderte von weiteren Schiffen, die anderen Völkern aus dem Mittelmeerraum gehörten. Die Forschungsarbeit unter der Leitung von Dr. Toby Parker von der Bristol University in England hat beispielsweise gezeigt, wie diese Wracks unsere Kenntnisse über den römischen Weinhandel im 2. Jahrhundert v. Chr. erweitern können. Eine große Zahl der Schiffswracks enthielt Amphoren, die zum Transport von Wein oder anderen wertvollen Substanzen verwendet wurden. Die Amphore erhielt den Beinamen »Benzinkanister der Antike«, und die große Menge an »Amphorenwracks« ist ein Zeichen für das Ausmaß des römischen Seehandels.

Bei Schiffswracks wie dem Handelsschiff, das vor der Halbinsel von Giens in Südfrankreich unterging, kann die Fracht der Amphoren auf bestimmte Lieferanten zurückgeführt werden, weil die Eigentümer ihre Behälter gekennzeichnet hatten. Versiegelungen konnten außerdem mit den dazugehörigen Weinbergen in Verbindung gebracht werden, so daß es den Archäologen sogar möglich war, zu erkennen, ob der Wein in den qualitativ hochwertigen Weinbergen in Süditalien oder aber in den weniger guten wie denen in Gallien (heute Frankreich) angebaut wurde.

Anhand des auf den Amphorenwracks gefundenen Materials wissen wir, daß Wein aus Süditalien schon im 2. Jahrhundert v. Chr. in den gesamten Mittelmeerraum exportiert wurde. Um die Mitte des 1. Jahrhunderts v. Chr., der Zeit Julius Cäsars, scheint der italienische Weinhandel abgenommen zu haben, wahrscheinlich eine Folge der Verwüstungen durch die zahlreichen Schlachten, die in dieser Zeit im Süden Italiens ausgetragen wurden. Die Weinamphoren zeigen auf, daß spanischer Wein Anfang des 1. Jahrhunderts n. Chr. den Markt beherrschte, gefolgt von Weinen aus anderen Gebieten, wie zum Beispiel Nordafrika Anfang des 3. Jahrhunderts. Diese Art von Erkenntnissen, die auf der Analyse von Material aus Schiffswracks basieren, ist eine ungewöhnliche und relativ neue Informationsquelle für die Erforschung des Altertums.

Auch andere Frachten, wie Fisch oder Fischpaste, wurden in Amphoren verschifft. Forscher konnten die Herkunft von vielen dieser Amphoren identifizieren, so daß wir auch den damaligen Fischhandel im Mittelmeerraum besser einschätzen können. Anscheinend kam die beste Fischpaste aus Südspanien, da sie in großen Mengen und in zahlreiche Länder exportiert wurde. Weitere Analysen römischer Frachten, z. B. von Marmor, brachten ebenfalls nützliche Informationen über damalige Lebens- und Bauweisen zutage. Dank der Meeresarchäologie und des Materials antiker Schiffswracks wissen wir sehr viel mehr über die Wirtschaft und den Handel längst vergangener Zeiten, als wir noch vor 50 Jahren für möglich gehalten hätten.

Oben: Die wichtigsten Häfen in Europa waren überlaufen von Handelsschiffen aus allen Teilen der Welt. Diese Szene des Hafens von Amsterdam zeichnete Laes Jansz Visscher im Jahre 1611.

Die Karte auf den Seiten 42 und 43 zeigt die meistbefahrenen Schiffahrtsrouten der Welt.

DAS AUSHEBEN EINES SCHIFFSWRACKS

Bis auf die Werkzeuge zum Ausheben der Fundstücke ähnelt die Archäologie unter Wasser in vielen Aspekten der Archäologie an Land. Die Meeresarchäologen mußten ihre Techniken der Umgebung unter Wasser anpassen, um den Herausforderungen besser gewachsen zu sein.

Jeder Fundort ist anders; die Archäologen müssen entscheiden, welche Art der Aushebung notwendig und ob sie überhaupt sinnvoll ist. Sie müssen wissen, wo sie graben sollen und welche Werkzeuge für die Arbeit gebraucht werden. Jede Aushebung zerbricht oder zerstört einen Teil des Wracks, deshalb wird in manchen Fällen vielleicht sogar die Entscheidung getroffen, auf eine Aushebung zu verzichten.

Ist die erste schwierige Prüfung vorüber und die Entscheidung zu graben gefallen, muß der Archäologe sein Wissen und die bei der Erstellung des Lageplans gesammelten Informationen nutzen, um eine Aushebungsstrategie zu entwerfen. Diese Strategie umfaßt zum Beispiel die Bergung des gesamten Materials und die Beantwortung bestimmter Fragen.

Es muß entschieden werden, welche der beiden Möglichkeiten, Zugang zum Wrack zu bekommen, gewählt wird: das schichtweise Ausheben großer Gebiete oder die Arbeit an jeweils kleinen Abschnitten. Die bei der Anfertigung des Lageplans gesammelten Informationen spielen bei dieser Entscheidung eine wichtige Rolle. Anders als bei Fundstellen an Land liegen Schiffswracks nicht immer planmäßig geordnet unter Wasser, da ein Schiffbruch selten ohne Zerstörung vonstatten geht. Der Archäologe muß in groben Zügen wissen, was ihn erwartet und wie er mit den Ergebnissen der Aushebung bei fortschreitender Arbeit umzugehen hat.

Unten: Ein Archäologe säubert die Fundstelle des St.-John's-Wrack von Sand und Schlick. Das Wasser wird durch den Schlauch gepumpt und produziert so einen Saugeffekt.

Oben: Die Aushebung beschränkt sich häufig auf einen kleinen Bereich. Hier legen die Archäologen ein 90 cm großes, von Stäben begrenztes Quadrat frei. Der Rahmen dient darüber hinaus als Markierungshilfe für den Lageplan; der zweite Archäologe zeichnet die Fundstellen der freigelegten Tonscherben ein.

Gräbt man unter Wasser ein Loch, wird der Berg an entferntem Sand oder Schlick immer größer, je tiefer man kommt. Diese »Überlast« fällt in das Loch zurück, egal, wie schnell man gräbt. Aus diesem Grund ist eine Aushebung ohne Entfernung der Überlast nicht möglich. Archäologen steht eine Reihe von Geräten zur Verfügung, um die Überlast aus der Aushebungszone zu entfernen, dazu gehören Saugluftheber, Airlifte, Hydrojets und sogar Eimer und Schaufel! Unterschiedliche Fundstellen erfordern unterschiedliche Werkzeuge.

Entfernen des überschüssigen Schlicks

An Land benutzen die Archäologen eine Maurerkelle, um die Erde abzutragen, aber unter Wasser ist das beste Werkzeug des Tauchers die Hand. Bewegt man die Hand leicht über dem Sand hin und her, entfernt ein sanfter Strom den Überschuß an Schlick oder Sand, ohne ein einziges darunterliegendes Fundstück zu beschädigen. Die Stärke der Handbewegung reicht vom leichten Bewegen eines Fingers in sehr empfindlichen Bereichen bis zum starken Wedeln mit der Hand oder einem Paddel, um große Mengen zu bewegen. Der überschüssige Schlick oder Sand liegt dann noch im Wasser und muß mit einem Airlift entfernt werden, damit er nicht wieder dahin zurückfällt, wo er hergekommen ist.

Der Airlift ist das vielseitigste Aushebungsgerät. Er besteht aus einem langen Rohr mit einer Krümmung (Öffnung) an einem Ende. Wasser wird mit hohem Druck durch einen Schlauch in ein Rohr an der Krümmung gepumpt. Das in der Krümmung stehende Wasser wird aufgenommen, wenn das Wasser das Rohr hochläuft, und neues Wasser tritt durch die Öffnung wieder ein, so daß ein Sogeffekt entsteht – im wesentlichen ist es ein Unterwasser-Staubsauger. Je länger das Rohr ist, desto schwächer wird der Sog, so daß der ausgehobene Überschuß an Sand oder Schlick nur eine kurze Strecke von der Fundstelle wegtransportiert wird.

Der Airlift kann sowohl in seichten als auch in tiefen Gewässern eingesetzt werden. Abgesehen von der kurzen Reichweite des Transports liegt sein größter Nachteil darin, daß er am besten in horizontaler Lage funktioniert – seine Effizienz nimmt ab, wenn er nach oben gerichtet ist, so daß er nicht gut eingesetzt werden kann, wenn eine vertikale Fläche freigelegt oder in einer steil abfallenden Rinne gegraben werden muß.

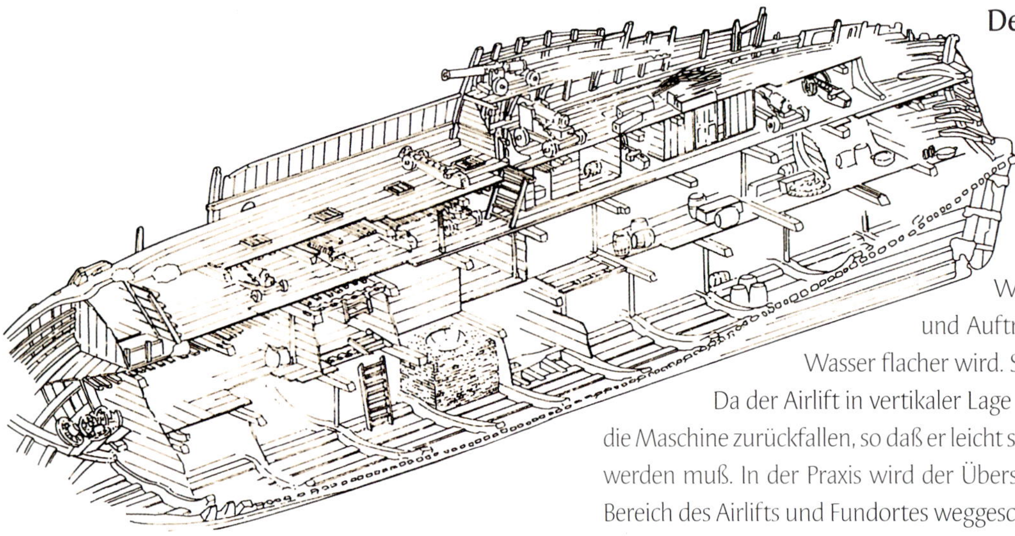

Der »Industriesauger«

Ein Maxi-Airlift pumpt Luft in den unteren Teil eines festen Rohrs, so daß wie beim Mini-Airlift ein Sog entsteht. Sowie mehr Wasser herein und nach oben gesaugt wird, entsteht ein schnell nach oben steigender Wasserstrudel. Da der Maxi-Airlift mit Luftdruck und Auftrieb arbeitet, verliert er an Effizienz, wenn das Wasser flacher wird. Seine optimale Arbeitstiefe liegt bei 6 bis 24 m. Da der Airlift in vertikaler Lage arbeitet, würde der Überschuß theoretisch auf die Maschine zurückfallen, so daß er leicht schräg gehalten und im Meeresboden verankert werden muß. In der Praxis wird der Überschuß gewöhnlich von der Strömung aus dem Bereich des Airlifts und Fundortes weggeschwemmt.

Der Maxi-Airlift ist ein leistungsstarkes Gerät, mit dem große Mengen an Überschüssen von Sand und Schlick entfernt werden können; sein größter Nachteil ist sein Mangel an Beweglichkeit. Er kann immer nur kleine Strecken bewegt werden, bevor er neu verankert werden muß. Aus diesem Grund wird häufig ein flexibler Schlauch an seinem vorderen Ende befestigt, der dann dorthin dirigiert werden kann, wo er gebraucht wird. Einfach ausgedrückt kann man sagen, daß der Maxi-Airlift, wenn die kleinere Version des Mini-Airlifts wie ein gewöhnlicher Staubsauger arbeitet, einer Industrieversion ähnelt.

Schatzsucher haben andere Zielsetzungen als Archäologen – sie halten es in der Regel nicht für nötig, eine kontrollierte Aushebung vorzunehmen. Häufig wollen sie lediglich jeden Überschuß an Sand oder Schlick so schnell wie möglich entfernen, um dann zu entscheiden, ob in einem Gebiet Gegenstände von kommerziellen Wert zu finden sind.

Der »Mailbox«, ein Sandumlenkungsgerät, wurde von Mel Fisher erfunden und wird weitgehend von Schatzsuchern und einigen Archäologen genutzt, um große Mengen an überschüssigem Sand zu entfernen. Große rechtwinklige Deflektoren werden über die Schiffsschraube des Forschungsbootes gestülpt. Diese lenken die Mailbox des verankerten Bootes auf den Meeresboden, wo sie riesige Löcher in den Sand bohren kann. Je stärker die Kraft, desto größer die Tiefe und desto größer das Loch.

Oben: Diese Rekonstruktion des Kanonendecks der Mary Rose zeigt die gewaltige Aufgabe, der Archäologen bei einem großen Aushebungsprojekt gegenüberstehen. Jedes Wrackteil mußte Zentimeter für Zentimeter freigelegt werden, um schließlich die hier gezeigte Struktur zu enthüllen.

Unten: Hinweise auf ein Schiffswrack können manchmal in ungewöhnlicher Form auftreten. Bei dieser Rekonstruktion der an Land ausgehobenen Sutton Hoo in England wird deutlich, wie die Andersfarbigkeit des Sandes die Stellen für Planken und Rumpfbefestigungen anzeigt, wo die stofflichen Überreste schon seit langem verrottet sind.

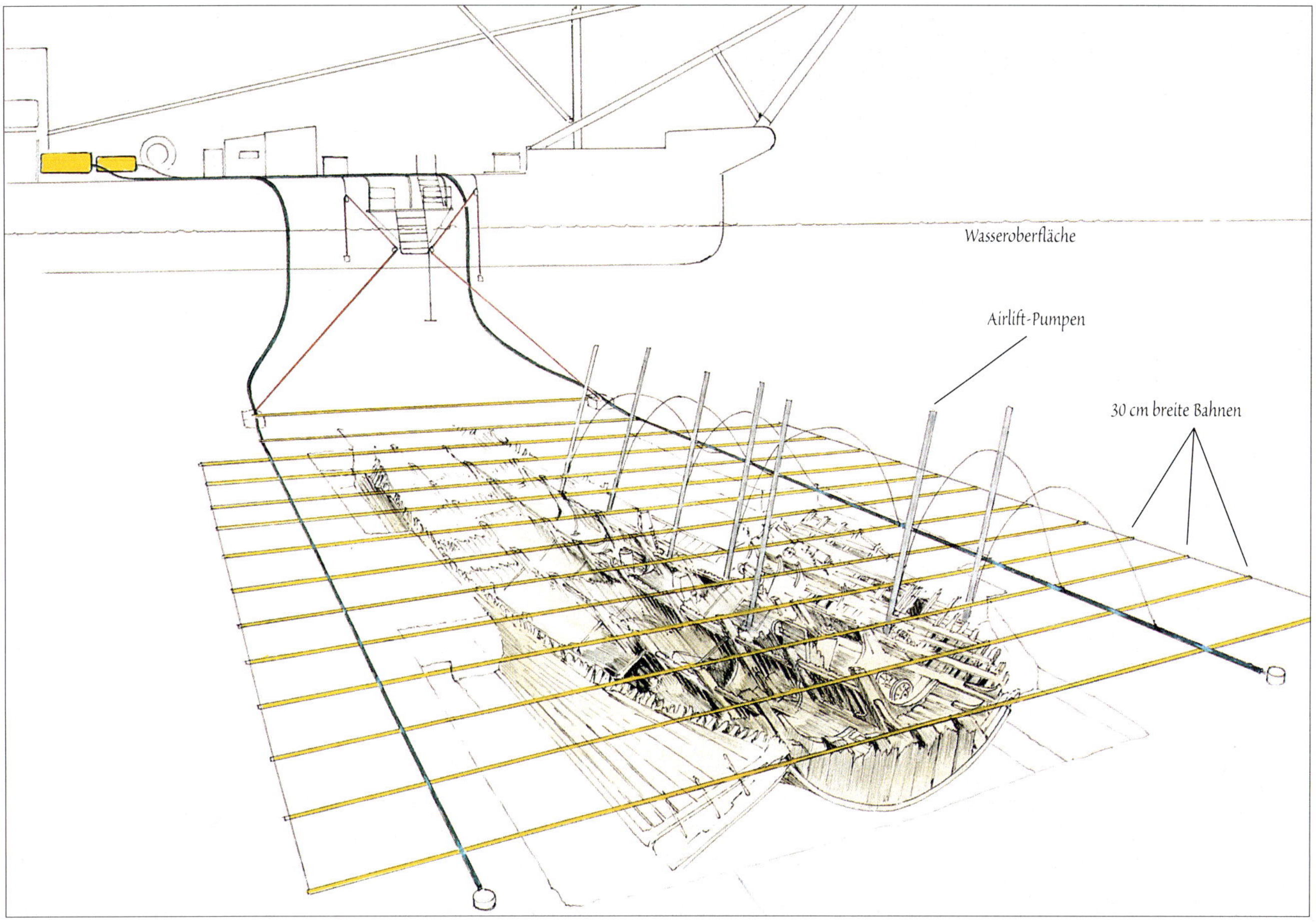

Die Risiken der Aushebung

Das Mailbox-System wird vor allem als Suchwerkzeug zur Aufdeckung von Trümmerspuren und Artefakten eingesetzt, die an weitverstreuten Fundstellen liegen. Wird es vorsichtig eingesetzt, ist es in der richtigen Umgebung von Nutzen; wird es jedoch achtlos verwendet, richtet es unglaublichen Schaden an. Obwohl es kein richtiges Aushebungswerkzeug ist, arbeiten Schatzsucher mit der Mailbox direkt über freigelegten Fundstellen von Wracks, weil sie hoffen, den Aufwand der Bergung zu verringern. In der Meeresarchäologie gibt es aber immer noch keinen Ersatz für vorsichtige und gewissenhafte Aushebung.

Eines der wichtigsten Ziele der Aushebung ist die Wiedergewinnung von Artefakten, die den Archäologen helfen, mehr über das Schiff, die Mannschaft und die Fracht in Erfahrung zu bringen. Diese Fundstücke vom Meeresboden in die Tauchboote zu transportieren ist ein komplizierter Vorgang, besonders, wenn sie sehr zerbrechlich sind. Große Gegenstände wie Kanonen oder Anker können mit einer Winde direkt an Bord gehoben oder mit Hilfe von Auftriebssäcken oder luftgefüllten Ölfässern an die Wasseroberfläche transportiert werden. Die beiden letzten Transportmittel schwimmen wie ein Ballon direkt an die Oberfläche. Ihre Hebekapazität reicht von einigen hundert Kilos bis zu mehreren Tonnen.

Empfindlichere Artefakte kann man in Kisten oder sogar in mit Sand gefüllten Plastikbehältern nach oben befördern, um die Unversehrtheit zerbrechlicher Artefakte sicherzustellen. In einigen Fällen benötigt man spezielle Behälter. So benutzten die Archäologen bei der *Mary Rose* sandgefüllte, halbkreisförmige Stücke von Plastikabflußrohren, um intakte Pfeilbündel für Langbögen an die Oberfläche zu bringen. Der Archäologe muß jede Situation genau abwägen und die beste Methode wählen, die wertvollen Fundstücke vom Meeresgrund zu bergen.

Oben: Diese Rekonstruktion zeigt die Durchführung der Aushebung der Mary Rose. Ein Gitter unterteilte den Fundort in 30 cm breite Bahnen. Diese wurden Schicht für Schicht in Rinnen abgetragen, die den Rumpf halbierten. Mit den sieben Airlifts wurde der überschüssige Sand von der Fundstelle entfernt.

JACQUES COUSTEAU (1910–97)

Das Tauchen durch die Überreste eines Schiffswracks ohne Rettungsleine, Taucherkammern oder Versorgungsschiffe wurde in den 40er Jahren endlich Realität. Verursacher dieser Revolution war Jacques Cousteau, der mehr für die Entdeckung der Mysterien der Tiefe getan hat als jeder andere zuvor oder seither.

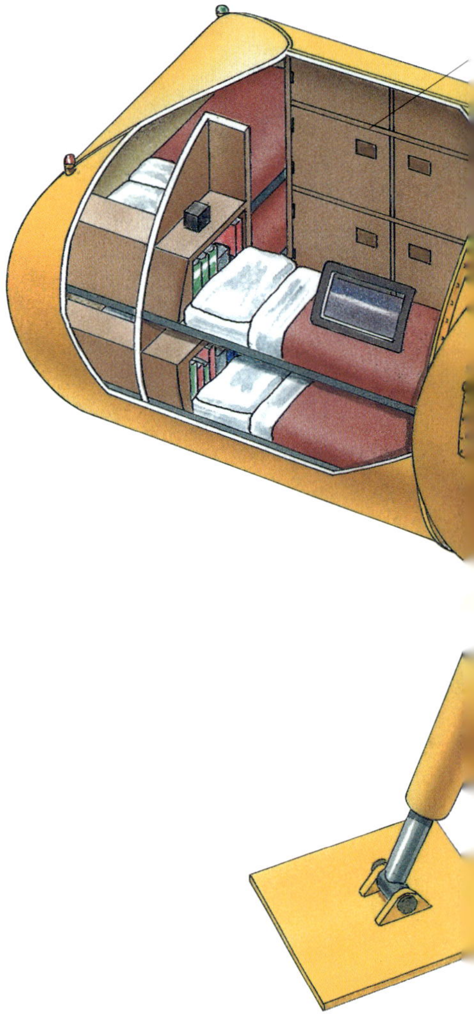

Cousteau begann mit einigen Freunden mit dem Sporttauchen im Mittelmeer in den Jahren kurz vor Ausbruch des Zweiten Weltkriegs. Mit selbstgebauten »Unterwasserlungen«, die reinen Sauerstoff enthielten, experimentierte er mit neuen Tauchgerätschaften, einschließlich Masken, Flossen und Harpunen. Die Unterwasserlungen stellten sich als zu gefährlich heraus, so daß Cousteau versuchte, ein ähnliches Tauchgerät mit Druckluft zu entwickeln.

Nachdem Frankreich 1940 von Deutschland besetzt worden war, führte Cousteau seine Tauchexperimente fort, die für ihn ein nützlicher Deckmantel bei seiner Arbeit für den Geheimdienst der Marine der Alliierten waren. Gegen Ende 1942 traf er in Paris Emile Gagnan, einen Experten für Industrieanlagen. Cousteau erklärte ihm, was er für die Anfertigung eines Tauchreglers für einen Drucklufttank brauchte. Gagnan zeigte ihm einen Gasanschluß, der für ein Experiment mit einem gasgetriebenen Auto entwickelt worden war. Innerhalb weniger Wochen war er in den ersten funktionierenden Regler der Welt eingebaut, mit dem Menschen unter Wasser Druckluft einatmen konnten. Die ersten Experimente scheiterten, aber nach einer einfachen Veränderung funktionierte er – zumindest in einem Wassertank.

Im Juni 1943 testeten Cousteau und seine Kollegen den neuen Tank und Regulator an der französischen Riviera bei Bandol. Cousteaus Ehefrau schwamm an der Oberfläche, und Freunde hielten sich für einen Rettungseinsatz bereit, als Cousteau in die Tiefe glitt. »Ich atmete süße, leichte Luft«, schrieb Cousteau später. »Beim Einatmen hörte ich ein schwaches Pfeifen und beim Ausatmen ein plätscherndes Blubbern. Der Regulator paßte den Druck genau meinen Bedürfnissen an ... Der Sand ergoß sich in eine klare blaue Unendlichkeit ... meine Arme hingen lose herab, und ich reiste mit schwachem Flossenschlag hinab in die Tiefe. Ich war sehr aufgeregt, als ich den Boden erreichte ... Ich blickte nach oben und sah die Oberfläche schimmern wie einen schadhaften Spiegel.« Es funktionierte. Er nannte seine Erfindung Aqualunge.

Unten: *Jacques Cousteau erhielt 1961 für herausragende Leistungen den National Geographic Award aus der Hand von Präsident John F. Kennedy.*

An Bord der Calypso

Für den Rest des Krieges zeichneten Cousteau und sein Team Tausende von Tauchgängen auf und erforschten die aufregende Welt, deren Tor die Aqualunge für sie geöffnet hatte. Sie entdeckten jedoch auch ihre Grenzen. In einer Tiefe von 62 m trafen sie auf erste ernsthafte Probleme. Stickstoff erzeugte eine begeisterte, fast trunkene Euphorie. Der Franzose nannte es »Tiefenrausch«.

Moderne Taucher tauchen selten tiefer als 45 m, ohne eine Mischung aus Sauerstoff und Helium einzuatmen. Cousteaus Mannschaft mußte dies erst durch Experimente herausfinden.

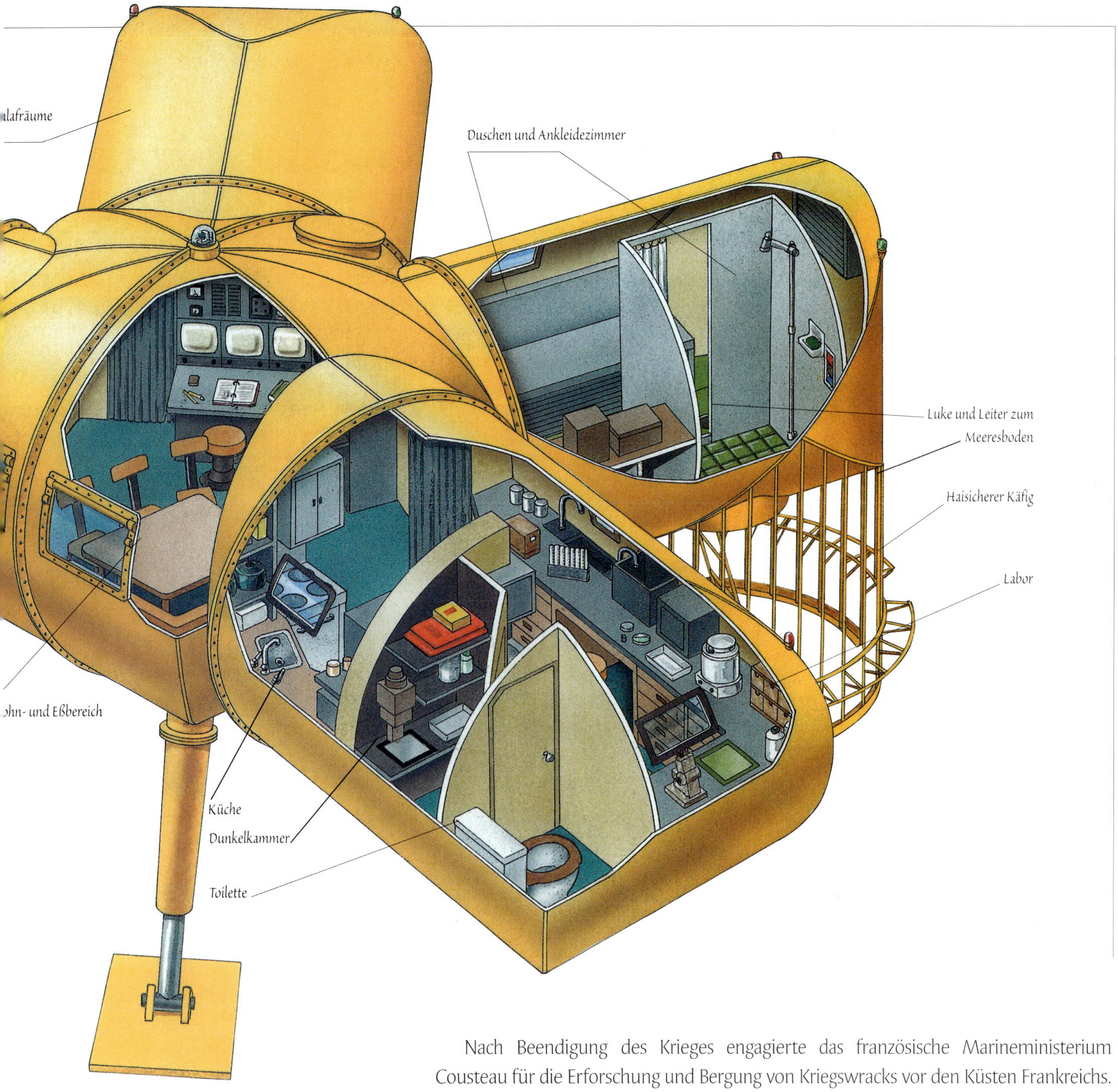

Nach Beendigung des Krieges engagierte das französische Marineministerium Cousteau für die Erforschung und Bergung von Kriegswracks vor den Küsten Frankreichs. Er gründete eine Unterwasser-Forschungsgruppe und kombinierte die Arbeit für die Regierung mit seiner eigenen Tauchforschung. 1949 übernahm er das Kommando über die Calypso, die zu seinem wichtigsten Forschungsschiff für die nächsten 25 Jahre werden sollte. 1952 diente sie ihm zur Aushebung eines Handelsschiffes aus der Zeit um 230 v. Chr. in Grand Conglué, einer Bucht bei Marseille. Hier war es der Welt zum ersten Mal möglich, einen Blick auf die Möglichkeiten der Meeresarchäologie zu werfen. Während eine Fundstelle an Land aus derselben Zeit wahrscheinlich nur eine Handvoll zerbrochener Tonscherben hervorgebracht hätte, wurden auf Cousteaus Wrack Hunderte intakter Tonbehälter gefunden.

Er experimentierte auch mit Fernsehaufnahmen und schickte als erster Taucher mit Kameras in die Tiefe. So entstanden regelmäßige Fernsehsendungen und schließlich eigene Serien. Sie wurden weltweit ausgestrahlt und brachten Cousteaus Unterwasserexpeditionen Millionen von Menschen näher. Für den Rest seines Lebens erforschte er die historischen und natürlichen Ressourcen und entwickelte bahnbrechende technische Hilfsmittel, wie Tauchboote und Unterwasser-Laboratorien. Lange vor seinem Tod im Jahre 1997 war Cousteau auf der ganzen Welt zu einer gefeierten Persönlichkeit geworden und erhielt öffentliche Anerkennung für die unglaublich lange Liste seiner Errungenschaften. Heute erinnert man sich wahrscheinlich am meisten an ihn als den Mann, der die Mysterien der Tiefe einer breiten Öffentlichkeit zugänglich machte.

Oben: *Ein Zeichner rekonstruierte Cousteaus Unterwasser-Forschungslabor, die Conshelf One. Cousteau setzte als erster in großer Tiefe solche Laboratorien ein, in denen ein Team von Wissenschaftlern unterschiedlicher Fachrichtungen bis zu einem Monat untergebracht werden konnte.*

ARCHÄOLOGIE KONTRA SCHATZSUCHE

Die Entwicklung der technischen Möglichkeiten beim Tauchen bedeutete, daß Schatzsucher wie Archäologen auf die Suche nach historischen Schiffswracks gehen konnten. Die Auseinandersetzung über die moralische Bewertung der Schatzsuche führte zu einer endlosen Diskussion zwischen Schatzsuchern und Wissenschaftlern.

Oben: Silberbarren und Münzen neben Gold und Schmuckstücken, geborgen von dem Wrack der spanischen Schatzgaleone Nuestra Señora de Atocha, die 1622 vor den Florida Keys unterging.

Unten: Silberne »Acht Reales« und Schmuckstücke von der Nuestra Señora de Atocha neben Goldbarren. Die Barren wurden markiert, um die Reinheit des Goldes, den Eigentümer und den Steuerstempel der spanischen Regierung zu zeigen.

Kommerziell ausgerichtete Bergung bedeutet die Aushebung historischer Schiffswracks aus finanziellem Gewinnstreben. Viele archäologische Fundstellen besitzen keinen oder nur geringen finanziellen Wert, es gibt aber einige mit beträchtlichen Schätzen im engeren Sinne, bei denen der Konflikt deutlich wird. Schiffswracks wie die *Nuestra Señora de Atocha* (1622) brachten riesige versunkene Schätze zutage, allein der Fund auf der spanischen Galeone wird auf 400 Millionen Dollar geschätzt. Die Suche und auch die Bergung der *Atocha* wurden von einem archäologischen Team durchgeführt, das Seite an Seite mit Schatzsuchern arbeitete. Ungeachtet dessen teilten sich die Investoren die Sammlung, die dann auf internationalen Auktionen und an Privatleute verkauft wurde. Lediglich ein Musterstück blieb in den Händen eines lokalen Museums. Bei einem archäologischen Projekt wie der Aushebung der *Mary Rose* (1545) in den 80er Jahren dieses Jahrhunderts blieb die gesamte Sammlung in einer Hand, damit spätere Generationen sie studieren können. Hierin liegt wahrscheinlich der wichtigste, unabänderliche Unterschied zwischen den beiden Gruppen.

Schatzsuche tritt in vielerlei Gestalt auf. Einige der ersten »Schatzsucher« waren die Strandgutsammler in Florida, die den Strand mit Metalldetektoren nach Überresten der spanischen Schatzflotte von 1715 absuchten. In der heutigen Zeit arbeiten große multinationale Gesellschaften auf dem letzten Stand der Technik an der Suche nach Schiffswracks und der Bergung historischer Schätze. Der Autor hat Informationen über mehrere solcher Projekte, die gegenwärtig im Pazifik, vor den Bahamas und in der Karibik unterwegs sind.

Die Gelder kommen aus dem Verkauf von Anteilen oder aus Investitionen für ein spezielles Projekt oder einen festgesetzten Zeitraum. Die Investoren setzen darauf, daß die Bergungsmannschaften einen Schatz finden: Am Schluß wird der Fund Stück für Stück verteilt. Eine weitere Geldquelle liegt im Verkauf der Fundstücke, zum Beispiel von Münzen aus früheren Unternehmungen. Investoren reizt häufig die Romantik, die der Suche nach versunkenen Schätzen anhaftet, oder die Hoffnung auf eine kräftige Vermehrung ihres Kapitals.

Fragliche Gewinne

Obwohl diese Praxis vor allem in den Vereinigten Staaten weit verbreitet ist, haben in der Vergangenheit nur ein paar Bergungsgesellschaften die Gewinne erzielt, die sich die Investoren erhofft hatten. Einige Schatzsucher, wie der vor kurzem verstorbene Mel Fisher (siehe Seite 116–117), waren sowohl bei der Schatzsuche als auch bei der Anwerbung

von Investoren erfolgreich. Viele andere Bergungsunternehmer erlitten Schiffbruch, weil sie unfähig waren, das verlorene Schatzschiff zu finden oder das Projekt finanziell über Wasser zu halten.

Ein Problem besteht darin, daß versunkene Schätze, obwohl sie einen kommerziellen Wert haben, nicht problemlos gegen harte Währung eingetauscht werden können. Der Verkauf von Fundstücken auf groß angekündigten, internationalen Auktionen brachte nicht den anfangs erwarteten Gewinn. Andere Schatzsucher wurden, wie bei dem Fund der *Atocha*, Opfer ihres eigenen Erfolges. Es wurde eine so große Menge an Silber entdeckt, daß immer nur ein kleiner Teil verkauft werden konnte, um auf dem internationalen Markt keinen Preissturz herbeizuführen.

Diese Fälle sind allerdings selten, und sogar wertvolle Schatzwracks bringen immer noch mehr finanziell wertloses Material wie Schiffszubehör, Rumpfteile, Eisenriegel und Alltagsgegenstände aus dem Seefahrerleben hervor als Gold und Silber. Ohne angemessene Konservierung können diese Gegenstände nicht erhalten werden. Obwohl einige kommerzielle Bergungsunternehmen genau Buch führen, wird von den wenigsten das gesamte geborgene Material konserviert.

Technologische Errungenschaften in der Forschung und Bergung unter Wasser, vor allem in großen Tiefen, bedeuten, daß Wracks, die einst vor Schatzsuchern sicher waren, jetzt geortet werden können. Die *Titanic*, die *HMS Edingburgh* und der Dampfer *Central America* – sie alle waren in den letzten Jahren kommerziellen Bergungsgesellschaften ausgesetzt. Außerdem genießen diese Wracks, weil viele von ihnen in internationalen Gewässern liegen, keinen gesetzlichen Schutz.

Zunehmende Gesetze und Kontrollen

Es hat den Anschein, als würden Schatzsucher immer mehr gegen den Strom öffentlicher und staatlicher Meinung anschwimmen, da die kommerzielle Bergung historischer Wracks zunehmend gesetzlich reglementiert wird. In den USA und in vielen europäischen Ländern wurden mit staatlichen Geldern archäologische Unterwasser-Einheiten zum Schutz dieser Gesetze gegründet. Da die nationalen Kontrollen immer mehr zunehmen, müssen sich Schatzsucher mehr und mehr in internationale Gewässer begeben, um Wracks auszuheben. Das bedeutet wiederum, daß die Kosten dafür nur noch von wenigen Gesellschaften getragen werden können.

Oben: Schatzsucher aus dem Team von Mel Fisher befördern Silberbarren vom Wrack der Nuestra Señora de Atocha in einem Einkaufswagen an die Oberfläche. Die Bergungsarbeiter bezeichneten den Fundort als Silbermine, an dem die Silberbarren am Meeresboden ein Riff formten. Jeder Barren wiegt etwa 63 Pfund.

Zwei Gruppen von Archäologen arbeiten regelmäßig mit Schatzsuchern oder kommerziellen Bergungsmannschaften zusammen. In den Vereinigten Staaten laufen in vielen Küstenregionen staatlich geförderte archäologische Programme, zu deren Auftrag die Überwachung der Arbeit kommerzieller Bergungsmannschaften an historischen Wracks gehört. In vielen Staaten ist ein rein kommerziell ausgerichtetes Bergungsunternehmen noch möglich, jedoch nur, wenn ein staatlicher Archäologe anwesend ist und ein Teil der ausgehobenen Fundstücke in den Besitz des Staates übergeht. Dieser Vorgang ist in sich selbst widersprüchlich, und der Archäologe muß sich unter Umständen mit Ablehnung in seinen Kreisen und sogar gesetzlicher Verfolgung auseinandersetzen. Archäologische Puristen sind gegen ihn, weil er scheinbar die kommerzielle Aushebung akzeptiert, und die Bergungsleute mögen ihn nicht, weil er ihre Arbeit behindert – die Lösung des Problems muß noch gefunden werden!

Oben: *Bruchstücke von Amphoren wurden in der eindrucksvollen Menge an Fundstücken auf dem Wrack der Antikythera entdeckt. Man vermutet heute, daß der Segler mit zahlreichen Kunstgegenständen an Bord von Griechenland nach Rom unterwegs war, die das Heim des römischen Diktators Sulla schmücken sollten.*

Der Schutz der Schiffswracks

Die Archäologen, die einer kommerziellen Bergung durch ihre Mitarbeit einen Anstrich von Seriosität verleihen, werden von einigen ihrer Kollegen geächtet. Die betroffenen Archäologen sind jedoch der Ansicht, daß sie wichtige Informationen sichern, die sonst verlorengehen würden. Ein weiteres Problem besteht darin, daß die Geschäftsführer der Bergungsunternehmen häufig die vollständige Kontrolle über eine Bergung in Händen halten, und somit finanzielle Aspekte vor archäologischen Belangen Vorrang haben. Auch wenn es in der Vergangenheit zumindest ein kommerzielles Bergungsunternehmen gab, daß einen vollständigen, archäologischen Ansprüchen genügenden Bericht hervorbrachte, ging aus den meisten dieser Projekte kein veröffentlichtes Informationsmaterial hervor, das für Forscher in Zukunft von Nutzen sein könnte. Selbst wenn eine Zusammenarbeit möglich wäre, macht die Unvereinbarkeit von archäologischer Praxis und den Zielen einer Schatzsuche eine erfolgreiche Teamarbeit so gut wie unmöglich.

Der gesetzliche Schutz von Schiffswracks hat in einigen Ländern mehr Erfolg als in anderen. Nachdem im letzten Jahrhundert eine große Anzahl antiker Fundstücke geplündert wurde, ging Griechenland zu einer der striktesten Gesetzgebungen über. Auch die Museen der meisten Länder machen den Schatzsuchern das Leben schwer. Gremien wie das International Council of Museums (ICOM) und die American Association of Museums (AAM) haben wichtige politische Richtlinien herausgegeben, die den Erwerb von nach 1991 kommerziell ausgehobenem Material von Schiffswracks verurteilen. Viele staatliche Museen erwerben keine antiken Fundstücke mehr aus Ägypten oder Griechenland, ebensowenig die wichtigsten Seefahrtsmuseen der Welt. Das Museum des Autors wird, obwohl es Fundstücke von der *Atocha* enthält, ebenfalls nach diesen ethischen Grundsätzen geführt.

Die Debatte über die moralischen Aspekte des Konfliktes zwischen kommerzieller und archäologischer Bergung kommen zu keinem Ende, aber unterdessen werden weitaus mehr Fundorte weltweit von kommerziellen Bergungsunternehmen als von Archäologen ausgehoben. Die Zahl historischer Schiffswracks ist begrenzt, so daß es logisch wäre, die kommerzielle Bergung vollständig zu stoppen – ein schier unmögliches Unterfangen – oder die Archäologen darin zu bestärken, die Bergungsleute zu unterstützen, um möglichst viele Informationen über den Fundort zu erhalten, so daß die Aushebung möglichst für alle von Nutzen sein kann. Keine von beiden Lösungen scheint zur Zeit möglich und in Sichtweite zu sein.

Frühe Tauchversuche

Jahrhundertelang haben die Menschen in vielen Ländern der Erde nach Wegen gesucht, den Meeresboden und versunkene Gegenstände zu erforschen. Seit der Renaissance wurden viele mehr oder weniger brauchbare Tauchausrüstungen entwickelt und benutzt, die den Menschen das Atmen und Arbeiten unter Wasser ermöglichen sollten.

Unten: Spanische Taucher aus dem 17. Jahrhundert bergen die Fracht von einem Schiffswrack. Nachdem der Schiffsrumpf mit Enterhaken aufgebrochen worden war, tauchten Schwimmer in die Tiefe und bargen, was immer sie konnten. Die vollständige Bergung konnte Jahre dauern.

Der Mensch ist im Meer nicht in seinem natürlichen Element. Da sogar rekordbrechende Taucher ihren Atem nur wenig länger als vier Minuten anhalten können, wird die Erforschung eines Schiffswracks ohne Tauschausrüstung unmöglich. Obgleich trainierte Schwamm- und Perlentaucher mit den ihnen zur Verfügung stehenden Mitteln antike und aus der Renaissance stammende Schiffswracks bargen, waren der Zeit auf dem Meeresboden doch enge Grenzen gesetzt.

Leonardo da Vinci (1452–1519) gehörte zu den ersten, die eine Tauchhilfe erfanden. Er entwickelte einen Taucherhelm aus festem Leder, der mit einem Sichtfenster und sogar mit spitzen Dornen ausgestattet war, um Seemonster zu vertreiben! Sein Atemschlauch, vergleichbar mit einem Schnorchel, wurde mit Hilfe eines Korkens auf der Wasseroberfläche gehalten. Leider macht der Wasserdruck das Atmen durch den Schlauch schon in einer Tiefe von nur 3 m so gut wie unmöglich, so daß man auch mit diesem Helm nicht sehr weit in die Tiefen des Meeres vorstoßen konnte.

Eine andere Möglichkeit bestand darin, eine Taucherglocke mit offenem Boden zu verwenden, die aussah wie ein großer umgedrehter Becher. Ließ man sie unter Wasser gleiten, stieg der Wasserpegel in der Glocke, aber der Luftdruck sorgte für ein Luftloch, in dem man atmen konnte. In etwa 9 m Tiefe war das Luftloch nur noch halb so groß wie an der Wasseroberfläche, und der Wasserdruck auf die Glocke betrug zwei Atmosphären (ca. 2 kg/cm^2). In etwa 18 m Tiefe war die Größe des Lochs auf ein Drittel reduziert, und der Wasserdruck betrug drei Atmosphären.

Jede weitere 9 m, welche die Taucherglocke in die Tiefe sank, stieg der Druck um eine Atmosphäre an, und das Luftloch wurde immer kleiner. In einer Tiefe von mehr als 18 m war das Luftvolumen sehr gering und die Zeit des Tauchers begrenzt. Trotz der Nachteile wurden Taucherglocken im 17. Jahrhundert zur Bergung von Schiffswracks eingesetzt. Die Bergung mit Tauchern, die in der Glocke auf einer Bank saßen und bis zum Hals in eiskaltem Wasser steckten, war harte Arbeit.

Oben: Eine Illustration aus dem 15. Jahrhundert zeigt, wie Alexander der Große in einem Glaskäfig in die Tiefe gelassen wird. Diese bildliche Darstellung der Reisen Alexanders des Großen offenbart, welche Art von Leben die Seeleute des späten Mittelalters auf dem Meeresboden zu finden erwarteten.

Die ersten Taucheranzüge

1690 kam es zu einem Durchbruch in der Welt des Tauchens. Edmund Halley, der Entdecker des Halleyschen Kometen, entwickelte eine Methode, Frischluft in eine Taucherglocke zu pumpen. Die mit dem Sinken der Taucherglocke schwindende Luft wurde durch Frischluft aus Fässern ersetzt, die außen an der Glocke befestigt waren. Auf diese Art konnten Taucherglocken bis zu 60 m tief hinabtauchen, und Taucher konnten länger als eine Stunde unter Wasser bleiben. Halley experimentierte ohne Erfolg mit individuellen kleineren Glocken, die es dem Taucher ermöglichen sollten, sich mit Eigenversorgung für kurze Strecken von der Hauptglocke zu entfernen.

Der erfahrene Wracktaucher John Lethbridge erfand etwa zur gleichen Zeit Taucheranzüge. Diese wurde im frühen 18. Jahrhundert von Jacob Rowe, ebenfalls ein Wracktaucher, verbessert. Hier trug der Taucher einen faßähnlichen Anzug, der mit Lederärmeln und einem Sichtfenster ausgestattet war und seinen Körper vor dem Wasserdruck schützen sollte. In einem Anzug von Lethbridge konnten Taucher in etwa 18 m Tiefe 30 Minuten auf dem Meeresboden verweilen, bevor sie wieder an die Oberfläche gezogen wurden und der Anzug mit frischer Luft gefüllt wurde. Der Vorteil des Anzugs gegenüber der Taucherglocke lag in der Bewegungsfreiheit. Lethbridge wurde von der holländischen Ostindienkompanie engagiert, um Schiffswracks auszuheben, und wurde einer der ersten kommerziellen Wracktaucher.

Die ersten echten Taucherhelme kamen um 1750 auf, als man einen Messinghelm auf einem Taucheranzug aus Leder befestigte. Da die Luft mit Druck zugeführt werden mußte, konnten sie nur bis zu einer Tiefe von maximal 9 m eingesetzt werden. Innerhalb eines Jahrzehnts wurde dann ein neuer Taucheranzug erfunden. John und William Braithwaite, zwei Brüder aus England, entwarfen einen Taucherhelm, mit dem sie in 18 m Tiefe arbeiten konnten. Sie benutzten ihn mit einigem Erfolg, um Münzen von einem Ostindienfahrer zu bergen.

Ein anderer Engländer, John Deane, erfand 1828 einen Taucherhelm und -anzug, die sogar noch weiterentwickelt waren. Im frühen 19. Jahrhundert benutzte er seine Ausrüstung bei der Aushebung der *Mary Rose* und der *Royal George*, beide im Hafen von Portsmouth in Südengland gesunken, und hielt seine Errungenschaften in einer Serie kolorierter Zeichnungen fest. Ein Problem des von Deane entwickelten Helms bestand darin, daß der Taucher aus Furcht vor eindringendem Wasser seinen Kopf nicht senken konnte!

Siebes Taucheranzug

Ein Deutscher, Augustus Siebe, erfand den Prototyp des modernen Taucherhelms aus festem Material; 1837 wurde er durch einen wasserdichten Taucheranzug aus Gummi ergänzt. Diese Helme wurden mit Druckluft versorgt, die von der Wasseroberfläche nach unten gepumpt wurde. Verbrauchte Luft konnte durch Ventile nach außen gelangen. Das bedeutete, daß die Zeit, die ein Taucher auf dem Meeresboden verbringen konnte, nur davon abhing, wie lange er der Kälte widerstehen konnte. Zum ersten Mal war es möglich, weiter als 35 m tief zu tauchen.

Im Laufe der Zeit wurden Taucheranzüge immer gebräuchlicher und sowohl Ingenieure als auch Bergungstaucher benutzten sie. Der Hauptnachteil der Helme lag darin, daß sie von der Luftzufuhr von der Oberfläche abhingen, so daß die Reichweite und Beweglichkeit der Taucher begrenzt waren. Außerdem bestand die Gefahr, daß sich die Leine in einem Hindernis unter Wasser verfing.

1865 entwickelte der französische Ingenieur Benôit Rouguayrol zusammen mit Auguste Denayrouze, einem Marineoffizier, den ersten Lufttank, der unter Wasser gelassen werden konnte. Der Taucher atmete die Luft aus einer Flasche mit Druckluft, die auf seinem Rücken befestigt war, während Ventile die Zu- und Abfuhr der Luft regelten. Obwohl dieses System ein bahnbrechender Entwurf war, konnte es wegen des Problems, einen Tank zu bauen, der unter Druck nicht barst, nicht weiterentwickelt werden. Der Amerikaner Charles Condert erfand ähnliche unabhängige Tauchsysteme, obwohl auch hier die Sicherheit nicht problemlos gewährleistet war.

Das von Siebe entwickelte System blieb das einzige vertrauenswürdige Tauchgerät. Es gab aber nur wenige Archäologen, die einen Tauchanzug mit festem Helm benutzten, um den Meeresboden zu erforschen. Tauchen war eine Angelegenheit für Spezialisten, mit der sich die meisten Herren Archäologen aus der Zeit Königin Viktorias oder König Edwards und der Zeit zwischen den Kriegen nicht anfreunden konnten. Nur eine Handvoll von Antiquitätenhändlern und Archäologen benutzte die neuen Technologien, im späten 19. Jahrhundert vor allem die Erforscher der Überreste früher Pfahlbauten in Gewässern in Schottland und der Schweiz.

Unten: Frühe Tauchausrüstungen: Halleys Taucherglocke, Rowes frühe Tauchermuschel sowie Klingerts Taucherhelm und -anzug. Sie alle setzten der Bewegungsfreiheit des Tauchers unter Wasser enge Grenzen.

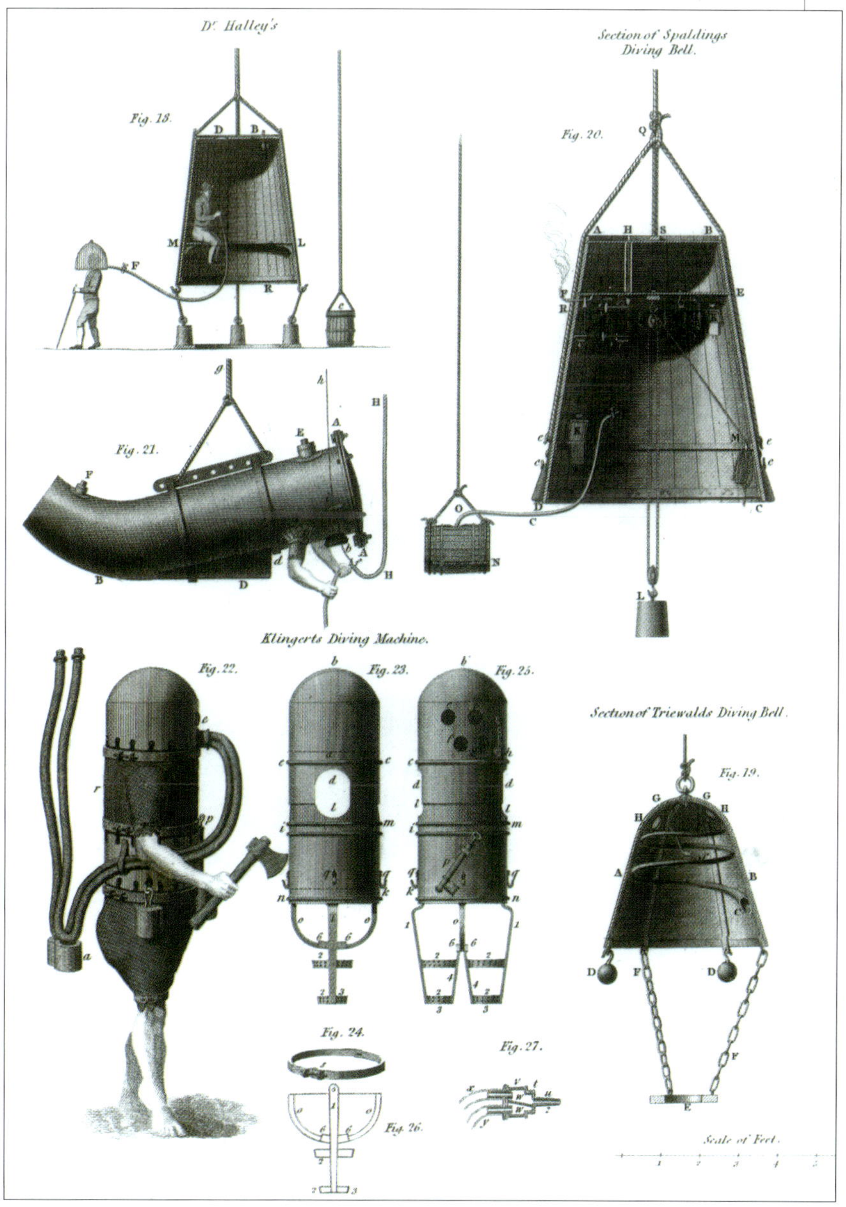

Das Bergungsgeschäft wächst

Die ersten Schritte in der Unterwasserfotografie, heute ein wesentliches Hilfsmittel der Archäologen, wurden 1856 unternommen. Die ersten verschwommenen Fotos, aufgenommen von William Thompson vom Meeresboden vor der Küste Südenglands, waren fast unkenntlich, aber der französische Fotograf Louis Bouton entwickelte im Jahre 1893 die erste richtige Unterwasserkamera. Seine Kamera war geschützt durch einen versiegelten Kasten aus Kupfer und funktionierte mit einem Unterwasserblitzlicht, um bessere Bilder zu erhalten.

Zwei Ereignisse machten das Tauchen gegen Ende des 19. Jahrhunderts populär. Erfolgreiche Science-fiction-Literatur wie Jules Vernes »20 000 Meilen unter dem Meer« beschäftigte die Phantasie der Menschen, und Tauchen wurde zu einem beliebten Thema in der Literatur. Gleichzeitig wurde weltweit ausführlich über Bauprojekte und Unterwasserinspektionen mit Tauchern berichtet. Die Tauchexpedition der *USS Maine* im Jahre 1898 zum Beispiel wurde zu einem weltweiten Medienereignis. Ihr Untergang im Hafen von Havanna, der Verlust eines Kriegsschiffs, die Untersuchung und Berichterstattung der Sensationsreporter führte direkt in den Spanisch-Amerikanischen Krieg von 1898.

Gegen Ende des Ersten Weltkriegs war die kommerzielle Aushebung von Wracks zu einer lebensfähigen Branche geworden. Die Arbeit der Cox and Danks Company, welche die gesunkene deutsche Hochseeflotte in den Jahren zwischen den Kriegen aushob, gehörte wahrscheinlich zu den anspruchsvollsten Tauchprojekten jener Zeit und zeigte, daß Taucher vollständige Aushebungsarbeiten unter Wasser durchführen konnten (siehe Seite 186–187). Taucheranzüge mit festen Helmen waren das einzige sichere Tauchsystem bis zum Zweiten Weltkrieg, als militärische Forschungsarbeit »Froschmänner« der Marine in die Lage versetzte, mit individuellen Atemgeräten zu tauchen, und Rettungsleinen überflüssig machte.

Unten: Die Bergungstaucher John und Charles Deane bei der Arbeit auf dem Wrack der HMS Royal George, die 1782 vor der Küste Englands sank. Eine Pumpe auf dem Begleitschiff versorgt den Taucher mit Luft, der hier den festen Helm der Gebrüder Deane trägt.

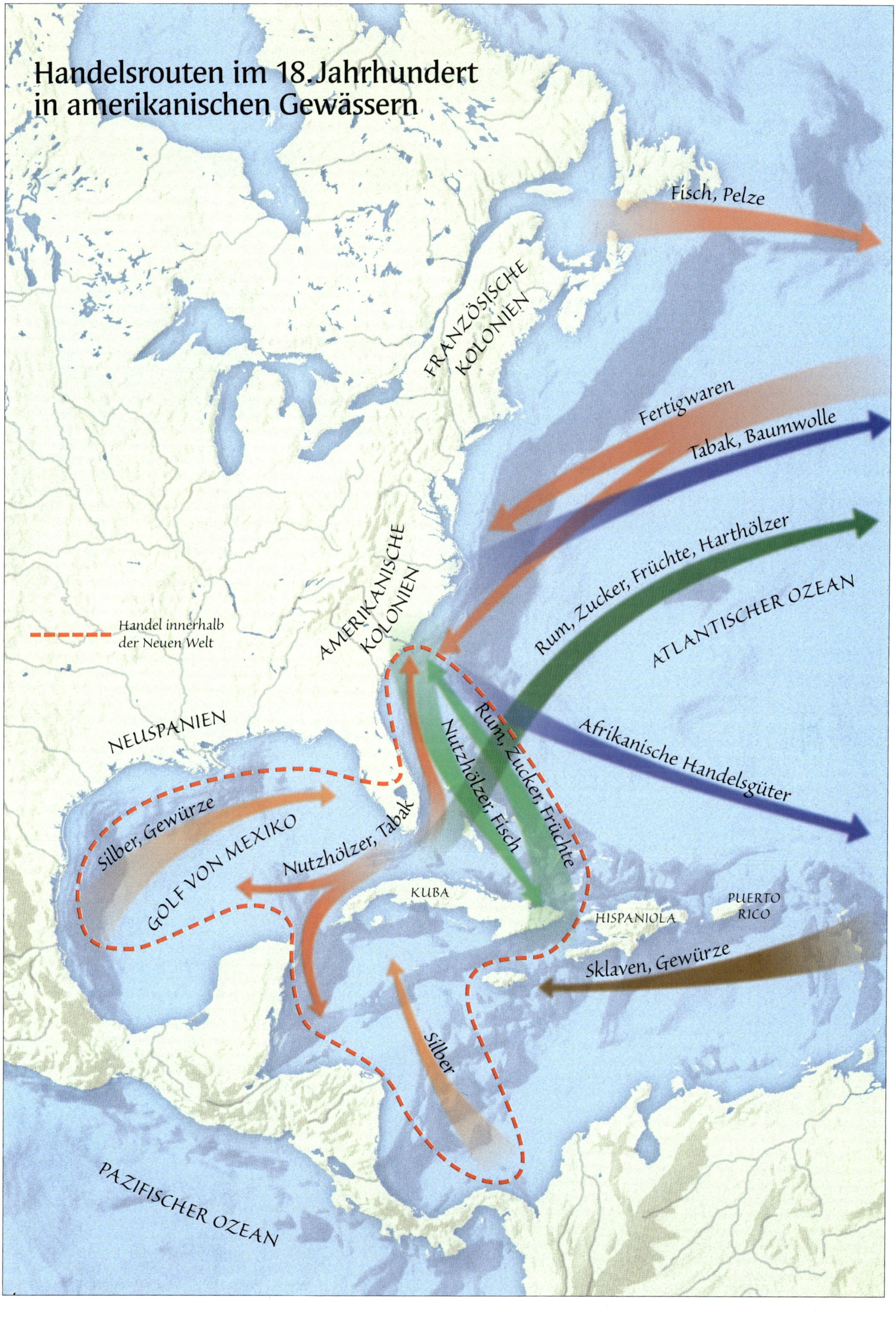

Handelsrouten im 18. Jahrhundert in amerikanischen Gewässern
Fisch, Pelze
FRANZÖSISCHE KOLONIEN
Fertigwaren
Tabak, Baumwolle
Rum, Zucker, Früchte, Harthölzer
AMERIKANISCHE KOLONIEN
ATLANTISCHER OZEAN
Handel innerhalb der Neuen Welt
NEUSPANIEN
Rum, Zucker, Früchte
Nutzhölzer, Fisch
Afrikanische Handelsgüter
Silber, Gewürze
GOLF VON MEXIKO
Nutzhölzer, Tabak
KUBA
HISPANIOLA
PUERTO RICO
Sklaven, Gewürze
Silber
PAZIFISCHER OZEAN

Die Geschehnisse bei einem Schiffbruch

Die Gründe für einen Schiffbruch sind vielfältig, aber die menschliche Tragödie ist in den meisten Fällen grausam. Mehrere zeitgenössische Berichte über Schiffbrüche können uns eine ungefähre Vorstellung von dem Desaster geben.

Archäologen nennen es »Prozeß des Schiffbruchs« oder verwenden andere neutrale Begriffe, um eine Tragödie zu beschreiben – es ist es fast unmöglich, die schrecklichen letzten Augenblicke eines Schiffes einzufangen. Nicht alle gingen in Stürmen verloren – einige sanken wegen eines großen Lecks, andere gingen in Schlachten unter, wenige erlitten Schiffbruch aufgrund eines Konstruktionsfehlers. Die *Mary Rose* ging 1545 unter, weil sie sich unerwartet auf die Seite legte, die Geschützpforten sich mit Wasser füllten und das Schiff kentern ließen (siehe Seite 94–95). Ein halbes Jahrhundert später berichtete ein Überlebender der *La Trinidad Valencera*, einem Schiff der spanischen Armada, seinen englischen Rettern, wie sein Schiff in einer irischen Bucht im Jahre 1588 auf Grund lief (siehe Seite 96–97): »Sie verloren die Armada in der Nacht des 12. September während eines Sturms aus den Augen. In derselben Nacht

bekam ihr Schiff an der Vorderseite ein großes Leck, und in den nächsten beiden Tagen standen sie an den Pumpen. Am 14. September kam die Küste Irlands bei Blasket in Sicht, und alle Soldaten, bis auf vierzig, die im Schiff blieben und später ertranken, wurden mit ihren Waffen in einem kleinen Boot an Land gebracht.«

Einmal an Land, waren für die Überlebenden noch lange nicht alle Probleme gelöst, wie über einen anderen Schiffbrüchigen berichtet wurde: »Er sagte, daß sie, als sie sich dem Land näherten, etwa 20 der Wilden auf einem Felsen stehen sahen und daß an Land vier oder fünf kamen, um ihnen aus dem Boot zu helfen, und sie höflich behandelten, bis die übrigen wild aussehenden Männern vom Felsen und noch weitere herbeikamen, so

Unten Mitte: Die Schrecken eines Schiffbruchs in einer Szene aus dem 17. Jahrhundert: »Ein Schiff und eine Galeere erleiden Schiffbruch vor einer Felsküste«, Ölgemälde von Mathieu van Plattenberg.

Unten: Überlebende retten sich an den Strand oder in die Boote, während ihr Schiff an den Felsen zerschellt. »Schiffbruch vor einer felsigen Küste«, Ölgemälde von Samuel Walters.

daß sie mehr als vierzig waren und ihnen Geld, Goldknöpfe, Papiere und Kleidung im Wert von 7300 Dukaten oder so ähnlich abnahmen.«

Nachdem sie von den irischen Einwohnern ausgeraubt worden waren, wurden die Überlebenden gefangengenommen und einige von ihnen von den Patrouillen der englischen Armee ermordet. Weniger feindlich wurden die Überlebenden des holländischen Ostindienfahrers *Amsterdam* empfangen, als ihr Schiff 1748 vor der Südküste Englands unterging (Seite 130/131). Ein Beobachter vor Ort berichtete:

»Nach seinem Heimathafen hieß das Schiff *Amsterdam* und war auf dem Weg nach Batavia, es hatte ein Gewicht von etwa 700 Tonnen und 52 Kanonen; als es vor zwei Monaten auslief, waren 300 Männer an Bord, von denen etwa die Hälfte starb, weil sie krank waren oder über Bord gespült wurden. Seine Fracht bestand aus Geld, Stoffballen und Waren aller Art.

Es war ein neues Schiff, war die ganze Zeit über gegen den Wind gesegelt und ist nie über Beachy Head hinausgekommen. In der Bucht von Pevensey bekam es einen Schlag und verlor sein Ruder, dann lag es mehrere Tage vor Bexhill vor Anker. Einige von Hastings Männern gelangten zu ihm und wollten es nach Portsmouth schleppen, wenn das Wetter es zuließe, aber es konnte sich nur bis Sonntag halten.«

An einem Riff zerschellt

Menschliches Versagen war möglicherweise der Grund für den Untergang des Ostindienfahrers *Amsterdam*. Es besteht kein Zweifel daran, daß es der Grund für den Schiffbruch des britischen Handelsschiffes *L'Athenaise* war, das 1804 wegen des fahrlässigen Handelns seines Kapitäns vor der Ostküste Floridas auf ein Riff lief. Der folgende Bericht stammt von einem englischen Marineoffizier, der auf dem zum Untergang verurteilten Schiff mit 184 französischen Kriegsgefangenen an Bord auf der Heimreise von Jamaika war und das Unglück überlebte:

»Wir hielten es für notwendig, ihn (den Kapitän) mit allen Mitteln vom Alkohol fern und in unserer Gewalt zu halten, er konnte uns jedoch entkommen und traf, nachdem er das Focksegel gekappt hatte, die verhängnisvolle Entscheidung, sich zu betrinken. Folglich trieb das Schiff richtungslos weiter, bis es von der Strömung erfaßt wurde. Zuerst sahen wir die Brecher leewärts etwa eine Meile entfernt. Ich ging sofort an Deck, der Anker war schon ausgeworfen, doch bevor das Schiff vor Anker gelegt werden konnte, lief es mit einem fürchterlichen Krachen auf ein Korallenriff auf.

Die Szenen, die folgten, sind kaum zu beschreiben. Etwa 200 Mann kauerten sich auf dem Schiffsdeck zusammen; sie waren nackt, die meisten beteten und beichteten ihre Sünden, während die See über die Masttopps hereinbrach und der Besanmast zum Schrecken aller quer über das Deck stürzte, einem Mann den Fuß brach und mehrere andere verstümmelte. Das Meer trieb das Schiff bald über das Korallenriff hinaus in tieferes Wasser, und zum Glück konnte es sich über Wasser halten, bis es den Strand erreichte. Es sank nach und nach, und als es auf den Strand auflief, war es schon nach wenigen Wellen voller Wasser.«

Die armen Seelen sahen, selbst wenn sie den Schiffbruch überlebten, häufig einer ungewissen Zukunft entgegen. Die Überlebenden der *L'Athenaise* mußten Hunderte von Meilen an der Küste von Florida entlangmarschieren, bis sie Hilfe fanden, während andere Opfer, deren Schiffe an Stränden auf Grund liefen, Meuterei und Massakern (Seite 124–125) ins Auge sehen mußten oder dem Tod durch Hypothermie (Seite 170–171) anheimfielen. Das menschliche Leiden infolge eines Schiffbruchs ist makabererweise ein Hauptgrund für die Faszination, die von einem Schiffswrack ausgeht. Der historische Wert von Fundstücken aus einem Schiffswrack kann unschätzbar sein; das Wissen, das sie einst jemandem gehörten, der Teil einer Tragödie war, hat außerdem einen schrecklichen eigenen Reiz.

FUNDSTÜCKE VON SCHIFFSWRACKS

Will man einen von einem Schiffswrack geborgenen Gegenstand erhalten, ist eine arbeitsintensive Konservierung unabdingbar. Der Vorgang kann Jahre in Anspruch nehmen. Die Konservierung maritimer Fundstücke ist zu einer bahnbrechenden wissenschaftlichen Disziplin mit eigener Daseinsberechtigung geworden.

Unten: Handelsperlen aus dem Wrack des englischen Sklavenschiffs Henrietta Marie, das im Jahre 1700 vor den Florida Keys unterging. Die Perlen sollten gegen Sklaven an der Küste Westafrikas eingetauscht werden; jede von ihnen mußte auf besondere Art konserviert werden, bevor sie ausgestellt werden konnten.

Einer der Vorteile, den ein Schiffswrack gegenüber einem Fundort an Land hat, ist die Tatsache, daß das entdeckte Material häufig besser erhalten ist. Die Umgebung kann besondere Konservierungsprobleme aufwerfen, die schon beginnen, wenn die Fundstücke der Luft ausgesetzt werden, häufig zum ersten Mal seit Jahrhunderten. Bei jedem meeresarchäologischen Projekt kann die Konservierung der Fundstücke mehr kosten und sehr viel länger dauern als die Aushebung des Wracks selbst. Der Schiffsrumpf ist meistens am schwierigsten zu konservieren, weil die Größe der Arbeit bedeutet, daß eine komplette Bergung häufig unmöglich ist. In diesen Fällen werden die großen Balken am Fundort wieder vergraben, und nur die kleineren Teile werden geborgen.

Die Konservierung erfordert exakte wissenschaftliche Arbeit, und ausgebildete Konservatoren spielen bei jedem archäologischen Unterfangen eine wichtige Rolle. Ihre Mitarbeit gewährleistet den sicheren Weg der Fundstücke aus einer für sie wahrscheinlich stabilen Umgebung durch ein instabiles Übergangsstadium in ein konserviertes Endstadium. Das Bergen eines Gegenstandes kann physikalische und chemische Veränderungen zur Folge haben, die manchmal zu seiner Zerstörung führen. Kanonenkugeln zum Beispiel, die aus dem Meer geborgen wurden, zerfallen schließlich, wenn sie nicht konserviert werden.

Unterschiedliche Gegenstände reagieren auch unterschiedlich: Marmorstatuen aus einem griechischen Schiffswrack zum Beispiel müssen lediglich abgewaschen werden, so auch Töpferwaren. Im Gegensatz dazu benötigen Holz und andere organische Materialien wie Seile oder Kleidung eine umfangreiche Behandlung.

Bei Holz von einem Wrack, das sich mit Wasser vollgesogen hat, wurde das natürliche Harz durch Salzwasser ersetzt. Wenn Balken austrocknen, brechen sie auseinander, weil die Zellstrukturen nur noch vom Wasser zusammengehalten werden. In den meisten Fällen wird hier Polyäthylen-Glykol (PEG), eine Art künstliches Wachs, verwendet.

Für die Konservierung wird dem Wassertank, in dem sich der Balken befindet, eine schwache PEG-Lösung beigefügt. Die Konzentration der Lösung wird nach und nach erhöht, bis die Zellen des Holzes ausreichend mit PEG imprägniert sind.

Das ganze Unterfangen ist kostspielig und zeitintensiv. Bei besonders großen hölzernen Konstruktionen wie dem Schiffsrumpf der *Mary Rose* (siehe Seite 94–95) kann der Vorgang bis zu 20 Jahre in Anspruch nehmen.

Oben: Eine Konservatorin entfernt vorsichtig die Ablagerungen von den Resten eines Musketenkolbens, gefunden auf einem spanischen Wrack aus dem 17. Jahrhundert. Mit Wasser vollgesogenes Holz gehört zu den Materialien, die am schwersten zu konservieren sind. Je größer der Gegenstand ist, desto länger dauert die vollständige Konservierung.

Konservierung mit Elektrolyse

Darüber hinaus werden andere Techniken zur Stabilisierung von kleinen hölzernen Fundstücken benutzt. Sie werden zum Beispiel gefriergetrocknet – d.h., das Wasser wird herausgezogen und durch Wachs ersetzt, bevor die Zellen zusammenbrechen können –, oder das Holz wird mit einer Azetonschicht umgeben, wobei zuerst das Wasser im Holz durch Azeton ersetzt und dann das Fundstück mit einer azetonhaltigen Harzschicht überzogen wird.

Auch Eisen ist ein Material, das an den Fundstellen der Schiffswracks häufig ausgehoben wird. Obwohl alle Metalle gewisse Konservierungsprobleme mit sich bringen, ist Eisen am schwierigsten zu erhalten. Wenn ein Schiff untergeht, sind die Gegenstände aus Eisen in den nächsten Jahrzehnten oder Jahrhunderten am meisten der Korrosion ausgesetzt und ziehen die Konkretion besonders an, vor allem in der Karibik und im Mittelmeer. Diese Ablagerungen sehen aus wie eine Schicht Zement, die den Gegenstand umgibt, setzt sich aber aus einer dicken Schicht Kalziumkarbonat, Magnesiumhydroxid, Rost und Partikeln von Sand, Muscheln, Schlick oder Korallen zusammen.

Die Größe der Ablagerung kann variieren, sie kann kleine Objekte einschließen, aber auch zu großen, felsähnlichen Konglomeraten anwachsen. Diese müssen vom Meeresboden unter kontrollierten Bedingungen an die Oberfläche gebracht werden, bevor die Gegenstände in ihrem Inneren konserviert werden können. Sie werden häufig zuerst geröntgt, so daß der Konservator weiß, womit er es zu tun hat.

Einmal getrennt, werden Gegenstände aus Eisen gewöhnlich gewaschen und dann mit eletrolytischer Reduktion (oder Elektrolyse) stabilisiert. Hierbei wird Strom mit niedriger Spannung durch den Gegenstand geschickt, der zuvor in einen Wassertank gelegt wurde. Mit der Zeit werden die Korrosionsteile im Inneren des Metalls (Chloridionen) ausgewaschen, so daß das Objekt nun gesäubert und für die Ausstellung oder Einlagerung vorbereitet werden kann. Andere Konservierungsarten für Metall sind die chemische oder hydrogene Reduktion, bei denen das Objekt erhitzt wird – diese sind jedoch sehr viel weniger verbreitet.

Welche Behandlung auch immer vorgenommen wird, der Stabilisierungsprozeß sollte beginnen, sobald die Fundstücke ausgehoben sind, da ihr Verfall bereits mit der Bergung beginnt. Aus diesem Grund ist die Konservierung der Fundstücke von Schiffswracks ebenso bedeutend (und kostspielig) wie die ruhmreiche Suche und Erforschung der historischen Gegenstände.

Rechts: Die Ablagerungen werden von einem Gegenstand vorsichtig mit zahnmedizinischen Werkzeugen unter kontrollierten Laborbedingungen entfernt. Die Konservatorin benutzt eine Röntgenaufnahme des Belags als Anleitung für ihre Arbeit.

Schiffswracks in der Tiefsee

Dank moderner Technologien können Menschen heute tiefer in den Ozean vordringen als jemals zuvor und somit gut erhaltene historische Schiffswracks in tiefen Gewässern entdecken.

Große archäologische Schätze in Form von historischen Schiffswracks liegen in tiefen Gewässern und können von Tauchern mit herkömmlicher Ausrüstung nicht erreicht werden. Man schätzt, daß bis zu 20 Prozent aller Wracks unberührt von Menschenhand in tiefen Gewässern liegen. In Tiefen von mehr als 150 m tragen die niedrigen Temperaturen, die Stille des Wassers und das Fehlen von Schiffsverkehr zur Langlebigkeit von Schiffswracks mit hölzernem Rumpf bei. Von noch größerer Bedeutung ist, daß der Mangel an Sauerstoff in einigen Meeren und Ozeanen der Erde zur Folge hat, daß Bohrwürmer wie der Schiffswurm in großen Tiefen nicht überleben können und das Holz nicht weggefressen werden kann wie bei den meisten Schiffswracks in seichten Gewässern.

Willard Bascom und Edwin Link gehörten in den 60er und 70er Jahren zu den ersten, die sich mit verschiedenen Tiefseetechnologien beschäftigten, die dann in großem Maße von kommerziellen Bergungsgesellschaften genutzt wurden und in jüngster Zeit auch in der Meeresarchäologie ihren festen Platz haben. Ihre Möglichkeiten wurden 1985 von Robert Ballard aufgezeigt, als er das Wrack der *Titanic* in einer Tiefe von 3900 m im Atlantik aufspürte und untersuchte.

Mit Unterwasserrobotern und ferngesteuerten Fahrzeugen hat man die Mittel, unter Wasser archäologische Schätze aufzuspüren, von denen man vor 50 Jahren noch nicht einmal zu träumen gewagt hätte. Die jüngsten Fortschritte in der Technologie bedeuten, daß Archäologen in der Lage sind, auch in tiefen Gewässern nach Wracks zu suchen. Historische Seefahrtsstraßen können bei der Jagd nach Schiffswracks nachvollzogen werden, unabhängig von der Tiefe des Ozeans. Das bedeutet, daß anstelle der mehr oder weniger zufälligen Entdeckung von Wracks in seichten Gewässern durch Fischer, Taucher oder Schatzjäger, Archäologen auf die Suche nach gut erhaltenen und unberührten Wracks gehen können, die ihnen eine Antwort auf bestimmte Fragen geben und zu ganz neuen Erkenntnissen verhelfen können.

Oben: Ein Tauchtechniker bereitet ein ferngesteuertes Fahrzeug für einen Tauchgang vor. Damit können Wracks erforscht werden, die Hunderte von Metern tief im Ozean liegen. Das Bild **unten** wurde von einem solchen Fahrzeug aus dem Team von Bob Ballard bei der Inspektion der Titanic aufgenommen. Seine Entdeckung entfachte ein beispielloses Interesse für das berühmteste Schiffswrack der Welt.

Entdeckungen mit Hilfe modernster Technologien

Ballard folgte der antiken Schiffsroute von Karthago nach Rom, um zu beweisen, daß versunkene Schiffe auf diese Weise gefunden werden können. Er entdeckte gut erhaltene römische Schiffswracks in tiefen Gewässern, untersuchte sie und füllte einige Wissenslücken über die Schiffe dieser Route.

In den 50er und 60er Jahren machte die große Anzahl von Flugzeug- und Schiffsunglücken deutlich, in welchem Maße es für die Marine der westlichen Länder notwendig geworden war, in tiefen Gewässern nach versunkenen Gegenständen suchen und sie bergen zu können. Die von der amerikanischen und britischen Marine in den 60er Jahren entwickelten Technologien für die Suche und Erforschung unter Wasser ermöglichten die

Tiefseetechnologie, die von der Ölindustrie und ozeanographischen Instituten seit Mitte der 70er Jahre angewendet wird.

In den 80er Jahren veranschaulichten einige Projekte den Wert dieser Technologien für die Erforschung historischer Schiffswracks. Abgesehen von Robert Ballards weltberühmter *Titanic*-Expedition im Jahre 1985, wurden Tiefseeprojekte in den Großen Seen in den USA, in der Arktis, im Mittelmeer, im Pazifik und in der Karibik durchgeführt. In den meisten Fällen übertraf der gute Zustand der Fundstücke alle Erwartungen, besonders in den Großen Seen, wo der Zerfall äußerst gering war.

Die gewöhnlich unerschwinglich hohen Kosten dieser Projekte wurden häufig durch eine Kooperation von US-Navy, ozeanographischen Instituten, Archäologen, kommerziellen Gesellschaften und Medien getragen. Vor allem Ballard bediente sich der Medien und brachte seine Arbeit mittels Fernsehübertragungen in die Schulen, um mit der Archäologie von heute die Archäologen von morgen zu begeistern.

Ferngesteuerte Sichtung

Ferngesteuerte Fahrzeuge werden erst seit kurzem bei der archäologischen Erkundung von Fundstellen, häufig auch als Schlitten für die Unterwasser-Videokameras, eingesetzt. In der Tiefseeforschung, wie bei der Entdeckung der *Titanic* im Atlantik oder der *HMS Bredalbane* vor Nordkanada, konnten diese Fahrzeuge dorthin gelangen, wo Taucher keinen Zugang mehr hatten. In seichteren Gewässern, wie dem Fundort der *Mary Rose* in England, wurden ebenfalls Videokameras eingesetzt, um die Schiffsstruktur aufzuzeichnen und neue Taucher einzuweisen.

Der große Vorteil einer Videokamera, vor allem in tiefen Gewässern, liegt darin, daß kein menschlicher Taucher der Tiefe und dem Druck widerstehen muß. Archäologen können sich bei der Erforschung des Fundortes Zeit lassen, ohne ihr eigenes oder das Leben ihrer Kollegen zu gefährden. Obwohl die Qualität der Bilder noch nicht so gut ist wie die von Schwarzweißfotos, bedeutet die Weiterentwicklung des Computerwesens und der Filmqualität, daß ferngesteuerte Fahrzeuge zwar ein kostspieliges, aber für den Meeresarchäologen nützliches Arbeitsgerät darstellen.

Großes technisches Potential

Das Kapitel über das Zeitalter der Kriegssegelschiffe in diesem Buch beschreibt die amerikanischen Marineschoner *Hamilton* und *Scourge* in den Jahren 1812/13 vor Niagara im Ontariosee (Seite 158–159). Beide Wracks wurden 1973 mit einem Magnetometer aufgespürt und später mit einem Side-Scan-Sonar und einem ferngesteuerten Fahrzeug identifiziert. In dem dunklen, eisigen Wasser des Ontariosees blieben beide Schoner hervorragend erhalten, die Kanonen waren an ihrem Platz, Munition und Werkzeuge lagen daneben, die Waffen an Bord

Unten: Ein Taucher in einem Mark-III-Tiefseetauchanzug untersucht die Überreste eines Wracks. In diesem Anzug kann er in Tiefen vordringen, die zuvor bemannten Tauchbooten vorbehalten waren.

waren schußbereit. Die Schoner sind archäologische Schätze von internationaler Bedeutung, da sie als einmalige Zeitzeugnisse aus jener Epoche dienen.

Mit der *Vasa* und der *Mary Rose* gehören sie dank der Tiefseetechnologie weltweit zu den bedeutendsten archäologischen Projekten. Gegenwärtig wird diskutiert, die Schiffe auszuheben, zu konservieren und dann in einem Museum am See auszustellen. Neue Technologien haben diese Funde von unberührten, gut erhaltenen Wracks möglich werden lassen.

Während die verschiedenen Einrichtungen zur Erforschung der Tiefsee unterschiedliche ferngesteuerte Fahrzeuge in die Tiefe des Ozeans schicken, greifen Archäologen bei der Erkundung von Fundorten von Schiffswracks in großer Tiefe häufig auf bemannte Tauchboote zurück. Eines der berühmtesten ist *Alvin*, das vom ozeanographischen Institut Woods Hole entwickelt wurde. Es wurde zuerst 1964 mit einer Besatzung von bis zu drei Mann in einer Tiefe von 1800 m eingesetzt und kann heute in ca. 4000 m Tiefe operieren. Ähnliche Tauchboote können inzwischen mit mechanischen Armen Gegenstände vom Meeresboden aufheben oder als Kontrollzentrum für unbemannte Roboter fungieren. Das Potential für eine bemannte Erforschung von Tiefseewracks ist mittlerweile vorhanden.

Oben: Nautile, ein französisches bemanntes Tauchboot, wird nach einem Tauchgang aus dem Wasser gehoben. Kleine U-Boote wie dieses haben die Tiefseeforschung revolutioniert.

Meeresarchäologie im 21. Jahrhundert

Leider steht archäologischen Projekten nicht viel Kapital zur Verfügung, so daß Archäologen nur selten die Gelegenheit haben, mit derart teuren Ausrüstungsgegenständen zu arbeiten. Diese werden eher von Gruppen mit mehr finanziellem als archäologischem Interesse genutzt.

Kommerzielle Bergungsunternehmen benutzten die Tiefseetechnologie für die umstrittene Bergung einiger Objekte der *Titanic*. Der Entdecker der *Titanic*, Dr. Robert Ballard, stellte fest, daß »diese Technologie nun außer Kontrolle geraten ist«, weil Organisationen mit ausschließlich kommerziellen Interessen Tiefseewracks bergen können, die zuvor durch die Tiefe geschützt waren.

Andere Schatzsucher oder kommerzielle Bergungsunternehmen bedienten sich dieser Technologie bei so unterschiedlichen Projekten wie der Ausbeutung eines spanischen Wracks von 1622 in ca. 400 m Tiefe in der Straße von Florida (bekannt als Tortugas-Wrack) und der Ortung des japanischen U-Bootes *I-52*, das 1944 auf dem Weg von Japan nach Deutschland mit einer Ladung Gold sank.

Im Jahre 1981 zeigte die weltweite Berichterstattung über die Bergung von 431 Goldbarren aus dem Wrack der *HMS Edingburgh*, einem 1941 gesunkenen Kreuzer, die Möglichkeiten einer solchen Ausrüstung. Viele historische Tiefseewracks besitzen nur geringen oder gar keinen finanziellen Wert, was sie bis zu einem gewissen Grad vor dem kommerziellen Zugriff der Bergungsgesellschaften schützt; andere, bis heute unentdeckt gebliebene Wracks, wie die der spanischen Schatzflotte, sind wahrscheinlich das Ziel der High-Tech-Schatzsucher.

Die vor kurzem von Ballard und seinem Team im Mittelmeer durchgeführte Expedition hat gezeigt, daß die moderne Ausrüstung auf konstruktive Weise genutzt werden kann. Eine Aushebung in tiefen Gewässern ist mit Roboterarmen und Spezialausrüstung möglich, und in der Zukunft könnten mit angemessenen Geldmitteln Fundorte ohne die Anwesenheit von Tauchern nach archäologischen Gesichtspunkten ausgehoben werden! Auf der Schwelle zum 21. Jahrhundert kann aller Voraussicht nach die Tiefseearchäologie zunehmend dazu beitragen, die Antwort auf seit langem unbeantwortete historische Fragen zu geben.

Weltweiter Schiffshandel

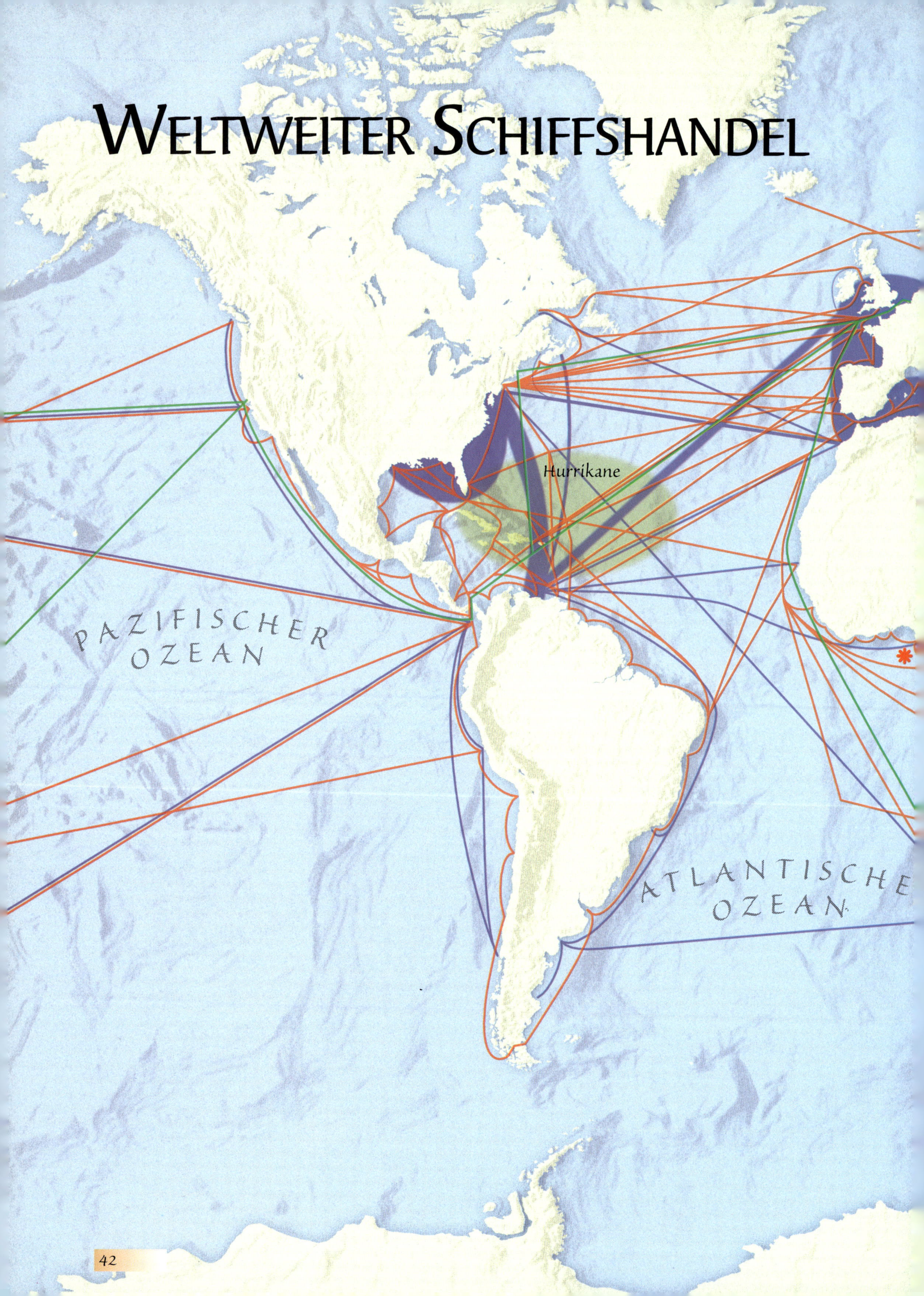

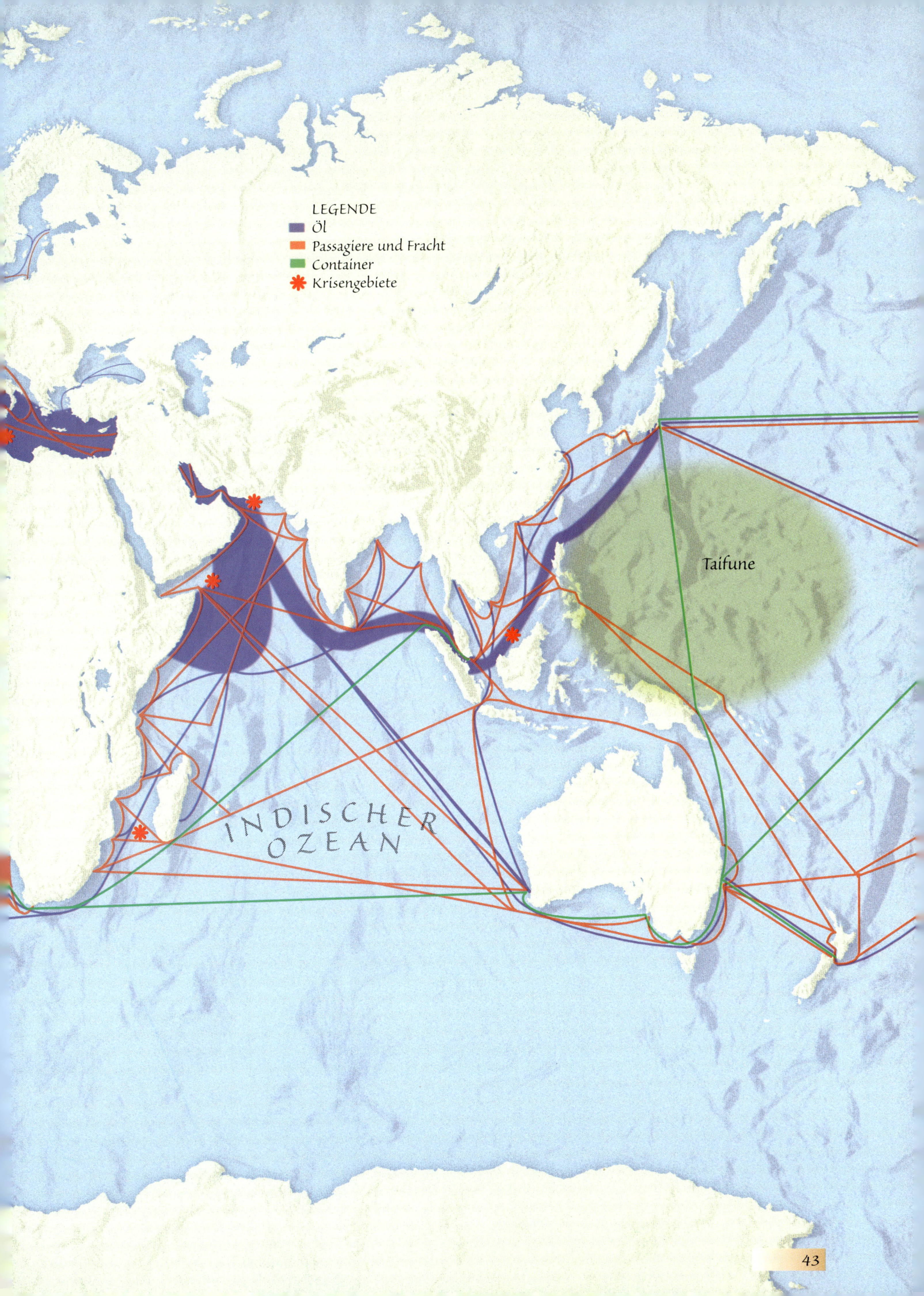
LEGENDE
Öl
Passagiere und Fracht
Container
Krisengebiete
Taifune
INDISCHER OZEAN

DIE HANDELSSCHIFFE DER ANTIKE

Wir wissen, daß Segelschiffe schon vor 4500 Jahren im Mittelmeer unterwegs waren. Bis zum Mittelalter war das Mittelmeer mehr als 3000 Jahre lang ein Handelszentrum früher Zivilisationen, deren Schiffe auf der Suche nach ertragreichen Märkten waren. Diese frühen Handelsschiffe hinterließen ein Vermächtnis in Form von Schiffswracks – einzigartige Einblicke in eine lang zurückliegende Vergangenheit. Zuerst die Ägypter, dann die Phönizier, Griechen, Römer und Byzantiner hinterließen Wracks, durch die wir erfahren können, wie ihre Schiffe ausgesehen haben, mit welchen Waren sie handelten und sogar, welche Ziele sie hatten.

Links: Römische Handelsschiffe wie dieses waren die Stütze des Seehandels innerhalb der Grenzen des weit ausgedehnten Reiches. Schiffswracks der Antike haben verlorengeglaubte Geheimnisse über die Frachten dieser Schiffe und ihre Bauweise enthüllt.

Anhand der Erkenntnisse der Meeresarchäologen, zusammen mit den Schriften antiker Schriftsteller und den Abbildungen antiker Schiffe, können wir uns heute ein umfassendes Bild von diesen Schiffe machen. Im Mittelmeer liegen die ältesten bekannten Schiffswracks der Welt, die uns – angefangen von der Bronzezeit bis fast 1300 Jahre vor Entstehung des Christentums – wesentliche Informationen über das Leben zu ihrer Zeit liefern. Ihre Entdeckung hat unser Wissen verändert, und heute sind die Erkenntnisse der Archäologen die wichtigste Informationsquelle über diese lange Zeit verlorenengeglaubten Handelsschiffe der Antike.

Zweitausend Jahre Schiffswracks

1 Albenga
2 Antikythera
3 Athlit Ram
4 Bon-Porté
5 Kap Gelidonya
6 Kap Rasocolmo
7 Comacchio
8 Dattilo
9 Dramont
10 Giglio
11 Grand Conglué
12 Kyrenia
13 La Chrétienne
14 Lake Nemi
15 Zaton
16 Mardague de Giens
17 Mahdia
18 Marsala-Punic-Wrack
19 See-Genezareth-Wrack
20 Serçe Limani
21 Sheytan Deresi
22 Straße von Messina
23 Uluburun
24 Isis-Wrack
25 Yassi Adda
26 Dashur
27 Herculaneum
28 Khufu
29 Marseilles-Bourse-Wrack
30 Pantano Longarini
31 Marzamemi
32 Mentone

Die Handelsschiffe der Antike

Das Mittelmeer ist als die Wiege der Zivilisation beschrieben worden. Mehrere tausend Jahre lang wurde es von Handelstreibenden befahren, die mit ihren Waren in verschiedenen Ländern von Hafen zu Hafen reisten. Aus diesem Grund enthält es eine große Anzahl von Schiffswracks. Seit der Zeit der Alten Ägypter und verschiedener anderer in der Bibel erwähnter Völker sind Schiffe durch Stürme, Unfälle oder Kriege verlorengegangen. Ihre Wracks können uns helfen, den Aufstieg und Fall dieser Nationen der Antike nachzuzeichnen und – noch bemerkenswerter – den Handel zu ergründen, auf dem diese Völker basierten.

Frühe ägyptische Schiffs- und Bootsmodelle aus Grabstätten zeigen uns die damalige Entwicklung des Schiffsbaus im Mittelmeer. Den Ruhm, den Griechenland in der Antike besaß, kann man an zahlreichen Wracks, von Handels- bis zu Kriegsschiffen, nachvollziehen. Diese Wracks erweitern unser Wissen über die Schiffahrt, das bislang auf Schriften und Abbildungen aus der Antike basierte. Die Römische Republik (und später das Römische Reich) ist vielleicht die bemerkenswerteste dieser untergegangenen Zivilisationen; da sie einen Zeitraum von 800 Jahren überdauerte, hat sie besonders viele Schiffswracks hinterlassen. Nach ihrem Untergang wurde der östliche Teil der Römischen Welt zum Byzantinischen Reich, das weitere 400 Jahre lang die Vorherrschaft über das Mittelmeer innehatte. Durch genaues Prüfen des uns zur Verfügung stehenden Materials von Schiffswracks können wir versuchen, die Entwicklung der Handelsschiffahrt in der Antike nachzuzeichnen.

Das erste Anzeichen für Schiffahrt im Mittelmeer kommt aus dem Alten Ägyptischen Königreich aus der Zeit des Pyramidenbaus, ca. 2500 v. Chr. In der Cheopspyramide fanden die Archäologen die Überreste eines Bootes, das aus Papyrusbündeln mit hölzernen Ver-

Rechts: *Das Begräbnisboot von König Khufu (oder Cheops, 2585–2560 v. Chr.) wurde tief im Inneren der Großen Pyramide von Gizeh entdeckt.*

Rechts: *Dieses hölzerne Modellschiff mit Ruder und einem Segel war eine Grabbeigabe und stammt aus der 12. Ägyptischen Dynastie, ca. 1800 v. Chr.*

ca. 2800 v. Chr.	ca. 2000 v. Chr.	ca. 1700–1400 v. Chr.	ca. 1550 v. Chr.	ca. 1500 v. Chr.	ca. 1482 v. Chr.	ca. 1400–1100 v. Chr.	ca. 1200 v. Chr.
Kanuähnliche Boote fahren in der Ägäis.	Boote in der Ägäis fahren mit Segeln.	Höhepunkt der keltischen Zivilisation.	Mykenische Händler bereisen das Mittelmeer.	Die Ägypter bauen Segelschiffe mit Ruderpaaren.	Holz wird von einer kretischen Flotte aus dem Libanon nach Ägypten transportiert.	Höhepunkt der mykenischen Zivilisation, Vormachtstellung auf dem Mittelmeer.	Kap-Gelidonya-Wrack, ein syrisches Handelsschiff.

stärkungen gebaut war. Dieses Schiff wurde auch in Grabmalereien abgebildet und in Hieroglyphen beschrieben. Diese großen, fast bananenförmigen Flußboote wurden mit Rudern und einem Segel angetrieben.

Die Rumpfbauweise

Im gesamten Mittelmeerraum hinterließen die kretischen Minoer auf Tongefäßen Bilder von Schiffen, die von den Archäologen scherzhaft »Bratpfannen« genannt werden, weil die charakteristische Form ihres Bugs dem Griff einer Bratpfanne glich. Schiffsmodelle, die in Gräbern gefunden wurden, zeigen, daß die Ägypter um das Jahr 2000 v. Chr. mit Holzbooten fuhren. Sie hatten die gleiche Form wie ihre Vorgänger aus Schilf, die auf dem Nil noch in Betrieb waren. Wahrscheinlich konnten die hölzernen Versionen in begrenztem Maße auch auf dem Meer fahren.

Zwei Boote, die in Dashur untergingen, zeigen eine komplexe Bauweise, bei der zahlreiche kleine Planken mit Zapfen und Zapfenlöchern verbunden waren. Dies war für lange Zeit die übliche Bauweise in der Antike. Anders als bei späteren europäischen Schiffen, bei denen zuerst das Spantengerüst gebaut wurde, hat man hier nach der Rumpfbauweise gearbeitet, bei der sich die äußeren Planken praktisch selbst stützten. Bei der Gerüstbauweise bilden die Spanten die Rippen des Schiffs, und die Planken werden auf diesem Gerüst befestigt. Dies ist die Standardform des Schiffsbau, wie sie auch heute noch üblich ist.

Während der Ära des Neuen Ägyptischen Königreichs (ca. 1600–1100 v. Chr.) wurden die Schiffe besser dokumentiert. Steinskulpturen und handgeschriebene Dokumente deuten darauf hin, daß die Schiffe Ägyptens widerstandsfähiger geworden waren. Auf Abbildungen, auf denen sie im Kampf mit den »Seevölkern« des zentralen Mittelmeerraumes zu sehen sind, gleichen sich die Schiffe sehr. Die Seevölker – Syrer, Griechen und Ägypter – scheinen ihre Schiffe alle nach dem gleichen Entwurf gebaut zu haben, trotzdem bestanden zweifellos nicht überlieferte regionale Unterschiede. Die Handelsschiffe in der Ägäis unterschieden sich ganz klar von den »schwarzen Schiffen« in Homers Illias. Zwei Schiffe aus dieser Periode der Bronzezeit liefern uns die frühesten Funde von Schiffswracks. Diese Wracks in Ulubrun und am Kap Gelidonya enthielten wichtige Beweisstücke für das Leben auf den Handelsstraßen der Antike (siehe Seite 50–51).

In der Zeit nach dem späten Bronzezeitalter bis zum Aufkommen der griechischen Staaten blühte der Seehandel zwischen den Phöniziern, Griechen und den Etruskern aus Mittelitalien. Wachsende Erkenntnisse aus Dokumentationen und archäologischen Quellen helfen uns, diese Aktivitäten zu erforschen, und die Erkundung der Häfen der Antike trägt zum Gesamtbild bei.

ca. 1000 v. Chr.	ca. 810 v. Chr.	ca. 650 v. Chr.	ca. 550 v. Chr.	517 v. Chr.	509 v. Chr.	ca. 480 v. Chr.	332 v. Chr.
Vereinfachte Ankerformen werden auf dem Mittelmeer eingesetzt.	Karthago wird von den Phöniziern errichtet.	Die ersten Münzen werden in Lydia, Asien, hergestellt.	Araber lassen sich nach dem Überqueren des Roten Meeres in Äthiopien nieder.	Bau eines Kanals zwischen dem Roten Meer und dem Nil.	Gründung der Römischen Republik.	Karthago baut eine Seeflotte auf. Eine griechische Flotte besiegt die Perser.	Alexander der Große erobert Ägypten.

So förderte die Aushebung eines phönizischen Hafens neue Erkenntnisse über die Schiffsfrachten zutage, die durch Funde vor den Küsten Israels, Italiens und Frankreichs bestärkt wurden.

Material von Schiffswracks, angefangen im vierten Jahrhundert v. Chr., begründet einen großen Teil unseres heutigen Wissens über die Schiffe und Schiffahrt der Antike. Das Kyrenia-Schiff aus dem späten vierten Jahrhundert v. Chr. war so gut erhalten, daß es in voller Größe nachgebaut werden konnte (Seite 52–53). Handelsschiffe waren meist tief und breit und wurden eher mit Segeln als mit Rudern angetrieben, obwohl es auch Hinweise auf phönizische Handelsschiffe gibt, die um 700 v. Chr. mit Rudern angetrieben wurden.

Veränderung der Bauweise

Die Weiterentwicklung der Kriegsschiffe zeigt sich in der Befestigung von Rammböcken an ihrem Bug. Diese Schiffe sehen größer aus, verfügen über mehr Ruderer und eine größere Stoßkraft, die notwendig war, wenn der Rammbock wirkungsvoll eingesetzt werden sollte. Im späten sechsten Jahrhundert v. Chr. wurden die Bireme und die Trireme die beliebtesten Kriegsschiffe in der Ägäis. Abbildungen zeigen, daß die Phönizier weiterhin Schiffe nach altem Muster bauten, wodurch die Griechen in technischer Hinsicht im Vorteil waren. Im fünften Jahrhundert v. Chr. war die Trireme dann im Mittelmeer weit verbreitet, obwohl die Entwürfe etwa der Griechen und der Etrusker beachtliche Unterschiede aufwiesen. Viel Arbeit ist geleistet worden, um die Methode zu rekonstruieren, nach der die Trireme funktionierte, einschließlich einer Replik in voller Größe. Der Grundentwurf war seit dem zweiten Jahrhundert v. Chr. unverändert geblieben, als die Römer und Karthager Kriegsschiffe mit vier und fünf Ruderpaaren bauten.

Die Zeit der Römer begann im vierten Jahrhundert v. Chr.; im zweiten Jahrhundert v. Chr. waren sie zur vorherrschenden Macht im Mittelmeerraum geworden. Die Römer scheinen nur langsam die Vorteile einer Seemacht entdeckt zu haben, aber während des Punischen Krieges mit Karthago, der 264 v. Chr. begann, bauten sie eine starke Seeflotte auf. Nach griechischem Vorbild bestand diese hauptsächlich aus Quinquiremen, einer größeren Version der Triremen, sowie kleineren Kriegsschiffen, den Liburnae, die als Spähschiffe eingesetzt wurden. Abgesehen von der Entdeckung des Rammbocks eines Kriegsschiffes gibt es nur wenig archäologische Zeichen für Kriegsschiffe aus der Ära der Römischen Republik oder des frühen Römischen Reiches. Die Wracks römischer Handelsschiffe sind hingegen zahlreich, und wir können ihre Entwicklung ziemlich genau nachzeichnen.

Es ist ausreichend Material von Schiffswracks vorhanden, um die Bauweise zu analysieren. Obwohl schon früher Schiffe im Mittelmeerraum nach der Rumpfbauweise und

Oben: *Das Bild auf dieser griechischen Vase zeigt Odysseus an den Mast seines Schiffes gefesselt, damit er den Gesang der Sirenen anhören konnte, ohne in ihren Bann gezogen zu werden.*

297–280 v. Chr.	**264–241 v. Chr.**	**146 v. Chr.**	**ca. 86 v. Chr.**	**72 v. Chr.**	**ca. 36 v. Chr.**	**26 v. Chr.**	**14 n. Chr.**
Bau des ersten Leuchtturms in Alexandria.	Rom besiegt Karthago im Ersten Punischen Krieg.	Zerstörung Karthagos im Dritten Punischen Krieg.	Antikythera-Wrack, mit Kunstobjekten für einen römischen Diktator.	Eine römische Flotte wird vor Kreta von Piraten überwältigt.	Kyrenia-Wrack, Küstenhandelsschiff aus Rhodos.	Zusammenbruch der Römischen Republik, Beginn des Römischen Reiches.	Die Römer bauen in Südfrankreich ein Aquädukt.

mit Zapfen gebaut wurden, entwickelten die Römer diese Tradition fort und gaben sich dann als ihr Urheber aus. Das erste Handelsschiff, das unter Wasser entdeckt wurde, war das Antikythera-Wrack (Seite 54–55), gefolgt von zahlreichen anderen Schiffen aus dieser Zeit in den letzten 30 Jahren. Viele von diesen historischen Schiffswracks zeigen die Verwendung von hölzernen oder metallenen Zapfen für den Zusammenhalt der Planken wie auch den Gebrauch von Holz- und Kupfernägeln, um diese dann an dem Gerüst zu befestigen. Bei dieser Rumpfbauweise wurden zuerst die Planken zum Schiffsrumpf zusammengefügt, dann erst wurde das Gerüst zur Verstärkung eingebaut. In einigen Fällen brachte man Kupfer- oder Bleibleche an, um den Rumpf vor Schiffswürmern zu schützen.

Unten: *Ein römisches Handelsschiff aus dem dritten Jahrhundert n. Chr. schmückt diesen Sarkophag aus Sidon.*

Nach klassischem Vorbild

Die Größe der Schiffe im Römischen Reich variierte stark, die Spannbreite reichte von kleinen Küstenbooten bis zu den gewaltigen Getreideschiffen, die in der Blütezeit des Reiches mit mehr als 1200 Tonnen an Bord von Ägypten nach Rom segelten. Die Mehrzahl der Schiffe kann in zwei Gruppen unterteilt werden: kleinere Handelsschiffe mit 100–130 Tonnen und größere Handelsschiffe mit 350 Tonnen oder mehr. Ein typisches kleines Handelsschiff konnte 3000 mit Wein gefüllte Amphoren transportieren; ebenso häufig wurden Steine und Getreide verschifft.

Gegen Ende des Römischen Reiches und auf der Schwelle zum Byzantinischen Reich war die Größe der Handelsschiffe trotz veränderter Bauweise nicht besonders weiterentwickelt worden. Schiffe wie das kleine byzantinische Handelsschiff, das bei Yassi Adda entdeckt wurde (Seite 56–57), sowie ein größeres Wrack, ausgehoben vor Marzamemi in Sizilien, zeigen, daß sie die durchschnittliche Größe römischer Schiffe besaßen. Die Form der Segel mag sich verändert haben, das dreieckige Lateinersegel ersetzte das viereckige, und die Konstruktionsweise wurde vereinfacht, aber die Schiffe glichen in der Regel den früheren römischen Booten. Es gibt eindeutige Anzeichen dafür, daß das Spantengerüst ein wichtiger Bestandteil der Konstruktion wurde: Obwohl sie nicht nach der echten Gerüstbauweise vorgingen, scheinen sich die späteren Byzantiner doch gelegentlich von der Rumpfbauweise abgewandt zu haben.

Hunderte antiker Schiffswracks, die im Mittelmeer entdeckt wurden, liefern den Archäologen eine bemerkenswerte Quelle an Informationen, um die frühen Schiffe, die Schiffahrt und den Handel der damaligen Völker zu verstehen. Trotzdem weist unser Wissen noch Lücken auf – mit einigem Glück gibt es noch einige unentdeckte Schiffswracks in den Meeren dort draußen, die darauf warten, unsere Kenntnisse über die Handelsschiffe der Antike zu vervollständigen.

80 n. Chr.	271 n. Chr.	455 n. Chr.	7. Jh. n. Chr.	542 n. Chr.	605–10 n. Chr.	655 n. Chr.
Das Kolosseum in Rom wird eröffnet	Die Chinesen verwenden Magnetkompasse.	Westeuropa wird von den Hunnen unter Attila angegriffen.	Yassi-Adda-Wrack, ein Schiff der Kirche von Byzanz.	Europa wird von der Pest heimgesucht.	Bau des Kaiserkanals in China.	Eine byzantinische Flotte wird vor Ägypten von Arabern besiegt.

DAS KAP-GELIDONYA-WRACK

13.
Jahrhundert v. Chr.

Das älteste Schiffswrack der Welt?

Oben: Schiffe gingen selten an gastlichen Orten unter. Vor der felsigen Landzunge am Kap Gelidonya in der Türkei wurde eines der ältesten Schiffswracks der Welt gefunden.

Schwammtaucher entdeckten in den späten 50er Jahren des 20. Jahrhunderts vor der felsigen Landzunge am Kap Gelidonya in der Nähe von Finike im Süden der Türkei ein Schiffswrack. 1959 zeigten sie dem Schriftsteller und Amateurarchäologen Peter Throckmorton ihren Fund, der auf felsigem Boden am Fuß einer Klippe in 24–30 m Tiefe lag. Throckmorton überzeugte die Taucher, das Wrack nicht zu plündern. Er erkannte in ihm das, was es war: ein unglaublich altes Schiffswrack, wahrscheinlich aus der Bronzezeit.

Auf Einladung der türkischen Regierung wurde der Fundort 1960 von einem Team unter der Leitung von George Bass von der University of Pennsylvania ausgehoben. Die Meeresarchäologie steckte noch in den Kinderschuhen, und Bass mußte für den Gebrauch an Land entwickelte Methoden für den Unterwassereinsatz verändern. Mit ein wenig Erfahrung und einigen Spezialwerkzeugen zum Entfernen des Belags entdeckte man, daß die gleichen strengen Regeln, die für eine Aushebung an Land gelten, auch unter Wasser angewendet werden können.

Obwohl die Überreste des Schiffs zum größten Teil zerfallen waren, blieb noch genug von seiner Fracht übrig, um die Archäologen und Konservatoren zu beschäftigen. Die wenigen geborgenen Balkenüberreste ließen auf die Zapfenmethode schließen, ein Hinweis auf die Rumpfbauweise, die während der gesamten Antike im Mittelmeer gebräuchlich war. Aus den Überresten konnte man folgern, daß das Schiff etwa 9 m lang gewesen war, genauere Angaben konnten jedoch wegen der weitverstreuten Fundstücke nicht gemacht werden.

Ein Großteil der Fracht des antiken Schiffes bestand aus Bronze- oder Kupferbarren, die auf dem Meeresboden zusammengeschmolzen waren. Da Gegenstände aus Metall rosten, ziehen sie kleine Sand- oder Steinteilchen an, die den Gegenstand mit einer Schicht aus Konkretion (Verdichtung mineralischer Stoffe) überziehen. Diese Schicht ähnelt einer rauhen festen Schale und bewahrt den Gegenstand vor weiterem Zerfall. Durch sie wird aber auch die Aushebung, Bergung und Konservierung der Fundstücke um einiges problematischer.

Eine große Anzahl von Fundstücken war zu riesigen, tonnenschweren Klumpen zusammengeschmolzen. Sie wurden mit hydraulischen Werkzeugen, Hämmern und Meißeln getrennt, so daß die Bronzebarren in ihrem Überzug aus Konkretion an die Oberfläche gebracht werden konnten. Viele Barren hatten vier Henkel, so daß sie leichter zu tragen waren. Diese Barren, jeder wog mehr als 22 Kilo, waren identisch mit jenen, die in zeitgenössischen ägyptischen Grabmalereien entdeckt wurden. Mehrere Markierungen waren noch zu erkennen, wahrscheinlich waren die Bronzebarren mit dem Zeichen der Eigentümer gekennzeichnet worden.

Ein syrisches Handelsschiff?

George Bass und sein Team bargen nicht nur die Fracht, sondern auch Hunderte von persönlichen Artefakten, einschließlich bronzenen Waffengriffen, Werkzeugen, Glasperlen und Tonscherben. Fast alle Werkzeuge auf diesem Schiff stammten aus Syrien oder Zypern, und somit kann zusammen mit den Bronzebarren, die in dieser Form in Syrien hergestellt wurden, auf das mögliche Ursprungsland des Schiffes geschlossen werden. Alle Funde wurden auf etwa 1200 v. Chr. datiert. Zu dieser Zeit war die Küste Syriens von den Vorläufern der Phönizier besetzt, und dieser Urtyp eines phönizischen Schiffes erlitt wahrscheinlich Schiffbruch, als es auf einem Handelsweg zwischen Syrien und Mykene in Griechenland unterwegs war.

Weitere ausgehobene Gegenstände kamen aus unterschiedlichen Gebieten. Die Metallstücke, ebenfalls ein Teil der Ladung, konnten von überall her stammen, aber es wird angenommen, daß sie in Zypern geladen wurden. Da, wo man das Heck vermutete, wurden mehrere persönliche Gegenstände gefunden, unter ihnen Maßschalen, Tonlampen und Olivenkerne. Anders als die Fracht, die zum größten Teil syrischen Ursprungs war, kamen viele andere Gegenstände aus Ägypten, Griechenland, Zypern oder Kleinasien. Daher ist anzunehmen, daß dieses kleine Schiff einem syrischen Händler gehörte, der sich auf den Handel mit Metallen spezialisiert hatte und die Küsten und Inseln des gesamten nordöstlichen Mittelmeeres bereiste.

Wahrscheinlich war das Schiff von Syrien über Zypern nach Griechenland unterwegs, als es unterging. Leider gibt es keinen Hinweis auf sein Reiseziel oder auf die Fracht für die Rückreise. Die Überreste dieses einzigartigen Schiffes aus der Bronzezeit können heute im Bodrum Museum für Meeresarchäologie, das an der Südküste der Türkei liegt, besichtigt werden.

Unten: Der Lageplan des Kap-Gelidonya-Wracks zeigt, wie verstreut die Fracht aus großen Bronzebarren am Fuße der Klippe lag. Der Meeresboden wird von Felsensäulen, tiefen Rinnen und Felsbrocken durchbrochen.

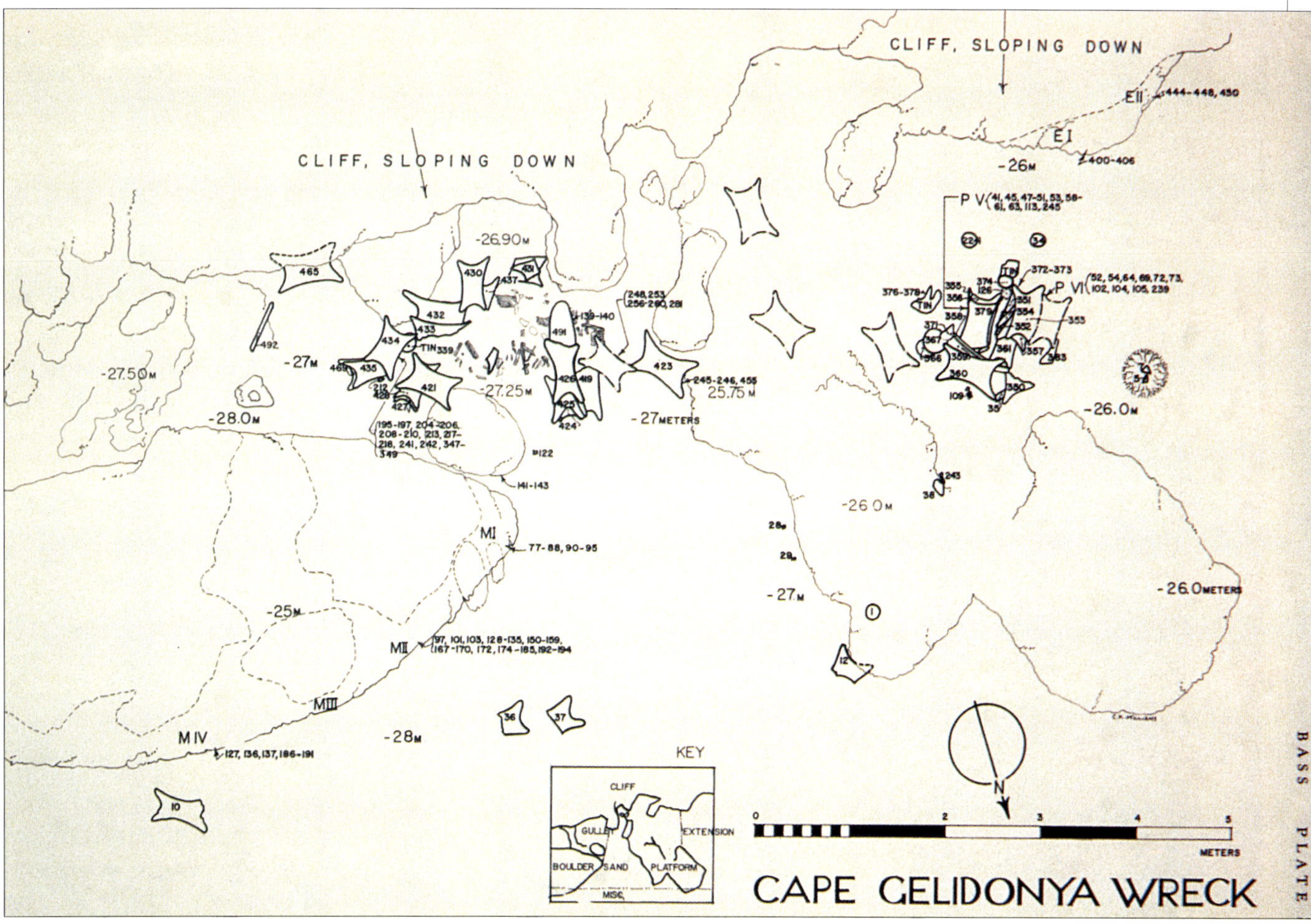

Das Kyrenia-Schiff

4. Jahrhundert v. Chr.

Ein bemerkenswertes griechisches Handelsschiff

Oben: Die Kyrenia II, eine Rekonstruktion des Originalschiff anhand der Fundstücke.

Ein zypriotischer Taucher entdeckte die Überreste eines kleinen, antiken Schiffswracks in den späten 60er Jahren in der Nähe von Kyrenia, an der Nordküste von Zypern. 1967 zeigte er seine Entdeckung dem amerikanischen Archäologen Michael Katzev von der University of Pennsylvania, der sich über deren Bedeutung schnell im klaren war. Das Wrack lag einen guten Kilometer vom Strand entfernt in fast 30 m tiefem Wasser, und seine Form ließ auf einen guten Erhaltungszustand schließen.

Katzev organisierte eine erste Aushebung des Fundortes im Jahre 1968 und eine zweite im darauffolgenden Jahr. Seine Fundstücke waren wirklich bemerkenswert, weil sie deutlich erkennen ließen, wie Schiffe auf dem Mittelmeer etwa 350 v. Chr. ausgesehen hatten. Bis zur Entdeckung des Kyrenia-Schiffes hatten die Forscher nur die Abbildungen auf Vasen und Fresken als Anhaltspunkt für die Schiffe dieser Zeit.

Die gut erhaltenen Balken des Schiffes steckten unter dem Ballasthügel und den Überresten der Fracht im Sand. Sie zeigten an, daß das Kyrenia-Schiff 13,70 m lang, 4,30 m breit und 25 Tonnen schwer war. Dieses kompakte kleine Schiff wurde aus libanesischer Kiefer aus Aleppo in Syrien gebaut; seine Planken waren mit Eichennägeln (Zapfen) verbunden, die in Kleinasien (heute Türkei) angefertigt worden waren. Eichenholz wurde ebenfalls für die Verkleidung des inneren Schiffsrumpfes verwendet, so daß ein stabiler, glatter Schiffsboden entstanden war.

Das Schiff wurde nach der Bauweise errichtet, die von den Archäologen heute als typisch für den Mittelmeerraum jener Zeit angesehen wird: Die Rumpfbohlen (Planken) wurden entlang der Ränder mittels Zapfen und Zapfenlöchern zusammengehalten. Zwei schwere Planken liefen über die Krümmung der Bilge. Spanten wurden zur Verstärkung des Rumpfes hinzugefügt und mit Kupfernägeln befestigt. Wahrscheinlich wurde der untere Teil des Schiffsrumpfes auch noch mit Pech versiegelt, um ihn wasserdicht zu machen. Diese Rumpfbauweise unterschied sich erheblich von der Gerüstbauweise, die bei den Schiffsbauern der nordeuropäischen Gewässer üblich war und im folgenden Kapitel beschrieben wird. Als Schiffsbauweise blieb sie im Mittelmeer 2000 Jahre lang bis ins 16. Jahrhundert bestehen.

Umfassende Fundstücke

Das Schiff wurde mit einem einzigen viereckigen Segel vorangetrieben; eine Segelkiste, die im Heckbereich ausgehoben wurde, enthielt Führungsringe und anderes Takelwerk. Der Mastschuh für den Einzelmast wurde in der Mitte entlang der Kiellinie gefunden. Das

Schiff war zum Zeitpunkt seines Untergangs bereits ziemlich alt; Anzeichen für Rumpfreparaturen über einen längeren Zeitraum hinweg zeugen von seinem langen Arbeitsleben. Es diente als Lastenträger, denn sein Rumpf enthielt mehr als 400 Amphoren (Tonbehälter), von denen die meisten aus Rhodos stammten. Mehr als 10 000 Mandeln wurden gefunden, einige in Amphoren, andere lagen frei herum. Die letzten wurden wahrscheinlich in Säcken aufbewahrt, die inzwischen verrottet waren. An die Stelle der üblichen Ballaststeine trat ein weiteres Frachtgut: 29 Mühlsteine aus Steinbrüchen der Insel Kos in der Ägäis.

Zu den Fundstücken gehörten auch die persönlichen Besitztümer der Mannschaft. Sie wurden in zwei Gruppen im Bug und im Heck gefunden, die Mannschaftsräume wurden also durch die Fracht getrennt. Krüge und Tafelgeschirr gab es jeweils für vier Personen, was auf die Größe der Mannschaft schließen läßt. All diese Dinge kamen aus Rhodos – wahrscheinlich der Heimathafen des Schiffs. Gemeinschaftlich gekocht wurde in einem großen Kupferkessel, da aber kein Herd gefunden wurde, muß es sich um ein kleines Küstenschiff gehandelt haben, auf dem die Mannschaft zum Kochen an Land ging. Angelbleie zeigten, was vielleicht in dem Kessel zubereitet wurde, aber kleine Mengen an Oliven, Nüssen, Gewürzen und natürlich Mandeln wurden ebenso gefunden. Zwei Bronzemünzen gaben Auskunft über das Jahr des Schiffbruchs, die spätere stammte aus dem Jahr 306 v. Chr.

Das Kyrenia-Wrack segelt wieder

Die Menge der Fundstücke, die bei der Aushebung des Kyrenia-Wracks geborgen wurden, erlaubte Michael Katzev eine Rekonstruktion des Schiffes. Es erhielt den Namen *Kyrenia II* und kann problemlos von vier Personen gesegelt werden. Die Überreste des Originalschiffes und seine Fundstücke werden im Kyrenia-Museum ausgestellt, ganz in der Nähe der Stelle, an der sie gesunken ist.

Unten: Der Fundort des Kyrenia-Schiffes. Über dem unteren Rumpfteil liegt ein Metallgitter mit festen Nullpunkten für den Lageplan und die Aushebung.

Das Antikythera-Wrack

1\.
Jahrhundert v. Chr.

Die verlorene Beute eines römischen Diktators

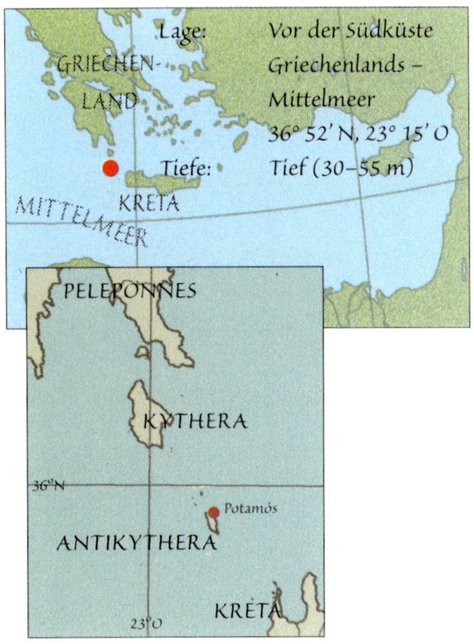

Rechte Seite oben: *Diese Jünglingsstatue, die wahrscheinlich das Heim des römischen Diktators Sulla schmücken sollte, war nur eines der vielen geborgenen Fundstücke.*

Unten, links und rechte Seite: *Zwei Teile der astrologischen »Rechenmaschine« von der Fundstelle der Antikythera.*

Schwammtaucher fanden im Jahre 1900 vor der kleinen, abgelegenen Insel Antikythera in Griechenland die Überreste eines antiken Schiffswracks. Es war das erste Wrack dieser Art, das jemals im Mittelmeer entdeckt worden war, und von ungeheurem Wert für die Archäologen. Männer mit festen Taucherhelmen arbeiteten mit den Schwammtauchern zusammen und bargen einige Fundstücke aus dem Wrack, das in 52 m Tiefe lag. Diese wurden zur Untersuchung nach Athen gebracht, warfen dort aber nur mehr Fragen auf und lieferten keine Antworten.

Am Fundort barg man Amphoren (Tonbehälter für Flüssigkeiten) von den griechischen Inseln, römische Tonscherben, makellose Bronzestatuen aus dem vierten Jahrhundert v. Chr. und feinste Schnitzereien aus Marmor. Es handelte sich hier offensichtlich um ein ungewöhnliches Wrack, und man datierte seinen Untergang vorsichtig auf die Mitte des ersten Jahrhunderts v. Chr. Weitere außergewöhnliche Fundstücke waren die Überreste eines Bronzebettes, Goldschmuck und ein mechanisches Gerät, das aussah wie das Astrolabium eines Steuermanns (ein Vorläufer des Sextanten) aus dem 16. Jahrhundert. Die Fundstücke schienen für eine logische Erklärung zu verwirrend zu sein, und die Archäologen zogen es vor, das Rätsel künftigen Generationen zu überlassen, da sie den Fundort nicht selbst untersuchen konnten.

Das Material wurde in den 50er Jahren des 20. Jahrhunderts erneut untersucht, wobei man das geborgene »Astrolabium« als astrologische Rechenmaschine erkannte, die alle bisher ausgehobenen Fundstücke aus der Antike an Komplexität übertraf. Die Maschine wurde wahrscheinlich 87 v. Chr. von einem Handwerksmeister auf der Insel Rhodos gebaut und im Originalzustand auf einen hölzernen Sockel gestellt, ganz wie eine moderne Standuhr. Ein mit Wasser angetriebener Chronometer vervollständigte einst diese bemerkenswerte Maschine, und sogar ihre Überreste zeugen noch heute von der Genialität antiker Handwerkskunst. Bis zu ihrer Untersuchung gab es keinen dokumentierten Beweis für diese Art von früher wissenschaftlicher und technologischer Entwicklung.

Schmuck für das Heim eines Diktators

Die Rätsel des Wracks verdichteten sich immer mehr. Weitere Untersuchungen waren ganz offensichtlich notwendig, um eine Lösung für die ungewöhnlichen Fundstücke zu finden. Die Insel Antikythera liegt vor der Südspitze des griechischen Festlands, auf halbem Weg zwischen der peloponnesischen Halbinsel und Kreta. Sie lag also mitten auf einer geschäftigen Schiffahrtsroute zwischen Griechenland und Italien. War das Schiff mit seiner Fracht auf dem Weg nach Rom?

Es handelte sich nicht um eine gewöhnliche Fracht. Die Bronzestatuen war von erlesener Qualität; eine war ein nackter Gott (oder Held), eine andere der Kopf eines griechischen »Philosophen«, und weitere acht stellten

Jünglinge dar. Die 36 Marmorstatuen von Reitern und Personen waren von weniger guter Qualität, und die Forscher nehmen an, daß es sich hier um Kopien früher griechischer Statuen handelt. Anscheinend hatte das Schiff eine bedeutende Sammlung von Kunstgegenständen an Bord, als es unterging. Die »Rechenmaschine«, die sicherlich sehr wertvoll war, bestärkt diese Annahme nur noch.

Aufgrund der Rechenmaschine, der Amphoren und anderer Tonscherben kann der Untergang des Schiffes auf die Jahre zwischen 80 und 70 v. Chr. datiert werden. Schon im Jahre 1900 wurden einige Bruchstücke von Rumpfbalken geborgen und verzeichnet. Diese zeigen, daß der Rumpf mit Zapfen zusammengesetzt wurde, wobei Planken aus Ulme mit Kupfernägeln auf die Zapfen aus Eiche genagelt wurden. Der untere Teil des Rumpfes war mit Blei überzogen. All dies ließ die Archäologen auf ein römisches Schiffswrack schließen.

Eine Nachforschung in historischen Aufzeichnungen löste das Geheimnis des Wracks. Im Jahre 86 v. Chr. besiegte der römische Konsul Lucius Cornelius Sulla die Armee des Mithridates, König von Pontus (heute Türkei). Rom übernahm die Kontrolle über die Ägäis, und Sulla ließ dem ersten Sieg einen zweiten in Italien gegen seinen Rivalen Gaius Marius folgen.

Sullas Position als neuer Diktator der Römischen Republik war gesichert, und so gab er die Verschiffung seiner Kunstsammlung von Rhodos nach Rom in Auftrag. Die historischen Aufzeichnungen zeigen, daß das Schiff nie in Rom ankam. Es ist also sehr wahrscheinlich, daß es sich bei dem Wrack vor Antikythera um die Überreste von Sullas Schiff handelt, dessen Fracht seine Villa schmücken sollte. Statt dessen wird diese faszinierende Sammlung nun im griechischen Nationalen Archäologischen Museum in Athen ausgestellt.

Das Yassi-Adda-Wrack

7. Jahrhundert v. Chr.

Versorgungsboot für die Kirche von Byzanz

Yassi Adda (oder Yassiadda) bedeutet »flache Insel« und liegt im Mittelmeer vor der Südwestküste der Türkei, in der Nähe der Insel Pserimos. Yassi Adda lag einst auf einer geschäftigen Schiffahrtsroute und grenzt auf einer Seite an ein Riff, das schon für mehrere Schiffe den Untergang bedeutet hatte. Die Überreste von drei frühen Schiffswracks wurden in einer Reihe von Aushebungen zwischen 1961 und 1983 von einem Team unter der Leitung des amerikanischen Meeresarchäologen Dr. George Bass geortet, identifiziert und untersucht.

Das älteste war ein Schiffswrack aus dem vierten Jahrhundert, das in den späten 60er und frühen 70er Jahren des 20. Jahrhunderts teilweise ausgehoben wurde. Es liegt auf einer Sandbank, und ein Teil des Wracks ist in tieferes Wasser gefallen. Der ausgehobene Teil enthielt die Steuerbordseite des Schiffes, einschließlich einer Art von Zapfenkonstruktion, die fast ausschließlich von den Römern verwandt wurde. Dieses späte römische Handelsschiff hatte eine große Fracht von 1100 Amphoren mit Wein und Olivenöl an Bord, als es auf die Klippe bei Yassi Adda auflief. Die Fracht kam aus der Ägäis, so daß es seine Reise wohl in Griechenland begonnen hatte.

Das modernste Wrack der drei Fundstücke stammte aus dem 16. Jahrhundert, als die Gewässer um Yassi Adda zum Osmanischen Reich gehörten. Es wurde in den späten 60er und Mitte der 80er Jahre des 20. Jahrhunderts ausgehoben und war möglicherweise ein kleines türkisches Kriegsschiff oder Begleitschiff. Datierungen der Baumringe am Kiel und einer gefundenen spanischen Münze ergaben den Zeitraums des späten 16. Jahrhunderts für das Schiff. Fehlende Fundstücke könnten ein Zeichen dafür sein, daß ausreichend Zeit war, das Schiff zu räumen, bevor es sank. Eine Handvoll Musketenkugeln, Kanonenkugeln und Enterhaken blieben zurück und zeugen von der Funktion des Schiffes auf See.

Am sorgfältigsten wurde das dritte vor Yassi Adda gefundene Wrack ausgehoben, das auf das siebte Jahrhundert datiert wurde. An die Stelle des Römischen Reiches war das Byzantinische getreten, und zur der Zeit, als das Schiff sank, war die Ägäis voller Schiffe, die in den Häfen des Byzantinischen Reiches Handel trieben. Die Aushebung des Wracks zwischen 1961 und 1964 unter der Leitung von Dr. George Bass war eine der ersten wissenschaftlichen Aushebungen, die vollständig unter Wasser durchgeführt wurden. Neue Techniken mußten entwickelt und getestet werden; viele von ihnen sind heute noch

Lage:	Vor der Südwestküste der Türkei – Mittelmeer 36° 56′ N, 27° 12′ O
Tiefe:	Mittel (9–30 m)

immer in Gebrauch. Die Yassi-Adda-Aushebung war ein wahrhaft bahnbrechendes Ereignis in der Geschichte der Meeresarchäologie.

Ein Priester an Steuerrad

Bei dieser Fundstelle blieben ausreichend viele Balken erhalten, um eine Idee von dem Aussehen des Schiffs zu bekommen. Es war ungefähr 20 m lang und 5 m breit. Das Schiff war klein und mit seinem spitzen Bug, gerundeten Heck und tonnenförmigen Rumpf ein ausgezeichneter Lastenträger mit einer Kapazität von circa 60 Tonnen. Es hatte – außergewöhnlich für ein Schiff seiner Größe – eine große Kombüse und eine geräumige Speisekammer.

Sein Rumpf unterschied sich von denen früherer Schiffe durch seine leichte Bauweise nach der Zapfenmethode. So konnte es einfach und preiswert gebaut werden, und seine Funktion war wahrscheinlich rein praktischer Natur. Ein Fundstück dokumentierte, daß Georgios, der Kapitän des Schiffes, ein Priester war. Das Schiff wurde wahrscheinlich als Transportmittel für Frachten und kirchliche Passagiere zwischen den Kirchen in der Ägäis benutzt, und als solches wäre die Kirche von Byzanz sein Eigner und Reeder gewesen.

Die Fracht bestand aus 700 kugelförmigen Amphoren, die sorgfältig im Schiffsrumpf gestapelt gewesen waren. Da noch Spuren von Wein gefunden wurden, nehmen die Archäologen an, daß die Amphoren ein Teil von mehreren Bootsladungen waren, die zur Versorgung der byzantinischen Armee vorgesehen waren, die zu jener Zeit gegen die Perser im Nahen Osten kämpfte.

Aus der Schiffskombüse

Abgesehen von der Fracht gab es viele Fundstücke aus der Schiffskombüse. Fast zwei Dutzend Töpfe, Kessel und Pfannen zusammen mit Tonkrügen und -töpfen wurden ausgehoben. Silberbesteck, Eßgeschirr und ein Satz Meßbehälter aus Messing wurden ebenfalls im Bereich der Speisekammer gefunden. Diese Kapazitäten für die Versorgung vieler Menschen läßt darauf schließen, daß sowohl Menschen als auch Versorgungsgüter mit dem Schiff transportiert wurden.

Zusammen mit den Lampen, Fischernetzen und Vorräten, die mit dem Schiff und seiner Mannschaft in Verbindung gebracht werden können, gewähren seine Fundstücke den Menschen der heutigen Zeit einen einzigartigen und lebendigen Einblick in das Byzantinische Reich.

Linke Seite: Eine Rekonstruktion der Yassi-Adda-Aushebung in den frühen 60er Jahren. Sie zeigt die technischen Möglichkeiten und Vorgehensweisen jener Zeit.

Unten: Die Erkenntnisse während der Aushebung ermöglichten es den Archäologen, das Schiff zu rekonstruieren und über die Lagerung der Fracht zu spekulieren.

GEORGE BASS
Meeresarchäologe

Einer der Pioniere der Meeresarchäologie, der Amerikaner George Bass, hat diese wissenschaftliche Disziplin auf ihren Weg gebracht. Mit seiner Arbeit an antiken Schiffswracks führte er viele Techniken ein, die heute überall angewandt werden.

Oben: Professor George Bass ist gegenwärtig Direktor des Institute of Nautical Archaeology (INA) und wird als einer der Pioniere der Meeresarchäologie angesehen.

George F. Bass wird manchmal »der Vater der Meeresarchäologie« genannt. Seine Arbeit als einer der führenden Wissenschaftler auf diesem neuen Gebiet begann im Jahre 1960, als er ein Schiffswrack am Kap Gelidonya vor der türkischen Südküste aushob. Sein Mentor war Professor Young von der University of Pennsylvania, der das archäologische Potential von Schiffswracks erkannt hatte. Bass arbeitete zu jener Zeit als Assistent für Professor Young.

Peter Throckmorton, der Archäologe und Taucher, der die Fundstelle am Kap Gelidonya entdeckt hatte, arbeitete bei der Planung und Durchführung des Projektes eng mit Bass zusammen. Throckmorton gründete später ein Museum für Meeresarchäologie in der türkischen Stadt Bodrum, unweit der Fundstelle, und genießt heute ebenfalls das Ansehen eines Pioniers.

Richtlinien für die Arbeit unter Wasser

Niemand vor Bass hatte je eine vollständig unter Wasser durchgeführte Aushebung versucht, und er lernte erst einmal tauchen, um die Arbeit übernehmen zu können. Es war nicht bekannt, ob die Techniken der Archäologen an Land auch erfolgreich unter Wasser angewandt werden konnten, und Bass und sein Team sahen sich mit fortschreitender Arbeit immer wieder gezwungen, Ausstattung und Techniken der neuen Umgebung unter Wasser anzupassen. Es war ihm wichtig, die archäologischen Standards der Aushebung nicht herabzusetzen, nur weil sie unter Wasser durchgeführt wurde. So setzte er bei seinen Aushebungen die Richtlinien für die Unterwasserarbeit für alle nachfolgenden Archäologen fest.

Während der darauffolgenden 30 Jahre Forschung, Feldarbeit und Lehre in dem Fach Meeresarchäologie hob Bass eine ganze Reihe von Wrackfundstellen aus, angefangen bei

Unten: Die Arbeit von Bass und seinen Kollegen verhalf dazu, die Schiffe und den Handel der Antike auf dem Mittelmeer besser zu ergründen. So können Historiker versuchen, das maritime Leben dieser seit langem untergegangenen Zivilisationen zu rekonstruieren.

der Fundstelle aus der Bronzezeit am Kap Gelidonya bis zu der Wrackgruppe vor Yassi Adda in der Ägäis, deren jüngstes Wrack auf das 16. Jahrhundert datiert wurde. Das umfaßt fast dreitausend Jahre Schiffswracks im Mittelmeer!

Das Hauptinteresse von Bass und seinem Team lag auf Schiffen aus der byzantinischen Ära. Das erste aus dieser Zeit war ein Schiff, das vor der türkischen Insel Yassi Adda in der Ägäis 626 v. Chr. oder kurz danach sank. Obwohl die Aushebungsarbeit an der Fundstelle 1964 beendet wurde, werden die geborgenen Fundstücke von diesem Schiff immer noch untersucht.

An Land und im Meer

In Serçe Limani, einer Hafenstadt an der türkischen Küste gegenüber von Rhodos, untersuchte Bass die Überreste eines byzantinischen Wracks aus dem 11. Jahrhundert. Der Rumpf dieses Schiffes wird heute in dem von Throckmorton gegründeten Bodrum Museum ausgestellt, neben vielen anderen Fundstücken, wie einer großen Sammlung Glas, die sowohl als Bruchscherben als auch als vollständige Gefäße geladen worden waren. Das Wrack wurde von 1977 bis 1979 ausgehoben; anschließend folgte die Arbeit an einem viel früheren griechischen Wrack an derselben Fundstelle aus der Zeit Alexanders des Großen.

Unten: *Taucher bereiten sich während der Aushebung des Yassi-Adda-Wracks in den späten 60er Jahren auf ihren nächsten Tauchgang vor. Die Entwicklung des Tauchens mit Sauerstoffflaschen erlaubte Archäologen wie Bass die Möglichkeiten der Unterwasseraushebungen auszuschöpfen.*

Die meisten von George Bass unternommenen Unterwasserprojekte fanden im Mittelmeer statt; er hat aber auch in anderen Gewässern wie in der Karibik, vor der Küste von Yorktown in Virginia und in Maine gearbeitet, wo er bei der Erstellung des Lageplans der *Defence*, eines amerikanischen Freibeuterschiffes, mitarbeitete.

Bass wollte sich nie ganz auf die Meeresarchäologie spezialisieren. Als Archäologe des Altertums sieht er in der Meeresarchäologie ein Werkzeug, ein Teilgebiet einer breiteren Disziplin, welche die Archäologie an Land mit einschließt. Folglich wirkte er neben seinen Forschungen unter Wasser auch bei der Aushebung prähistorischer Fundstellen an Land in Griechenland, der Türkei und Italien mit.

1972 gründete Bass das American Institute of Nautical Archaeology, ein an die University of Pennsylvania angeschlossenes Forschungsinstitut. Sechs Jahre später wurde es zum Institute of Nautical Archaeology (INA), zog nach Texas um und schloß sich dort an der Texas A&M University dem Anthropology Department an.

Bass benutzte das INA als Ausbildungsstätte für junge, an Meeresarchäologie interessierte Archäologen. Zusätzlich zu den oben genannten Wracks arbeiteten INA-Teams im ganzen Mittelmeer, in der Karibik und vor Ostafrika. Bass ist sowohl archäologischer Direktor des Instituts als auch ehemaliger Präsident und Gründer; er gibt Kurse in Meeresarchäologie und in klassischer Archäologie.

George Bass war ein Pionier der Meeresarchäologie und spielt auch heute eine aktive Rolle in der Entwicklung dieser Disziplin. Durch seine Arbeit und die von ihm gegründete Organisation ist die Zukunft der Meeresarchäologie als Wissenschaft gesichert.

EUROPA IM MITTELALTER

Die Römer errichteten ihr Imperium durch Eroberungen und bauten auf den Handel, um es zu erhalten. In Nordeuropa war dies gleichbedeutend mit Seehandel, und die Überreste ihrer Schiffe geben uns einen faszinierenden Einblick in diese untergegangene Ära. Dem Fall des Römischen Reiches folgte die Invasion der Barbaren, die Wanderung germanischer Völker, die mit Schiffen auf die Suche nach Handelspartnern und Orte für neue Siedlungen gingen. Diese germanische Tradition war der Wegbereiter für die Schiffe des Zeitalters der Wikinger: die Langschiffe, die zur Geißel des frühen Mittelalters in Europa wurden. Die Wikinger waren sowohl Händler und Kundschafter als auch Plünderer, und ihre Schiffe fuhren bis nach Amerika und Griechenland, um dort Handel zu treiben. Im frühen Mittelalter waren aus diesen Schiffen dann große, zweckmäßige Handelsschiffe geworden, die der Wirtschaft Europas aus einer 600 Jahre dauernden Talsohle heraushalfen. Schiffswracks aus dieser Übergangsphase in Europa sind selten, aber es gibt einige wenige, die uns zeigen, wie Schiffe zur Entwicklung eines Kontinents beitragen und wie sie die Grundlagen für die Entdeckung eines neuen Kontinents schaffen können.

Links: Die Langschiffe der Wikinger wurden zum Schrecken Europas, aber ihre Seetüchtigkeit machte sie zu den ersten europäischen Besuchern der Neuen Welt jenseits des Atlantiks.

NORDSEE
NORWEGEN
SCHWEDEN
FINNLAND
BOTT-
NISCHER
MEERBUSEN
DÄNEMARK
OSTSEE
POLEN
DEUTSCHLAND
NIEDERLANDE
GIEN
Kvalsund
Bryggen
Asker
Tune
Osberg
Gokstad
Årby
Vendel
Valsgärde
Birka
Kollerup
Vigsø
Ellingaa
Kyholm
Vejby
Kalmar
Gredstenbro
Ladby
Skuldelev
Nydam
Hjortspring
Hedeby
Bremen
Elbe
Lelystad
Utrecht
Zwammerdam
Rhein
Stettin
Oder
Danzig
Weichsel

Das frühe Mittelalter in Europa begann mit dem Ende des Römischen Reiches. Als die Römer im Jahre 410 Britannien verließen, wanderte ein unaufhörlicher Strom germanischer Stämme in den Süden der Britischen Inseln. Für diese Völker – Sachsen, Jüten und Angeln – war das Reisen zur See offenbar nichts Ungewöhnliches; Schiffsverkehr entlang der Küsten Nordeuropas schien zur Tagesordnung zu gehören.

Weiter zurück, zur Zeit der Römer in Britannien und Gallien (Frankreich), war der Küstenverkehr zwischen den beiden Ländern wie auch Reisen vom Mittelmeer in den Ärmelkanal durchaus üblich. Viele Handelsschiffe wurden von keltischen Seefahrern aus Frankreich und Britannien vor Ort nach eigenen Entwürfen gebaut. Sie unterschieden sich grundlegend von den Schiffen der germanischen Wanderstämme ab 300 n. Chr.

Eine weitere traditionelle Schiffsform war ein Boot aus Tierhaut, das an der Peripherie der keltischen Welt, in Irland, Wales und Westschottland benutzt wurde. Obwohl es für weite Reisen nicht ausreichend seefest war, segelte eine moderne Rekonstruktion eine beträchtliche Entfernung ohne größere Probleme.

Die germanischen Stämme, die in den Nordwesten Europas wanderten, brachten ihre eigenen Schiffsbautraditionen mit. Bis zu einem gewissen Grad können wir nach überlieferten Abbildungen diese Schiffe rekonstruieren und ihre Entwicklung nachvollziehen. Münzen aus jener Zeit und andere Fundstücke aus Grabstätten tragen Abbildungen von Booten. Ebenso wurden Schiffe aus der späten römischen Ära auf Münzen abgebildet. Julius Cäsar beschrieb das Schiff des gallischen Veneterstammes schon 53 v. Chr., und sein Bericht stimmt mit späteren Abbildungen überein, die eindeutig eine keltische und eine gallo-romanische Schiffstradition belegen.

Da die Schiffe des Mittelmeeres nicht gut für den Gebrauch in nördlichen Gewässern geeignet waren, wurden die keltischen Schiffsbautechniken nicht wesentlich durch römi-

Unten: *Bei dieser Rekonstruktion eines Teils des Londoner Hafens zu römischer Zeit kamen auch Erkenntnisse zum Tragen, die man bei der Aushebung römisch-britischer Schiffe am Ufer der Themse gewonnen hatte.*

58–51 v. Chr.	27 v. Chr.	ca. 100 n. Chr.	ca. 2. Jh. n. Chr.	106 n. Chr.	117 n. Chr.	137 n. Chr.	271 n. Chr.
Julius Cäsar erobert Gallien.	Augustus wird erster Römischer Kaiser.	Siedler landen auf Hawaii.	Blackfriars-1-Wrack, ein keltisches Schiff in römischer Hand.	Ein Führer durch den Indischen Ozean und das Rote Meer wird von einem griechischen Schiffskapitän veröffentlicht.	Hadrian wird Kaiser in der Glanzzeit des Römischen Reiches.	Eine Straße wird zwischen dem Nil und dem Roten Meer gebaut.	Die Chinesen verwenden Magnetkompasse.

sche Einflüsse verändert. Die Römer erkannten, daß die schweren keltischen Schiffe genau in ihre natürliche Umgebung paßten.

Ein Schiff voller Anmut

Die Schiffe der germanischen Völker in der Nord- und Ostsee waren sehr haltbar. Die Entdeckung eines Bootsgrabes im Jahre 1938 in Sutton Hoo in Ostengland bewies, daß die Angelsachsen schon 600 n. Chr. ausgereifte offene Schiffe bauten. Obwohl die Schiffsbalken verrottet waren, konnten die Archäologen den Schiffsrumpf anhand der Abdrücke im Grabhügel detailgetreu nachbauen. Es war fast, als wäre der Geist des Schiffes, ein Schattenbild des Originalschiffes, noch in dem Grabhügel anwesend.

Zusammen mit der unschätzbaren Sammlung von Grabreliquien, die heute im Britischen Museum aufbewahrt werden, wurden hier zahlreiche Hinweise auf die Bauart germanischer Boote gefunden. Der Rumpf war 30 m lang, mit einem 5 m breiten Querbalken, und ein Doppelender. Das Boot wurde nach der Gerüstbauweise konstruiert, wobei eine Reihe überlappender Planken an das Spantengerüst genietet wurde, eine Technik, die auch Klinkerbauweise genannt wird. Dieselbe Konstruktionsweise wurde für einheimische Arbeitsboote an der skandinavischen und schottischen Nordseeküste verwendet. Das Schiff, angetrieben mit Rudern und einem Einzelmast mit Segel, erhielt so ein schlankes, anmutiges Aussehen.

Andere ähnliche Bootsfunde vervollständigen das Bild dieser germanischen Schiffe. Die Überreste eines Schiffes aus dem zweiten Jahrhundert, die südlich von Bergen in Norwegen gefunden wurden, lassen eine Verbindung zwischen den in Klinkerbauweise errichteten Booten und früheren Einbäumen aus genieteten Planken vermuten – eine Art maritimes fehlendes Zwischenglied.

Ein weiteres Schiff, gefunden in Nydam unweit der deutsch-dänischen Grenze, war ein Vorläufer des Fundes von Sutton Hoo. Es stammt aus dem späten vierten Jahrhundert und war nach derselben Konstruktionsweise, nur einfacher, gebaut. Beide, das Sutton-Hoo- und das Nydam-Schiff, waren massiv und seefest für die Nordsee konstruiert worden. Eine Bugfigur aus dem fünften Jahrhundert, die in Belgien gefunden wurde, ähnelt den auf Wikinger-Schiffen gefundenen Figuren, und diese germanischen Schiffe scheinen in der Tat die Vorläufer der skandinavischen Schiffe ab dem siebten Jahrhundert gewesen zu sein.

Um die Mitte des siebten Jahrhunderts herum weisen die Überreste skandinavischer Schiffe eine Weiterentwicklung des germanischen Baustils auf; sie haben einen stark gekrümmten Vorder- und Achtersteven und nehmen immer mehr die Gestalt der gemeinhin als Wikinger-Schiffe bekannten Boote an. Obwohl aus der Zeit vor dem 11. Jahrhundert

Oben: *Zwei Schiffe aus dem 15. Jahrhundert, abgebildet auf einer Papierrolle aus Warwick, zeigen die Entwicklung nordeuropäischer Segelschiffe während des Mittelalters. In diesem Stadium war die Kogge von der robusteren Karacke abgelöst worden.*

ca. 280 n. Chr.	ca. 300 n. Chr.	330 n. Chr.	ca. 450 n. Chr.	452 n. Chr.	593 n. Chr.	651 n. Chr.	711 n. Chr.
Guernsey-Wrack, ein keltisch-römisches Schiff.	Handelsschiffe sind überall in Europa unterwegs. Der römische Handel blüht.	Konstantinopel, einst Sitz der Byzantiner, wird Hauptstadt des Römischen Reiches.	Britannien wird von den Sachsen, Angeln und Jüten erobert.	Die Hunnen überwältigen mehrere Städte in Norditalien.	Die Druckerpresse wird in China erfunden.	Der Koran wird aufgezeichnet.	Südspanien wird von islamischen Armeen gestürmt.

fast keine Abbildung von Schiffen bekannt ist, gibt es doch in der norwegischen Literatur hervorragende Beschreibungen dieser Schiffe, die für Plünderungen, Handel und Erkundungsfahrten genutzt wurden. Archäologische Fundstücke bestätigen die Angaben dieser Quellen.

Die Wikinger-Schiffe

Das Unterbringen von Schiffen in Grabhügeln war schon vor den Wikingern üblich; norwegische Führer fuhren mit dieser Tradition fort, die sich schnell verbreitete. Mehr als 400 Bootsgräber wurden in Nordeuropa lokalisiert und verzeichnet. Sie liefern uns reichhaltige Informationen über die Schiffe der Wikinger, obwohl nur wenige in so gutem Zustand waren, daß sie erhalten werden konnten.

Drei Bootsgräber in der Nähe von Oslo in Norwegen wurden im 19. Jahrhundert entdeckt, sie sind als Osberg-, Gokstad- und Tune-Schiffe bekannt. Das Osberg-Schiff wurde 1904 ausgehoben, seine oberen Planken und die wunderschön geschnitzten Vorder- und Achtersteven waren unversehrt. Es wurde um 800 n. Chr. gebaut, ist 22 m lang und 5,20 m breit. Das etwas spätere und größere Gokstad-Schiff (23 m) hatte 32 Ruderstellen, zwei mehr als das Osberg-Schiff, und war fast ebensogut erhalten.

Unten: *Die Rumpfrekonstruktion des Sutton-Hoo-Schiffes, das Teil eines angelsächsischen Begräbnisrituals war. Die Klinkerbauweise mit überlappenden Planken ist gut zu erkennen.*

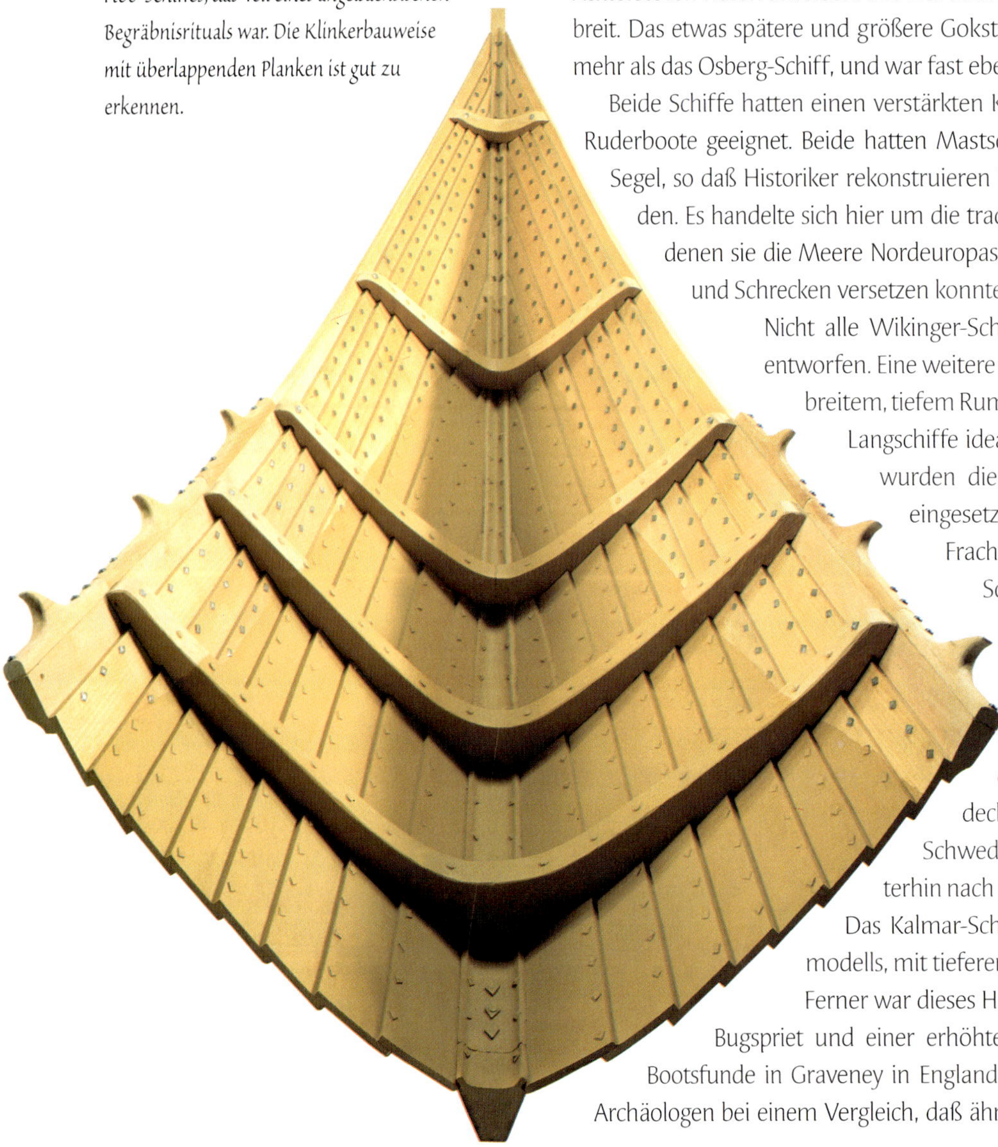

Beide Schiffe hatten einen verstärkten Kiel und waren sowohl als Segel- als auch als Ruderboote geeignet. Beide hatten Mastschuhe für einen Einzelmast mit viereckigem Segel, so daß Historiker rekonstruieren konnten, wie Wikinger-Schiffe gesegelt wurden. Es handelte sich hier um die traditionellen Langschiffe der Wikinger-Ära, mit denen sie die Meere Nordeuropas beherrschen und die Küstenvölker in Furcht und Schrecken versetzen konnten.

Nicht alle Wikinger-Schiffe wurden als Plünder- oder Kriegsschiffe entworfen. Eine weitere Schiffsform war die Knorr, ein Segelschiff mit breitem, tiefem Rumpf zum Transport von Frachten. Während die Langschiffe ideal für die Seeschlachten der Wikinger waren, wurden die Knorr-Schiffe eher auf Erkundungsfahrten eingesetzt. Solche Wikinger-Schiffe transportierten Frachten oder Siedler bis ins Mittelmeer, ins Schwarze Meer und nach Neufundland.

Auf dem Weg zur Kogge

Im zehnten Jahrhundert waren die Schiffe der Wikinger hochspezialisiert, und die Entdeckung eines Handelsschiffes in Kalmar in Schweden, datiert auf ca. 1200 n. Chr., zeigte, daß weiterhin nach dem Knorr-Grundmodell gebaut worden war. Das Kalmar-Schiff war eine Weiterentwicklung des Grundmodells, mit tieferem Rumpf und Querplanken zur Verstärkung. Ferner war dieses Handelsschiff mit verbesserter Takelage, einem Bugspriet und einer erhöhten Plattform im Heck ausgestattet. Frühere Bootsfunde in Graveney in England und in den dänischen Buchten zeigten den Archäologen bei einem Vergleich, daß ähnliche, wenn nicht gleiche Schiffskonstruktio-

ca. 790 n. Chr.	ca. 800 n. Chr.	839 n. Chr.	860 n. Chr.	896 n. Chr.	911 n. Chr.	ca. 1000 n. Chr.	11. Jh. n. Chr.
Die Wikinger fallen auf den Britischen Inseln ein.	Die ersten Burgen werden in Westeuropa gebaut.	Aethulwulf wird nach dem Tod Egberts König von Wessex, England.	Eine Flotte der Rus (Ostslawen) besetzt Konstantinopel.	König Alfred von Wessex, England, wehrt eine dänische Invasion ab.	Das Herzogtum der Normandie wird den Wikingern übergeben.	Grönland wird von den Wikingern kolonisiert.	Skuldelev-Wrack, ein Schiff aus der Wikinger-Zeit.

nen in Frankreich und Teilen Britanniens üblich waren. Das Graveney-Boot zeigte mit seiner Klinkerbauweise große Ähnlichkeit mit den keltischen Booten der späten römischen Ära.

Gegen Ende des 14. Jahrhunderts waren all diese Formen zu einer Schiffsform, der Kogge, zusammengeschmolzen. Diese wurde offenkundig nach den Prinzipien der Wikinger gebaut, aber die archäologischen Fundstücke des neuen Schiffstyps weisen deutliche Verbesserungen auf. Verglichen mit der Knorr war der Boden der Kogge flach, der Rumpf hatte steilere Wände, und sie war mit einem Heckruder ausgestattet. Das bedeutete auch, daß das zugespitzte Heck des Knorr-Entwurfs durch ein quadratisches Heck ersetzt wurde. Die Rümpfe wurden tiefer, so daß die Ladefähigkeit vergrößert und die Seetüchtigkeit verbessert wurde. Die Kogge besaß ein Deck, welches die Fracht vor Regen schützte. Schließlich verfügte sie über eine Schiffswinde und verbessertes Takelwerk, so daß sie problemlos von einer kleinen Mannschaft und deshalb mit wachsendem Gewinn gefahren werden konnte.

Oben: *Das Gokstad-Schiff aus dem 9. Jahrhundert war Teil eines Begräbnisrituals; es gibt uns die seltene Gelegenheit, die Konstruktion eines Wikinger-Schiffes genau nachzuvollziehen. Der Rumpf wird heute in einem Museum aufbewahrt.*

Von einer Mischform zum Entdeckerschiff

Um 1450 hatten die Seefahrer in Nordeuropa gut gebaute Frachtschiffe entwickelt, deren Rümpfe stark genug waren, der Belastung weiter Reisen standzuhalten. Als die mittelalterlichen Händler sich weiter vorwagten, trafen sie auf die Schiffe im Mittelmeer, deren Aussehen und Konstruktionsweise so ganz anders waren als die Koggen des Nordens. Aus einer Mischform der beiden Stile gingen die Entdeckerschiffe hervor, die sich über die Grenzen der bekannten Welt hinauswagten und den Weg für einen neuen Abschnitt der Geschichte bereiteten, den Aufbruch in neue Welten mit neuen Siedlungs- und Handelsplätzen.

1076 n. Chr.	**1176 n. Chr.**	**1193 n. Chr.**	**1206 n. Chr.**	**ca. 1254 n. Chr.**	**1290 n. Chr.**	**14. Jh. n. Chr.**	**1397 n. Chr.**
Die Normannen erobern England.	Der Bau der Tower-Bridge beginnt (vollendet 1209).	Der Zen-Buddhismus kommt in Japan auf.	Die Mongolen beginnen unter Dschingis-Khan mit der Eroberung Asiens.	Der Weltreisende Marco Polo wird geboren.	Brillengläser werden in Italien erfunden.	Bremen-Kogge-Wrack, ein mittelalterliches Frachtschiff.	Norwegen, Dänemark und Schweden werden in der Kalmarer Union vereint.

Das Guernsey-Wrack

3\.
Jahrhundert v. Chr.

Die verbrannten Überreste eines keltischen Schiffes

Oben: *Die Überreste dieses römisch-gallischen Schiffes wurden mitten in einem geschäftigen Inselhafen durch die von der modernen Schiffahrt verursachte Erosion aufgedeckt. Eine Aushebung war unabdingbar, um diese bedeutende Informationsquelle zu bewahren.*

St. Peter Port ist der größte Hafen auf der Insel Guernsey, einer der englischen Kanalinseln. Obwohl es vor der französischen Küste liegt, gehört es zu England. Richard Keen, ein Taucher aus Guernsey, ist ein begeisterter Meeresarchäologe und immer auf der Suche nach Spuren von Schiffswracks. 1982 tauchte er in St. Peter Port und stieß auf Tonscherben. Er erkannte sie als vormittelalterlich und zeigte seinen Fund den zuständigen Behörden an.

Weitere Untersuchungen enthüllten im Schlick begrabene Balken. In den letzten Jahren hatten die Bugwellen der großen Autofähren den Schlick vom Wrack abgetragen, das genau unter der Zufahrt zu ihrer Anlegestelle lag. Eine schnelle Erosion in der Zukunft schien unvermeidbar, und man entschloß sich, eine Rettungsaktion für das Schiff zu starten, die von Dr. Margaret Rule, der Direktorin des Mary Rose Trusts, geleitet wurde.

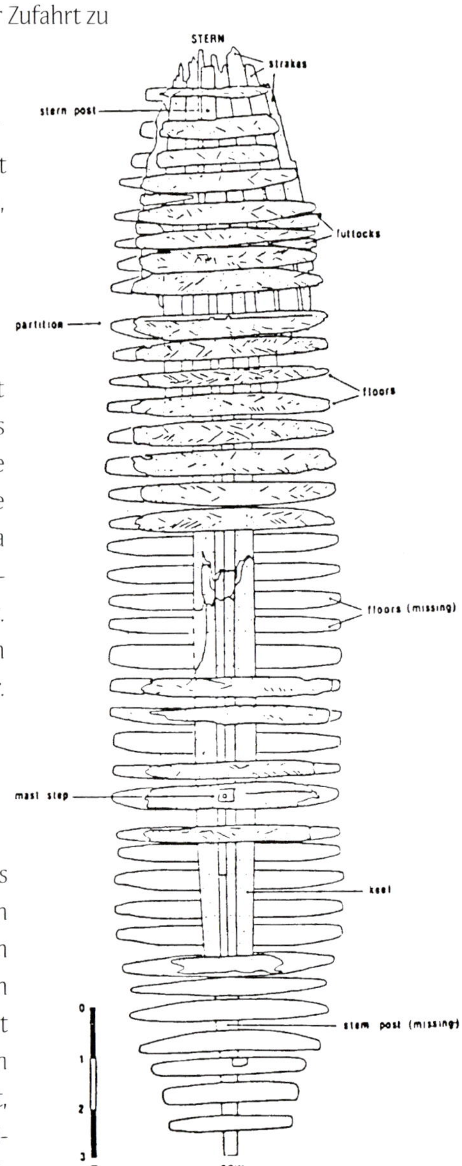

Riskante Aushebung

Die Aushebung wurde in der schlechten Sicht und unter den gefährlichen Bedingungen des Hafens zu einer Zeit durchgeführt, als keine Fährschiffe passierten, aber die Mühe hatte sich schließlich gelohnt. Das Schiff war etwa 25 m lang und 6 m breit, und es hatte offensichtlich kurz vor dem Untergang gebrannt. Der Schiffbruch wurde von den Archäologen auf die Zeit zwischen 280 und 287 n.Chr. datiert, die letzten Jahre der römischen Okkupation von Gallien und Südbritannien.

Noch bemerkenswerter waren die Erkenntnisse über die Schiffsentwürfe. Das Schiff war in fester Bauweise nach keltischem Stil gebaut. Es hatte einen dicken mittleren Kiel mit Spanten, und auf dieses Gerüst waren die inneren und äußeren Planken genagelt worden. Ein Mastschuh befand sich etwa ein Drittel der Gesamtlänge vom Bug entfernt, sehr viel weiter vorne als in ähnlichen römischen Schiffen. Der Mast und das Ruder fehl-

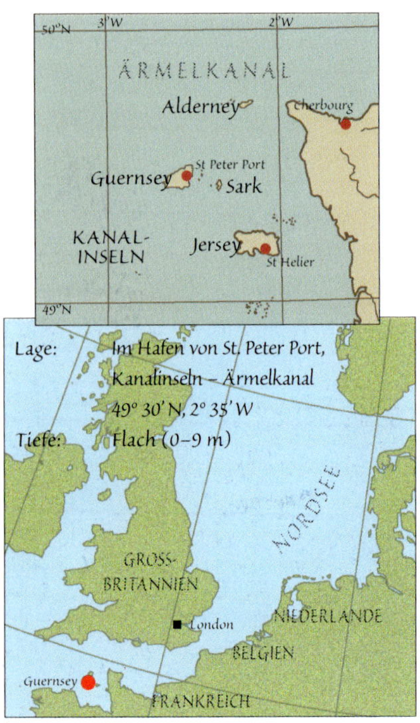

ten, wahrscheinlich waren sie im Brand verlorengegangen oder kurz danach geborgen worden.

Ballast aus Kiefernharz

Ebenso gab es keinen Schiffsaufbau, obwohl ein kleiner Rest verkohlter Balken darauf hindeutete, daß einmal ein Aufbau vorhanden gewesen war. Die Übergänge zwischen den äußeren Planken waren mit einer Paste aus Eichenspänen, wahrscheinlich mit einer Art von Klebstoff gemischt, kalfatert. Die Paste wurde auf jede Planke aufgetragen, bevor die nächste angepaßt wurde, ähnlich wie bei Mörtel und Ziegelsteinen. Die Nagelköpfe des Außenrumpfes wurden mit Moos abgedichtet und machten ihn so außergewöhnlich wasserdicht.

Überraschend war für die Archäologen, daß kein Ballast gefunden wurde, der in jener Zeit üblich war und der normalerweise entweder auf den Bodenplanken, in hölzernen Verschlägen oder unter Deck zwischen den tieferen Spanten gelagert wurde. Es wird vermutet, daß die Fracht des Schiffes selbst schwer genug war, um auf Ballast verzichten zu können, oder daß der Ballast vor dem Beladen entfernt wurde. Dies wirft die Frage nach der Art der Fracht auf, und ob sie im Feuer, das auf dem Schiff ausgebrochen war, zerstört wurde.

Eine Schicht aus Kiefernharz hatte sich in der Nähe des Hecks festgesetzt. Man vermutet, daß es in acht Blöcken geladen wurde und schmolz, als das Schiff Feuer fing. Eine solche Fracht wäre schwer genug gewesen, um auf Ballast zu verzichten. Unter der Harzschicht fanden die Archäologen die persönlichen Besitztümer der Mannschaft. Der Fund eines versteckten Münzenvorrats ermöglichte Dr. Rule schließlich eine Datierung des Wracks. Tonscherben zeigten an, wo das Schiff unterwegs gewesen war. Spanische Amphoren, gallische Schalen und britische Trinkgefäße deuteten darauf hin, daß das Schiff im Ärmelkanal und im Golf von Biscaya segelte.

Wir wissen nicht, warum das Schiff bis zur Wasserlinie abbrannte und sank, aber das Unglück des Eigners gibt uns die Möglichkeit, ein keltisch-römisches Schiff zu untersuchen, einen Vorgänger der von Cäsar in seiner Schrift über die gallischen Kriege beschriebenen Schiffe. Aufgrund seiner Ähnlichkeit mit dem Schiff, das bei Blackfriars in London gefunden wurde, kann man vermuten, daß diese Form keltischer Schiffe häufig im Nordwesten Europas unterwegs war.

Oben: *Schlechte Sicht und reger Schiffsverkehr behinderten die Aushebung, dennoch wurde der tiefere Rumpfteil unter einer Schlickschicht gefunden. Diese Aufnahme zeigt die aufgerichteten Kielbalken sowie die inneren und äußeren Planken.*

Linke Seite: *Die Rumpfstruktur des Guernsey-Wracks brachte neue Informationen über den Bau von Küstenschiffen während der römischen Herrschaft in Gallien und Britannien zutage.*

Unten: *Archäologen versuchten aufgrund der gewonnenen Informationen den Bau des Schiffes zu rekonstruieren. Fehlende römische Konstruktionsmethoden ließen auf einen keltischen Ursprung des Schiffes schließen.*

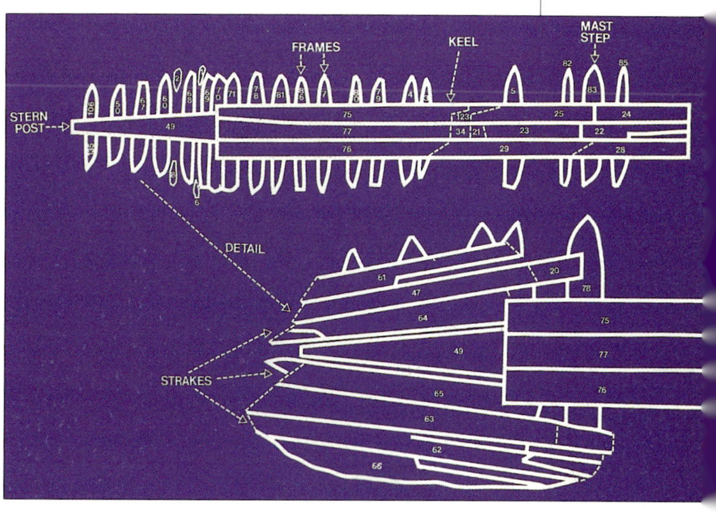

Das Blackfriars-Boot

2.
Jahrhundert

Eine Zwischenstufe im römischen Schiffsbau?

Als Arbeiter 1962 eine neue Ufermauer unweit der Londoner Blackfriars-Brücke bauten, entdeckten sie Schiffsbalken. Diese wurden von Archäologen aus dem Guildhall Museum in London bei einer Aushebung unter der Leitung von Peter Marsden in den Jahren 1962/63 untersucht; nachfolgende Aushebungen im Zuge von Bauarbeiten förderten drei weitere Boote zutage! Der erste Fund (Blackfriars 1) war ein römisches oder römisch-gallisches Schiff aus dem zweiten Jahrhundert n. Chr.

Ein zweites Schiff (Blackfriars 2), entdeckt 1969, war eine Flußbarke aus dem 17. Jahrhundert mit einer Fracht aus Ziegelsteinen. Zwei weitere Schiffswracks (Blackfriars 3 und 4) wurden 1970 entdeckt und stammen aus dem späten 15. oder frühen 16. Jahrhundert; sie gingen wahrscheinlich unter, nachdem sie zusammengestoßen waren. Aus dieser Zeitspanne von 1500 Jahren maritimer Desaster ist das erste Schiff wahrscheinlich das faszinierendste.

Eine geweihte Münze unter dem Mast

Im Winter 1962 hob Marsden den unteren Rumpfteil, das Heck und die zusammengebrochene Backbordseite des römischen Schiffes aus und brachte Teilstücke zur Untersuchung und Konservierung ins Guildhall Museum. Obwohl die Steuerbordseite bei Auffinden des Schiffes noch vorhanden war, wurde sie von den Arbeitern zerstört, bevor man sich über ihre Bedeutung im klaren war. Römische Schiffe aus dieser Zeit sind durch Kunstwerke und im Mittelmeer ausgehobene Fundstücke relativ gut dokumentiert, das Blackfriars-1-Boot ähnelte diesen aber nur wenig. Ein anderes um 1900 am Themse-Ufer bei County Hall gefundenes römisches Wrack zeigte mit seiner Rumpfbauweise und der Zapfenmethode eindeutig römischen Ursprung. Das Blackfriars-Schiff war ganz anders konstruiert worden.

Unten: Ein maßstabgerechtes Modell des Blackfriars-Bootes im Museum of London zeigt, wie die leichteren oberen Spanten aus dem massiveren Kiel und den Spanten des unteren Rumpfes herauskommen.

Es war aus Eichenholz aus dem Südosten Britanniens gebaut. Anstelle eines Kiels hatte es zwei Mittelplanken, die über die gesamte Länge des Rumpfes (11,30 m) liefen. Natürlich gebogene Balken, aus denen auch die Spanten gemacht waren, formten den Bug und das Heck; die Spanten waren in regelmäßigen Abständen wie Fischgräten an den mittleren Planken befestigt. Gerade Balken wurden für eine Innenhülle über die unteren Spanten gelegt, und die Außenhülle wurde mit Holznägeln und Eisenriegeln an den Spanten befestigt. Die Ränder der Planken waren mit einer Paste aus Holzspänen und Harz kalfatert. Ein Mastschuh wurde gefunden; in ihm lag eine geweihte, unter den Mast genagelte Münze.

Die Währung Kaiser Domitians

Die Bronzemünze datierte auf die Herrschaft Kaiser Domitians (81–96 n. Chr.), wurde in Rom um 88–89 n. Chr. geprägt und lieferte so den Zeitraum des Schiffsbaus. Es ist unklar, wie lange das Schiff zur See fuhr, aber die Abnutzung der Balken läßt eher darauf schließen, daß es erst im zweiten Jahrhundert n. Chr. unterging. Es gab keinerlei Anhaltspunkte für ein Deck und für einen Aufbau. Ihre Originalstruktur, wenn sie jemals bestand, war wahrscheinlich nicht sehr widerstandsfähig, obwohl Marsden annahm, das Deck habe einen Laderaum enthalten, der weniger als 1,80 m hoch gewesen war.

Das Schiff sank mit einer 26 Tonnen schweren Ladung aus Steinen, die als Kenter Kalksandsteine identifiziert wurden, ein Gestein aus dem Süden Englands, das als Baumaterial in London zur Zeit der Römer sehr beliebt war. Peter Marsden vermutete, die letzte Reise des Schiffes habe in der Gegend von Maidstone in Kent begonnen und es sei über die Themse auf dem Weg nach London gewesen. Das Heck konnte nicht ausgehoben und nur einige persönliche Gegenstände konnten geborgen werden; Marsden nahm an, die Unterkunft der Mannschaft habe sich im Heck befunden. Die Lage des Schiffes ließ darauf schließen, daß es sich in der Mitte des Flusses befand, als es, wahrscheinlich nach einer Kollision, sank (die Lage des Flusses hat sich seit der Zeit der Römer geändert).

Das Blackfriars-Boot war ein bahnbrechendes Forschungsobjekt für die Archäologen. Es zeigte zum ersten Mal, daß die Römer in Britannien nicht auf ihren eigenen Schiffsentwürfen beharrten. Die rauhen Gewässer in dieser Gegend erforderten robustere Schiffe, so daß die Schiffsbauer auf ihre traditionellen keltischen Entwürfe zurückgriffen. Diese Theorie wurde durch die Entdeckung eines anderen, ähnlichen Bootes bei den Kanalinseln zwischen Britannien und Frankreich gestützt.

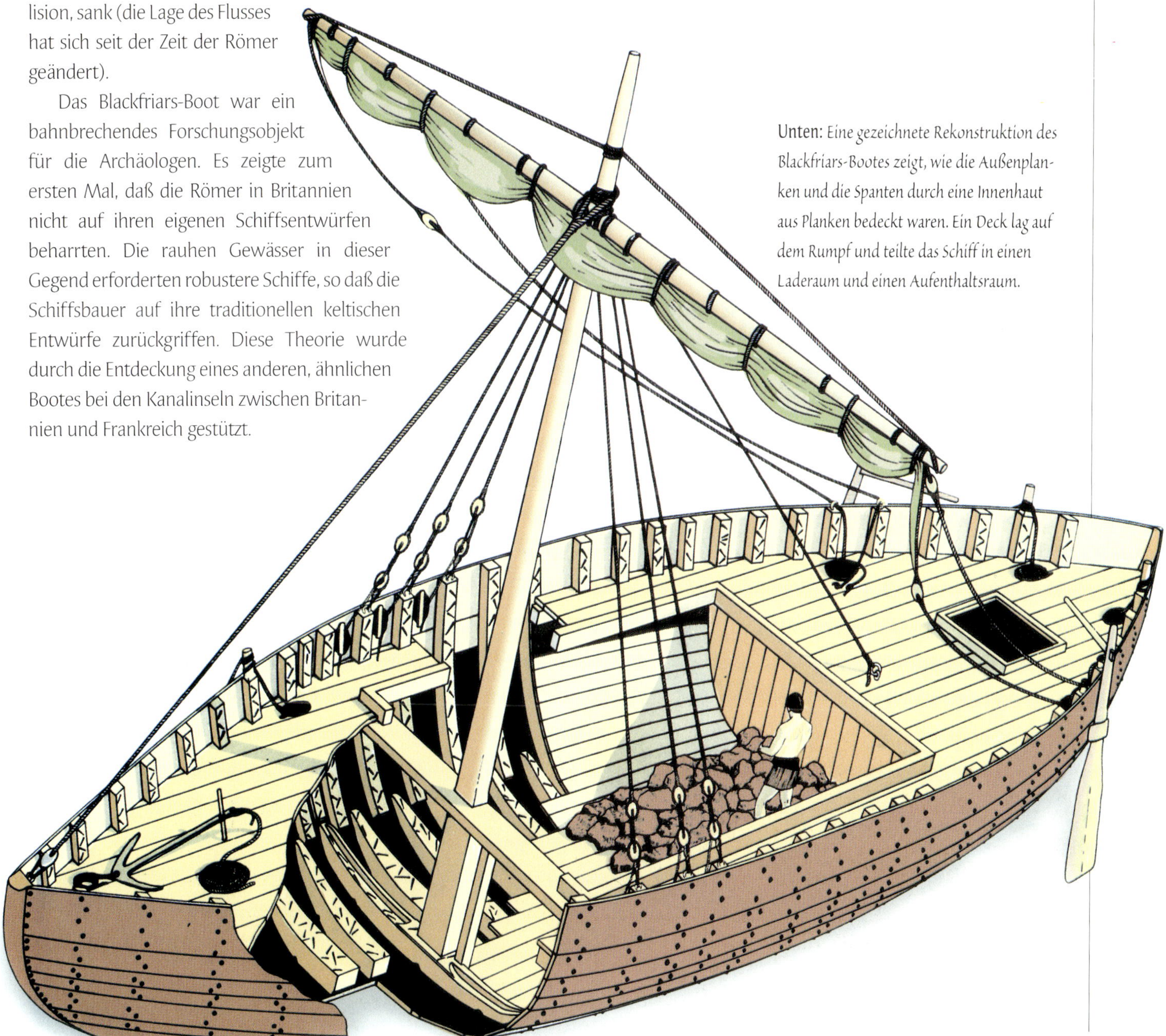

Unten: *Eine gezeichnete Rekonstruktion des Blackfriars-Bootes zeigt, wie die Außenplanken und die Spanten durch eine Innenhaut aus Planken bedeckt waren. Ein Deck lag auf dem Rumpf und teilte das Schiff in einen Laderaum und einen Aufenthaltsraum.*

Die Skuldelev-Schiffe

11. Jahrhundert

Eine gesunkene Barriere aus Wikinger-Schiffen

Im späten 10. oder frühen 11. Jahrhundert sank aus verschiedenen Gründen eine ganze Reihe von Schiffen und formte eine regelrechte Barriere, die sich über den dänischen Roskilde Fjord hinzog und die Hafeneinfahrt der gleichnamigen Stadt schützte. Roskilde, in jener Zeit die Hauptstadt Dänemarks, war auf See und an Land von Verteidigungsanlagen umgeben; zu ihnen gehörten ebenso tiefe Gräben wie auch Wachtürme und Blockadeschiffe.

In den 50er Jahren beschlossen dänische Archäologen, die Überreste von gesunkenen Holzschiffen auszuheben, die Berichten zufolge in den engen Wasserwegen, genannt Peberrenden, unweit der Stadt Skuldelev lagen. Eine erste Prüfung des Fundortes im Jahre 1957 erbrachte, daß es sich um Schiffe aus der Wikinger-Zeit handelte, daß sie gut erhalten waren und deshalb wert, untersucht zu werden.

Oben: Ein großer Fangdamm wurde im Roskilde Fjord gebaut, um die Aushebung der Wracks an Land vornehmen zu können.

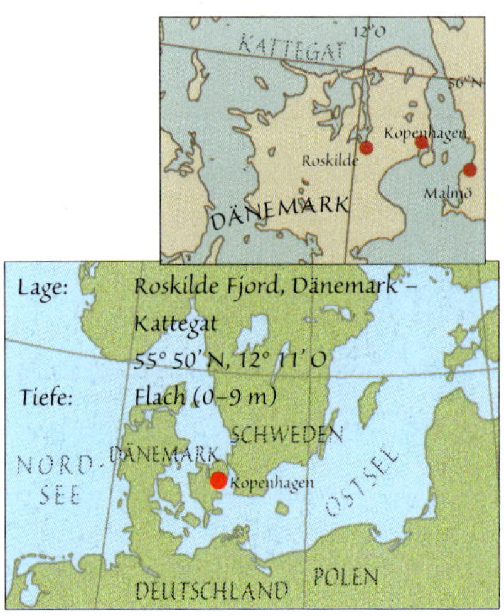

Mit einem Fangdamm

1962 wurden die Wracks von einem Fangdamm mit einer Fläche von mehr als 15 000 m^2 umgeben. Nachdem das Wasser herausgepumpt worden war, konnten die Archäologen die Wracks mit den an Land üblichen Methoden ausgraben, wenn auch im dicken, nassen Schlamm des Fjordbodens. Dieser anaerobe Schlamm trug dazu bei, die Schiffsbalken zu erhalten, die unter der Ladung aus Steinen im Sand steckten. Mit den Steinen wurden die Schiffe abgesenkt und in Position gehalten.

Fünf Schiffe wurden während der Aushebung geborgen und die Schiffsbalken zur Konservierung in das Dänische Nationalmuseum gebracht, von dem die Aushebung organisiert worden war. Man fand heraus, daß alle Schiffe gewisse Ähnlichkeiten aufwiesen. Sie waren alle nach der Klinkerbauweise konstruiert, bei der die überlappenden Planken mit Eisennieten am Spantengerüst befestigt wurden. Diese Konstruktionsweise wurde bei zahlreichen Schiffen aus dem frühen Mittelalter wie dem Sutton-Hoo-Boot und dem Osberg-Schiff gefunden. Sie ist auch heute noch bei vielen Schiffen in der Nordsee und in Skandinavien üblich.

Die Klinkerbauweise kann darüber hinaus als eine Weiterentwicklung der keltischen Schiffsbaumethoden (Blackfriars-Boot, Guernsey-Schiff) betrachtet werden. Da die äußeren Planken extrem robust waren, konnte das Spantengerüst, verglichen mit keltischen Schiffen, leichter gebaut werden. Alle fünf Schiffe waren mit je einem Einzelmast ausgestattet.

Eine bunte Flotille

Die Unterschiedlichkeit der Schiffe war sogar noch interessanter. Ihre Konstruktionsweise wurde sowohl von ihrer Funktion als auch von allgemeinen Grundsätzen des Schiffsbaus beeinflußt, und so entstand eine spezialisierte Flotte. Die Skuldelev 1 war eine Knorr, die wichtigste Art von Handelsschiff der Wikinger-Zeit. Mit einem Schiff dieses Typs, das ideal für lange Reisen geeignet war, landete Leif Eriksson in Amerika. Es war 15 m lang, mehr als 4,50 m breit und hatte eine Ladekapazität von 25 Tonnen. Der gerundete Rumpf lief sowohl im Bug als auch im Heck spitz zu; im Heck war ein Steuerruder angebracht. Da für seinen Bau Kiefern- und Eichenholz verwendet wurde, kam das Schiff wahrscheinlich aus Norwegen.

Die Skuldelev 2 war schlecht erhalten, es war jedoch noch zu erkennen, wie eindrucksvoll sie einst gewesen war. Als Langschiff von fast 30 m Länge und 3,60 m Breite wurde sie wohl von 30 Rudern pro Seite angetrieben. Ihre Größe weist darauf hin, daß sie ein Drachenschiff war, und ihre Eichenspanten zeigen, daß sie in Irland gebaut, aber in Dänemark repariert wurde.

Die Skuldelev 3 war ein kleines Schiff aus Eichenholz, 13,70 m lang, 3,60 m breit und mit einer Ladekapazität von 25 Tonnen ausgestattet. Die sieben Ruder auf jeder Seite machten sie zu einem wendigen Schiff. Es war von allen Schiffsfunden an diesem Ort am besten erhalten.

Die Skuldelev 5 (es gab keine Nummer »4«) wurde als einheimisches Wachschiff eingestuft. Sie war ursprünglich 17 m lang, 2,60 m breit, und die Rammböcke ähnelten denen der Skuldelev 3. Beide waren dänische Schiffe, vielleicht wurden sie sogar in derselben Region gebaut.

Die Skuldelev 6 war zwar nur schlecht erhalten, konnte aber noch als Fischerboot oder kleines Schiff aus Südschweden eingestuft werden. Sie war 11,50 m lang und 2,40 m breit.

Als einzigartige Sammlung von sehr unterschiedlichen Schiffen aus der faszinierenden Welt der Wikinger bleiben die Skuldelev-Wracks eine seltene Informationsquelle, mit der die Archäologen die Schiffe dieser romantischen, aber grausamen Ära rekonstruieren können.

Unten: *Die Überreste der Skuldelev 1 zeigen, wie der breite Rumpf dem Schiff Stabilität und die für den Meereshandel notwendige Ladekapazität verlieh. Mit diesem Schiffstyp entdeckte Leif Errikson Amerika.*

Die Bremen-Kogge

14. Jahrhundert

Die Allzweckschiffe Nordeuropas

Oben: Die Überreste eines mittelalterlichen Schiffes am Ufer der Weser in Bremen: Diese Aufnahme zeigt einen freigelegten Teil der in Klinkerbauweise zusammengesetzten Planken und dahinter einige herausragende Spanten.

Die Kogge war 200 Jahre oder länger der am meisten gebaute Schiffstyp in Nordeuropa. Sie war ein Abkömmling der skandinavischen Knorr und im 13. Jahrhundert zu einem hochspezialisierten Frachtschiff geworden, mit dem größere Frachten transportiert werden konnten als mit jedem anderen Schiff. Sie wurde vielfach in zeitgenössischen Illustrationen und auf Städtesiegeln abgebildet, aber der Fund eines fast intakten Exemplars war ein seltenes Geschenk für die Historiker.

Sie konnten mit diesem Fund im Detail ein Schiff untersuchen, das im Mittelalter in der Nordsee gefahren war und mit dem Hansebund, einem Zusammenschluß von Kaufleuten, in enge Verbindung gebracht werden konnte. Die Überreste des Schiffes wurden 1962 im Hafen von Bremen in Norddeutschland gefunden. Bremen war einst eine geschäftige hanseatische Hafenstadt, und die Einstufung des Schiffes als Kogge weckte reges Interesse in Deutschland, da so eine direkte Verbindung zur Vergangenheit der Stadt hergestellt werden konnte.

Die Kogge wurde in den frühen 60er Jahren des 20. Jahrhunderts mit Hilfe unterschiedlicher Werkzeuge und Techniken ausgehoben, dazu gehörten Bagger, Bergungstaucher und sogar eine Taucherglocke. Im Jahre 1965 waren alle Balken geborgen und in das Deutsche Schiffahrtsmuseum in der Nähe von Bremerhaven gebracht worden. Der Fund machte die Entwicklung meeresarchäologischer Techniken und Konservierungsmethoden in Deutschland notwendig; das Museum übernahm die Koordination und wirkte als Wegbereiter für den Fortschritt der Meeresarchäologie in Nordeuropa. Zu einer Zeit, als das Tauchen zunehmend populärer wurde, beschäftigten die Funde einzigartiger Schiffswracks in Schweden, Britannien und Deutschland die Phantasie von Tauchern auf der ganzen Welt.

Während der folgenden zehn Jahre wurden die Balken nach und nach stabilisiert, um sie vor weiterem Verfall zu bewahren. Es dauerte länger als sieben Jahre, die Schiffsbalken wieder zusammenzusetzen, aber die Arbeit brachte vielfältige Informationen über den Bau des Schiffes zutage. Die Kogge war fast 23 m lang und 7,60 m breit, so daß sie breit und rund aussah – ein Bild, das zu den zeitgenössischen Illustrationen paßte. Mit ihrem fast 3 m tiefen Laderaum konnte sie eine für ihre Größe beträchtliche Ladung transportieren, die auf 130 Tonnen geschätzt wird. Verglichen mit früheren Frachtschiffen wie der Knorr war ihre Ladekapazität enorm groß.

Das Schiff hatte einen flachen Boden mit einer scharfen Krümmung am Kiel, so daß es eine faßähnliche Form bekam. Das Mittelstück war der Kiel, der aus drei Abschnitten bestand; der Bug und das Heck waren leicht nach oben gebogen. Diese endeten in fast

vertikalen Vorder- und Hintersteven, die wiederum als Verankerung für die großen Spanten ihres Rumpfes dienten.

Oben: Das konservierte Schiff wird heute in Bremerhaven ausgestellt und bietet die einzigartige Gelegenheit, eine fast vollständige mittelalterliche Kogge in Augenschein zu nehmen.

Durchweichte Fracht

Die Planken waren in der Klinkerbauweise angebracht, die in ganz Nordeuropa üblich war, und mit einer Kombination aus Holznägeln und Eisenriegeln am Spantengerüst befestigt. Acht große Querbalken liefen über die Breite des Schiffes, um das darauf genagelte Deck zu stützen. Da das Deck nicht wasserdicht war, konnte Wasser in den Laderaum gelangen. Die Fracht mußte also in wasserdichten Behältern wie Fässern oder Kisten untergebracht werden.

Wie die Skuldelev-Schiffe aus Skandinavien war diese Kogge mit einem einzelnen Mast mit Vierecksegel ausgestattet. Eine Vorrichtung für ein großes Ruder wurde zwar am Achtersteven gefunden, das Ruder selbst jedoch während der Aushebung nicht entdeckt. Ein solches Ruder war ein großer Fortschritt gegenüber früheren Schiffstypen, die mit einem Steuerruder fuhren. Im hinteren Teil des Rumpfes befand sich ein Halbdeck, das vom Heck aus gemessen etwa 7,30 m lang war und zur Schiffsmitte hin breiter wurde. Ein seltener Fund bei Aushebungen von Schiffswracks war eine Toilette, die unter dem Halbdeck auf der Steuerbordseite an der Außenwand angebracht war. Außerdem wurden eine gut erhaltene Ankerwinde und eine Schiffswinde zum Bewegen der schweren Frachten gefunden.

Es wird vermutet, daß die Bremen-Kogge nie fertiggestellt wurde, sondern sich von ihrem Ankerplatz löste und noch während der Ausrüstungszeit sank. Das würde auch das fehlende Ruder erklären. Dieser Unfall hinterließ uns ein ungewöhnliches Schiff aus dem Mittelalter, das heute in ganzer Größe im Deutschen Schiffahrtsmuseum besichtigt werden kann. Zwei Repliken wurden gebaut, die uns umfassende Informationen über mittelalterliche Koggen bieten.

Die »Sea Venture«
Die »San Pedro«
BERMUDA-INSELN
ATLANTISCHER OZEAN
FLORIDA
Emanuel Point
St.-John's-Wrack
BAHAMAS
Highborn Cay
GOLF VON MEXIKO
Molasses Riff
Die »Santa Maria«
Ines de Soto
Santa Lucia
KUBA
HISPANIOLA
Las Canarreos
Padre-Island-Wracks
Bahia Mujeres
St Anne's Bay
Banco Nuevo
JAMAIKA
MEXIKO
HALBINSEL YUCATAN
KARIBISCHES MEER
PAZIFISCHER OZEAN

DIE ENTDECKER-SCHIFFE

Oben: *Die Entdeckung Amerikas schuf Bedarf an großen Schiffen, die für lange Ozeanreisen geeignet waren.*

Im 15. Jahrhundert wuchs das Interesse an Kunst, Kultur und Wissenschaft – dieser Wissensdurst führte zur Renaissance und zum Zeitalter der Entdeckungsreisen. Eine Kombination aus den robusten, aber schwerfälligen Schiffsentwürfen Nordeuropas und den leichten, eleganten Schiffen des Mittelmeers ergab eine neue Schiffsform. Mit der Karavelle und ihrer Nachfolgerin, der Karacke, konnte man lange Ozeanreisen unternehmen, und als Kolumbus 1492 die Neue Welt entdeckte, hatte ein neues Kapitel in der Geschichte der Menschheit begonnen. Schon zu Beginn des 16. Jahrhunderts pendelten gut geschützte Schiffe regelmäßig zwischen der Alten und der Neuen Welt hin und her; auf dem Hinweg transportierten sie Siedler, auf dem Rückweg Schätze und andere Waren. Diese kleinen, gut gerüsteten Schiffe spielten eine wesentliche Rolle bei der Enthüllung der Geheimnisse eines neuen Kontinents und waren die Vorläufer der Galeonen, mit denen die Spanier ihre Schatzflotten bewachten.

Oben: *In den späten 80er Jahren hob ein Team des Institute of Nautical Archaeology (INA) ein Schiff aus der Mitte des 16. Jahrhunderts aus, das vor Highborn Cay bei den Bahamas gesunken war. Die von oben nach unten laufende Mittellinie auf dem Fundort markiert die ungefähre Lage des Kiels, und der Mastschuh ist unter den Ballaststeinen zu sehen.*

Im Mittelalter war die Kogge das übliche Handelsschiff. Ihr Rumpf war in der Klinkerbauweise errichtet, zusammengesetzt aus überlappenden Planken, die auf ein Gerüst genietet wurden. Sie fuhr mit einem Einzelmast und viereckigem Segel, unterstützt von einem Einzelruder.

Die Kogge war ein ideales Transportschiff für Frachten und sogar Truppen. Halbdecks am Heck und am Bug gaben den Soldaten Raum zum Gefecht; Abbildungen später mittelalterlicher Kriegsschiffe belegen dies. Handelstreibende konnten mit der Kogge weitere Reisen unternehmen, und schon im 13. Jahrhundert gab es einen regen Austausch mit den Partnern im Mittelmeerraum. Zur Zeit der Kreuzfahrten und der Besiedlung Italiens durch die Normannen trafen diese Segler auf Schiffe arabischen Stils.

Im Mittelmeerraum wurden die Schiffsrümpfe weiterhin nach alter römischer Rumpfbauweise oder nach der Kraweelbauweise konstruiert. Die Schiffsbauer legten die Planken der Länge nach auf ein zuvor konstruiertes Spantengerüst und befestigten sie dann mit Holzdübeln oder Nägeln. Zwischen den Planken wurde kalfatert, um die Fugen wasserdicht zu machen.

Der andere Hauptunterschied betraf das Segel. Die Seefahrer auf dem Mittelmeer fuhren mit einem großen dreieckigen Segel, das über die gesamte Schiffslänge lief. Mit diesem Lateinersegel konnten sie sehr viel dichter am Wind segeln als ihre mit viereckigen Segeln fahrenden Rivalen. Die Schiffe des Nordens hatten aber auch gewisse Vorteile. Sie waren leichter zu lavieren (gegen den Wind zu kreuzen), und ihre robusteren Rümpfe waren für die rauhe See im Atlantik geeigneter. Es dauerte noch Jahrhunderte, bis die Schiffsplaner die besten Merkmale beider Schiffsbauschulen vereinten.

Die Karavelle der Entdeckungsreisen

Im späten 13. Jahrhundert gab der König von Frankreich in Venedig und in Genua Schiffe für den Transport einer Armee aus Kreuzfahrern in Auftrag. Es waren Segler mit zwei Masten und Lateinersegeln, in jener Zeit die größten im Mittelmeer. Die italienischen Schiffsbauer kopierten den vergrößerten Rumpf der Kogge und paßten ihn den nach der Kraweelbauweise errichteten Schiffen an.

Die Kogge war während des gesamten Mittelalters weiterentwickelt worden, die Höhe der Aufbauten und die Größe des Rumpfes nahmen immer mehr zu. Zu Beginn des 15. Jahrhunderts vereinten die Schiffe die Konstruktionsmerkmale aus Nord- und Südeuropa. Das letzte Beispiel mediterraner Schiffsbaukunst jener Zeit ist die Karavelle, ein Entwurf, der sich stark an die nordeuropäische Schiffsbauschule anlehnte. Sie vereinte das Heckruder und das flache Heck der Kogge mit einem in Kraweelbauweise errichteten Rumpf und zwei oder drei Masten mit Lateinersegeln.

Zumindest in Spanien und Portugal konnten die Karavellen, wenn erforderlich, auch mit einem viereckigen Großsegel fahren, das schneller war, wenn bei stärkerem Wind gesegelt wurde, und leichter zu handhaben. Das Ergebnis war ein leichtgebautes, schnelles, gut manövrierbares Schiff, das problemlos mit einer kleinen Mannschaft gesegelt werden

1206	1242	1348	1368	1415	1429	ca. 1440	1492
Die Mongolen beginnen unter Dschingis-Khan mit der Eroberung Asiens.	Die Russen schlagen die Invasion des Deutschen Ritterordens zurück.	Ein Drittel der europäischen Bevölkerung stirbt an der Pest.	Beginn der Ming-Dynastie in China.	Die Engländer gewinnen die Schlacht von Agincourt.	Die Franzosen, angeführt von Johanna von Orleans, besiegen die Engländer in Orleans, Frankreich.	Malakka in Südostasien wird wichtiger Handelshafen.	Christoph Kolumbus erreicht Amerika.

konnte. Diese Variante der Karavelle wurde »redonda« genannt und vor allem von den Portugiesen zur Erkundung der afrikanischen Küsten und des Indischen Ozeans eingesetzt. Frühe Entdeckungsreisende setzten volles Vertrauen in sie – zwei der drei Schiffe des Christoph Kolumbus waren Karavellen.

Die Karavelle war der erste der beiden wichtigsten Schiffstypen, die für Entdeckungsreisen im späten 15. und frühen 16. Jahrhundert benutzt wurden. Der zweite Typ war ein Schiff, bei dem die nördlichen Schiffsbautraditionen vorherrschten. Im 15. Jahrhundert war aus der Kogge ein Schiff geworden, das zwei oder drei Masten tragen konnte. Die Schiffsrümpfe wurden stromlinienförmiger, und die empfindlichen Strukturen im Heck und Bug wurden durch solidere ersetzt, die in den Rumpf integriert waren. Die Halbdecks am Heck und am Bug machten das Schiff bei schlechtem Wetter widerstandsfähiger und boten der Mannschaft mehr Komfort.

Die Vielfalt der Segel

Gegen Ende des Jahrhunderts reichte das Halbdeck am Heck fast bis zum Großmast, so daß ein echtes Deck hinzukam. Die Klinkerbauweise wurde Schritt für Schritt durch die Kraweelbauweise ersetzt; dieser Stil setzte sich immer mehr durch, weil die Zahl der Geschütze an Bord stetig wuchs. Ein in Klinkerbauweise errichteter Schiffsrumpf wäre nicht unversehrt geblieben, wenn man Geschützpforten in ihn geschnitten hätte, folglich mußten die stark bewaffneten Schiffe der Zeit in der Kraweelbauweise gebaut werden. Diese Schiffe vereinten ein starkes Gerüst mit einem stromlinienförmigen Rumpf und hatten eine sehr viel größere Ladekapazität als die Mittelmeerschiffe jener Zeit. Dieser Schiffstyp wurde als Não bei den Spaniern und Portugiesen und als Karacke bei den Nordeuropäern bekannt.

Wie die Karavellen hatten auch die Karacken eine Kombination aus viereckigen Segeln und Lateinersegeln, je nach Bedarf. Die übliche Besegelung bestand aus einem viereckigen Segel am Großmast, einem viereckigen Segel am Fockmast und einem Lateinersegel am Besanmast (wenn ein dritter Mast zur Verfügung stand).

Mit dieser Kombination war das Schiff einfacher zu lavieren und konnte bei jedem Wind gesegelt werden. Im 15. Jahrhundert wurden dann ein Sprietsegel am Bugspriet und Toppsegel am Vor- und Hauptmast hinzugefügt.

Unten: *Sobald Entdeckungsreisende im späten 15. Jahrhundert Seerouten nach Indien entdeckt hatten, zögerten europäische Handelsgesellschaften nicht lange, die neuen Märkte zu nutzen. Gegen Ende des 17. Jahrhunderts war der europäische Handel mit Indien ein florierendes Geschäft, und Häfen wie Bombay, Madras und Goa gehörten bald zu den reichsten Handelszentren der Welt.*

1493
Gründung von Hispaniola, der ersten spanischen Siedlung in Amerika.

1498
Vasco da Gama kehrte als erster von einer Reise nach Indien zurück.

1500
Pedro Cabral entdeckt Brasilien.

1520
Ferdinand Magellan überquert den Pazifischen Ozean.

1521
Beginn der Reformation.

1530
Spaniens Schatzflotten starten ihre jährlichen Handelsreisen.

1541
Hernando der Soto entdeckt den Mississippi.

ca. 1554
De-Soto-Wrack, ein spanisches Schiff.

Immer neue Anforderungen

1492 ging Kolumbus mit der Não *Santa Maria* auf die Suche nach einem Kontinent hinter dem westlichen Meer. Zu dieser Zeit war die Karacke ein Schiff mit voller Takelage und für lange Reisen über den Ozean ausgerüstet. Die Karavelle wurde zwar weiterhin für kurze Reisen und Küstenfahrten genutzt, aber die Karacke wurde zum ersten Entdeckerschiff im 16. Jahrhundert. Obgleich die Schiffe größer und spezialisierter wurden und besser bewaffnet waren, blieb ihr Grundentwurf doch während der gesamten Ära der Entdeckungsreisen und darüber hinaus unverändert.

Im frühen 16. Jahrhundert, nachdem die erste Welle der Entdeckungsfahrten vorüber war, übernahmen die Schiffe, die in die Neue Welt segelten, eine neue Rolle. Sie transportierten jetzt auch Siedler sowie deren Hab und Gut und kehrten mit Waren aus Amerika zurück.

Nachdem um 1530 spanische Schiffe angegriffen worden waren, wurde die Bewaffnung an Bord der Schiffe auf dem Weg in die Neue Welt verstärkt. Der Einsatz von Artillerie auf den Schiffen befand sich zwar noch in den Anfängen, nahm aber schon entscheidend Einfluß auf den Entwurf der Schiffe; seine Auswirkungen auf die in Klinkerbauweise errichteten Schiff wurden schon erwähnt.

Unten: *Diese geschäftige Hafenszene zeigt die Vorbereitungen für die Reise einer Karacke im späten 15. Jahrhundert. Das Flaggschiff des Christoph Kolumbus, die Santa Maria, sah diesem Schiff wahrscheinlich sehr ähnlich. »Das Schiff von St. Stonybroke«, Holzschnitt, anonym, ca. 1520.*

1559
Emanuel-Point-Wrack, ein spanisches Siedlerschiff.

1562
John Hawkins unternimmt seine erste Sklavenhandels-Reise auf die westindischen Inseln.

ca. 1564
St.-John's-Wrack, ein spanisches Frachtschiff.

1571
Englands Börse, The Royal Stock Exchange, wird gegründet.

1581
Francis Drake wird zum Ritter geschlagen.

1587
Maria Stuart, die Königin von Schottland, wird hingerichtet.

1588
Die Engländer besiegen die spanische Armada.

1600
Die englische Ostindienkompanie wird gegründet.

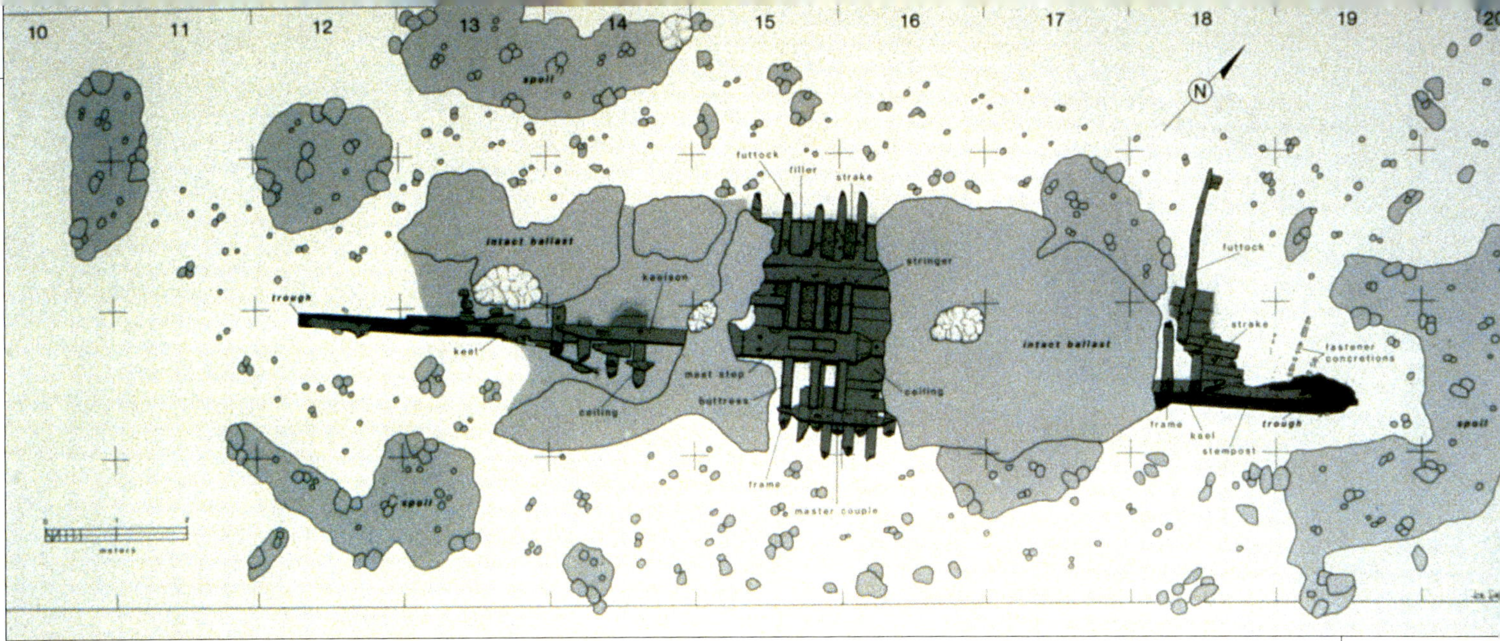

Oben: Lageplan des Highborn-Cay-Wracks von der Aushebung durch das INA im Jahre 1986. Ein Testgraben wurde quer über den Fundort gezogen und zeigt den Kiel, das Spantengerüst, die Planken und den Mastschuh. Der Rest des kleinen Schiffes liegt noch unter Bergen aus Ballaststeinen begraben.

Schiffe mußten gut bewaffnet sein, und diese Notwendigkeit führte zum Entwurf der Galeone, die eine Mischung aus Streitkraft und Ladekapazität bot.

Die Wiederentdeckung der Karavellen und Karacken

In historischen Schriften wird nicht deutlich beschrieben, wie die Spanier zu dem Entwurf der Galeone kamen, deren Hauptaufgabe darin bestand, wertvolle Frachten aus der Neuen Welt nach Spanien zu begleiten. Zu Beginn und in der Mitte des 16. Jahrhunderts wurden sicherlich gut ausgerüstete Karacken und Nãos benutzt; ihr Entwurf war ein Vorläufer der Galeone. Sie waren nicht nur Entdeckerschiffe, sondern echte Nutzschiffe. Der Beweis für ihre Existenz wurde von der Meeresarchäologie erbracht.

Das Institute of Nautical Archaeology (INA), ein Forschungsinstitut unter der Leitung von Dr. George Bass, ist der Texas A&M University angegliedert. Der 500ste Jahrestag der ersten Reise von Kolumbus kam näher, und da über seine Entdeckerschiffe nur wenig bekannt war, startete das INA ein Forschungsprojekt, um herauszufinden, wie sie ausgesehen hatten. Nach mehr als zehnjähriger Arbeit sind die Entdeckerschiffe immer noch ein archäologisches Rätsel, und kein Schiffswrack konnte endgültig als eines dieser Schiffe identifiziert werden. Was gefunden wurde, waren mehrere Wracks aus dem Zeitalter der Kolonisierung, aber nicht die Entdeckerschiffe selbst.

In den frühen 80er Jahren hoben die Archäologen des INA die Überreste eines kleinen spanischen Schiffes aus, das am Molasses Riff bei den Turks- und Caicosinseln im Norden von Hispaniola gesunken war. Das Schiff war mit zwei »bombardettas« (Hinterlader-Geschütze aus Schmiedeeisen) und 15 »versos« (Drehbassen) ausgestattet, letztere wurden für die Verteidigung im Nahbereich eingesetzt.

Ein anderes Schiff, ausgehoben am Highborn Cay vor den Bahamas, enthielt ähnliche Waffen. Bis 1992 hatte das INA weitere Schiffe untersucht; außerdem brachten auch andere Schiffe aus derselben Zeit (1540–1610), unter ihnen das St.-John's-Wrack und die Padre-Island-Wracks, eindrucksvolles Informationsmaterial zutage. Inzwischen ist relativ viel über diese frühen Schiffe bekannt, die Siedler und Handelsgüter zwischen Europa und der Neuen Welt hin- und hertransportierten. Was auch heute immer noch auf dem Meeresboden ruht und darauf wartet entdeckt zu werden, sind die Schiffswracks aus der Ära des Kolumbus.

1602	1605	1607	1608	1609	1618	1636	1645
Die holländische Ostindienkompanie wird gegründet.	Der Goldene Tempel von Amritsar wird fertiggestellt.	Gründung von Jamestown, der ersten englischen Siedlung in Amerika.	Die Franzosen gründen Quebec in Kanada.	Sea-Venture-Wrack, ein englisches Siedlerschiff.	Beginn des Dreißigjährigen Krieges.	Gründung des Harvard College, Nordamerikas erster Universität.	Abel Tasman entdeckt Neuseeland bei der Umschiffung Australiens.

DAS DE-SOTO-WRACK

1554 Kubas frühestes Schiffswrack

Oben: Archäologen der kubanischen archäologischen Organisation Carisub bestimmen den Fundort eines Hinterlader-Geschützes aus Schmiedeeisen (»bombardetta«). Das Erstellen eines Lageplans wird mit ähnlichen technischen Hilfsmitteln wie an Land durchgeführt.

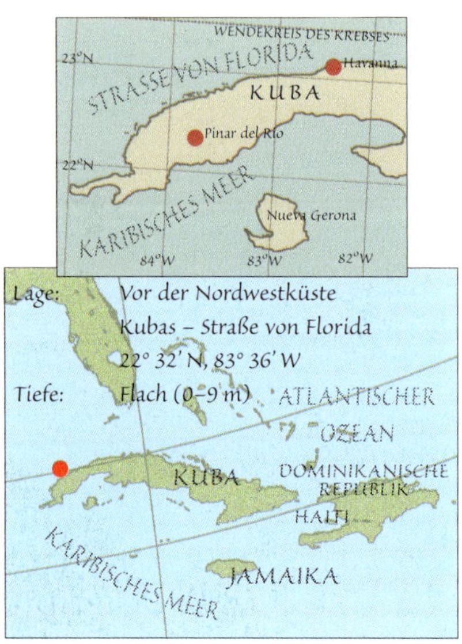

In den späten 80er Jahren wurden die Überreste eines Schiffswracks zehn Meilen nördlich von Caya Ines de Soto, einer Insel gegenüber der Provinz Pinar del Rio auf Kuba entdeckt. Ein Archäologen-Team der Organisation Carisub untersuchte den Fundort im Jahre 1992 und fand die Überreste eines spanischen Schiffes aus der Mitte des 16. Jahrhunderts. Carisub ist eine nationale meeresarchäologische Forschungsgruppe und wurde 1980 vom kubanischen Kultusministerium gegründet. In Kuba wurde 1977 die Gesetzgebung zum Schutz des Kulturgutes der Insel auf die Unterwasser-Fundstellen in kubanischen Gewässern erweitert.

Die Arbeit an der Fundstelle wurde zwischen 1992 und 1995 unter der Leitung des Carisub-Direktors José Nelson García Cejar durchgeführt; die Arbeit vor Ort wurde von Abraham Lopez Cruz koordiniert. Der Fundort wurde mit herkömmlichen Mitteln, Metalldetektoren und Fotoapparaten kartographiert, bevor man sich für eine Aushebungsstrategie entschied. Dies schloß einen Lageplan des Riffs und die Frage der Auswirkungen des Wracks auf das Riff mit ein.

Einteilung der Fundstelle

Die Fundstelle wurde dann in ein Gitternetz von 100 Quadraten mit einer Seitenlänge von je 5 m aufgeteilt. Das Netz bedeckte den gesamten Fundort und einen großen Teil der Umgebung des Riffs, wo man verstreute Gegenstände vermutete. Der größte Berg aus Ballaststeinen und verkrusteten Fundstücken lag auf dem Riff, so daß man vermutete, daß das Schiff auf Grund lief, nachdem es von einer großen Welle, wahrscheinlich während eines Hurrikans, angeschwemmt worden war.

Die geborgenen Fundstücke ließen darauf schließen, daß es sich nicht um ein gewöhnliches Schiffswrack handelte. Gold- und Silberbarren wurden gefunden, deren Markierungen darauf hinwiesen, daß das Schiff kurz nach 1554 gesunken war. Weiterhin barg man eine große Menge an Gold- und Silbermünzen, die meisten von ihnen datierten ebenfalls auf die Mitte des 16. Jahrhunderts. Sie waren in Mexiko oder Spanien geprägt worden, und ihre Menge deutete darauf hin, daß sie ein Teil der Fracht waren.

Persönliche Wertgegenstände wie erlesene Schmuckstücke aus Gold und Edelsteinen, religiöse Artefakte aus Gold und kostbares Silbergeschirr ließen die Archäologen vermuten, daß das Schiff wohlhabende Passagiere transportierte. Unter den Fundstücken aus Ton waren Olivenkrüge, Becher und Schalen, die alle aus Spanien oder der spanischen Neuen Welt stammten.

Das klägliche Schicksal eines Rettungsschiffes?

Aufgrund von Archivmaterial könnte man dieses Schiff mit den Padre-Island-Schiffswracks (siehe Seite 108–109) in Verbindung bringen. 1554 geriet eine spanische Schatzflotte vor der Küste des heutigen Texas in einen Hurrikan. Drei Schiffe gingen verloren, und die Spanier starteten eine Bergungsaktion, um die Überlebenden zu retten und die Fracht zu bergen. Fast die Hälfte der Silbermünzen, Gold- und Silberbarren wurden geborgen und per Schiff nach Havanna auf Kuba transportiert, um von dort aus nach Spanien verschifft zu werden.

Es hat den Anschein, als wäre ein Schiff der Bergungsflotte unterwegs verlorengegangen, vermutlich vor der Nordostküste von Kuba. Die Seriennummern der Silber- und Goldbarren, die vom De-Soto-Wrack geborgen wurden, entsprechen denen, die auf der Frachtliste der Schatzflotte von 1554 verzeichnet sind. Könnte es sich bei dem De-Soto-Wrack um eines der Rettungsschiffe handeln? Weitere Archivarbeit muß geleistet werden, aber es ist möglich, daß sich hier zwei Tragödien hintereinander ereigneten, daß Überlebende von Padre Island gerettet wurden, nur um mit ihrem Rettungsschiff wieder schiffbrüchig zu werden.

Neben den Schätzen wurde auf dem De-Soto-Wrack eine volle Ausrüstung an Waffen gefunden, unter ihnen schmiedeeiserne Hinterlader-Geschütze (von den Spaniern »bombardettas« genannt) und Drehbassen (»versos«). Die wachsende Gefahr, während der Reise auf feindlich gesonnene englische und französische Eindringlinge zu treffen, führte dazu, daß sich die Schiffe, die mit wertvoller Fracht fuhren, bewaffneten. Diese Schiffe waren Vorläufer der imposanten Galeonen des späten 16. und frühen 17. Jahrhunderts.

Das kubanische Wrack weist viele Ähnlichkeiten mit dem St.-John's-Wrack auf, das zehn Jahre später sank. Weitere Informationen über das rätselhafte Schiff vor Kuba werden von den Archäologen ungeduldig erwartet und ihnen dazu verhelfen, die spanischen Kolonisierungsschiffe und die Gewohnheiten der damaligen Zeit noch besser zu ergründen.

Rechts: Der Fundort des De-Soto-Wracks war mit einer dicken Schicht aus Korallen, miteinander verschmolzenen Ballaststeinen und Felsstücken bedeckt. Die Archäologen mußten zuerst die von Ablagerungen eingeschlossenen Gegenstände und den Ballast mit Preßluftbohrern vom Meeresboden trennen, bevor sie dann den Fundort ausheben konnten.

Das Emanuel-Point-Wrack

1559 Floridas ältestes Schiffswrack

Oben: *Eines der ungewöhnlichsten Fundstücke war eine aus Holz geschnitzte Galeone, vielleicht sogar eine Darstellung des gesunkenen Schiffes selbst. Die deutlich hervortretenden Halbdecks am Heck und am Bug waren typische Merkmale der spanischen Nãos aus der Mitte des 16. Jahrhunderts oder der frühen Galeonen.*

Im Jahre 1992 beschlossen staatlich geförderte Archäologen vom Florida Bureau of Archaeological Research, den Bestand aller Schiffswracks in der Pensacola Bucht an der Südküste Floridas im Golf von Mexiko aufzuzeichnen. Mit einem Magnetometer fanden sie etwas in der Mitte der Bucht, in der Nähe von Emanuel Point, und tauchten, um es zu untersuchen. Der durch den Magnetometer hergestellte Kontakt war von einem großen überkrusteten schmiedeeisernen Anker verursacht worden, der eindeutig aus einer Zeit vor dem 19. Jahrhundert stammte. Außerdem fanden sie einen kleinen Ballasthügel, der aus einer flachen Sandbank herausragte. Es wurde entschieden, einen Testgraben zu ziehen, um mehr über den Fundort des Wracks herauszufinden.

Nachdem man einen Teil des Ballasthügels entfernt hatte, fand man die Überreste von Schiffsbalken, die unter den Steinen im Sand steckten. Die aufgedeckte Konstruktionsmethode stimmte mit der bei spanischen Schiffswracks aus dem 16. Jahrhundert gefundenen überein, darunter auch des Red-Bay-Wracks in Labrador und des St.-John's-Wracks vor den Bahamas.

Zusätzlich zu den Balken fand man Tonscherben von spanischen Olivenkrügen und Bruchstücke glasierten und farbig verzierten Tongeschirrs. Die Archäologen des Florida Bureau waren ganz offensichtlich auf ein bedeutendes frühes spanisches Schiff gestoßen. Auf der Suche nach weiteren Informationen wandten sie sich den historischen Archiven zu, um ein passendes Schiff zu finden, das in diesem Gebiet verlorengegangen war.

Nach intensiver Archivrecherche fand man heraus, daß eines der Schiffe aus der Flotte des Tristãn de Luna y Arellano, das in der Pensacola Bucht vor Anker gelegen hatte und während eines Hurrikans verlorengegangen war, der beste Kandidat zu sein schien. Es war Teil einer großen spanischen Expedition, die den Nordwesten Floridas besiedeln wollte.

Die Expedition, angeführt von de Luna, bestand aus 1000 Siedlern, 500 Soldaten und einer kleinen Transportflotte, Galeonen sowie kleineren Kriegsschiffen und verließ Veracruz in Mexiko im Jahre 1559. Einen Monat nach ihrer Ankunft fegte ein Hurrikan über den Golf von Mexiko, und viele der Schiffe gingen unter. Da fast ihre gesamten Bestände und die Ausrüstung in dem Unwetter verlorengingen, war die Expedition zum Scheitern verurteilt, und sie kehrten 1561 nach Mexiko zurück.

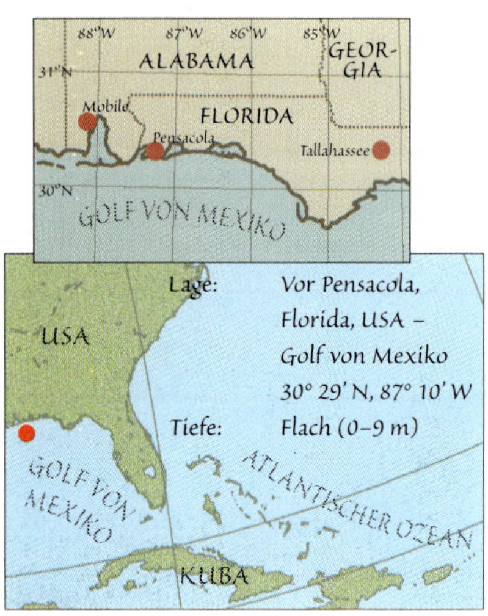

Das Portrait einer spanischen Galeone

Im Jahre 1565 hatten die Spanier an der Ostküste von Florida bei St. Augustine eine Siedlung aufgebaut, so daß es für eine Siedlung in Pensacola keinen strategischen Grund mehr gab und das Projekt aufgegeben wurde. Die Überreste der Flotte de Lunas lagen vergessen auf dem Meeresboden der Pensacola Bucht. Das Wrack gehörte fast sicher zu dieser gescheiterten Expedition.

Die Aushebung ausgewählter Abschnitte des Fundortes förderte Rumpfbalken zutage, die zeigten, daß die Backbordseite des Rumpfes stark beschädigt worden war – wahrscheinlich, als es während des Hurrikans gegen die Sandbank stieß. Die Balken gehörten offensichtlich zu einem großen Schiff und glichen jenen, die man bei einer Galeone erwarten würde.

Das Fehlen von jeglicher Art von Fracht oder Waffen weist darauf hin, daß diese Gegenstände nach dem Untergang des Schiffes weitgehend geborgen wurden, aber Schiffsvorrichtungen und persönliche Gegenstände wurden gut erhalten bei den Schiffsbalken gefunden; Küchenutensilien lagen in der Nähe des Bugs. In der Mitte und am Heck zeigten Gegenstände wie Schalen, Münzen und die Überreste von Kleidern, wie die Passagiere gelebt und gegessen hatten.

Der gute Zustand der organischen Materialien bedeutet, daß die Nahrungsmittel ausreichend bedeckt gewesen waren, einschließlich der Nüsse, Samen, Tiere und Hühnerknochen sowie der Überreste mehrerer Ratten und Kakerlaken. Ferner zeigte eine Aufstellung von Geschützen und kleinen Handwaffen in der Mitte des Schiffes, daß das Boot ursprünglich gut bewaffnet gewesen war. Der überraschende Fund eines kleinen geschnitzten Holzstückchens in der Form einer Galeone könnte vielleicht sogar das Abbild des Schiffes selbst sein.

Die archäologische Aushebungsarbeit an dieser spanischen Galeone geht weiter, und obwohl es keinen endgültigen Beweis dafür gibt, daß sie tatsächlich zu de Lunas zum Scheitern verurteilter Expedition gehörte, ist das Wrack doch eine beeindruckende Erinnerung an die vergangenen Zeiten der ersten europäischen Siedlungsversuche auf dem amerikanischen Festland.

Unten: *Ein Meeresarchäologe, der für das staatliche Forschungsteam in Florida arbeitet, entfernt mit einem Airlift den überschüssigen Schlick von der Fundstelle. Die schlechte Sicht wird durch das Aufrühren des leichten Schlicks während der Aushebung verursacht.*

Das St.-John's-Wrack

1564 Das verlorene Schiff des Pedro de Menendez?

Oben: *Die Entdeckung des Rumpfes: Hier wurde ein Teil der Außenplanken freigelegt; die Lage wird zuerst im Plan verzeichnet, bevor mit der Aushebung fortgefahren wird.*

Die Bergungsgesellschaft der St.-John's-Expedition fand die Überreste eines Schiffes, während sie im Juli 1991 nach Schiffswracks am St.-John's-Riff im Norden der Insel Grand Bahama suchte. Der für ein frühes spanisches Schiff charakteristische Hügel aus Ballaststeinen und Kanonen war deutlich zu sehen, und nachdem sie erkannte hatten, daß der Fundort keinen kommerziellen Wert besaß, beschlossen sie, ihn den Archäologen zu überlassen.

Die Bergungsgesellschaft hatte ihren Sitz in Florida, also baten sie das Mel Fisher Maritime Museum in Key West um Unterstützung. Nachdem Corey Malcom, der Archäologe des Museums, das Wrack untersucht hatte, datierte er es auf die Mitte des 16. Jahrhunderts. Das Museum und die Bergungsmannschaft gründeten zusammen mit der Regierung der Bahamas eine Partnerschaft, Malcolm und sein Team wurden mit der Aushebung des Wracks beauftragt. Von 1992 an gab es fünf Exkursionen zur Aushebung des Wracks, das nützliche Informationen über spanische Entdeckerschiffe lieferte.

Nachdem die Archäologen den Ballasthügel teilweise abgetragen hatten, zeigten die Funde von Schiffsbalken, die unter den Steinen lagen, daß das Schiff ursprünglich mehr als 20 m lang gewesen war und einem Schiffstyp zuzuordnen ist, der als Não bekannt ist – ein großes Frachtschiff mit gerundetem Rumpf. In Form und Entwurf war es eine Mischung aus der Kogge Nordeuropas und der Karavelle des Mittelmeerraums. Die Karacke, ein ähnlicher Schiffsentwurf aus dieser Zeit, wird meistens mit der *Santa Maria,* dem Flaggschiff des Christoph Kolumbus aus dem Jahre 1492, in Verbindung gebracht.

Eine erste Untersuchung der Rumpfbalken zeigte eine Ähnlichkeit der Bauweise mit anderen zeitgenössischen Schiffen. Obwohl sie schon sehr verrottet waren, entdeckte man, daß die Außenplanken mit Holznägeln und Eisenriegeln an das Spantengerüst genagelt worden waren. Mit dem Fortschreiten der Arbeit, Abschnitt für Abschnitt und Jahr für Jahr, wuchsen die Informationen über die Bauweise dieses Schiffes.

Ein hervorragendes Kriegsschiff

Das St.-John's-Wrack war gut bewaffnet: Der Fundort war übersät von schweren, wenn auch antiquierten Geschützen wie zumindest drei schmiedeeisernen Hinterlader-Geschützen (»bombardettas«) und sieben Drehbassen (»versos«). Sehr viele Kanonenkugeln, aus Eisen und aus Stein, sowie Kartätschen und Schrot für die Drehgeschütze weisen darauf

hin, daß die Bewaffnung einst noch umfangreicher war. Weitere Geschütze liegen vielleicht noch unentdeckt vergraben.

Zusätzlich zu den Geschützen verfügte das Schiff über eine Reihe von Soldaten, die es während der Beladung verteidigten. Die Überreste von neun Armbrüsten wurden gefunden, ferner gab es verkrustete Überreste von Helmen, Schwertern und Stoßwaffen (Speerspitzen und Hellebarden).

Gefundene Münzen und Keramik datierten den Untergang des Schiffes auf die Zeit um 1564, als sowohl die schmiedeeisernen Geschütze als auch Armbrüste bereits als veraltet angesehen wurden. Es stellt sich also die Frage, was ein Schiff mit schwerer, jedoch veralteter Bewaffnung in den Gewässern zwischen Florida und den Bahamas im Jahre 1564 zu tun hatte.

Im Kampf gegen die Franzosen

Dr. Eugene Lyon, ein Erforscher der Kolonialgeschichte Spaniens, hat vielleicht die Antwort gefunden. 1564 hatten die Franzosen in Fort Caroline an Floridas nördlicher Ostküste einen Stützpunkt errichtet. Von diesem Stützpunkt aus überfielen sie spanische Schiffe, so daß die Spanier unverzüglich eine militärische Aktion gegen ihre Feinde starten mußten. Unter der Führung von Pedro de Menendez machten die Spanier den Stützpunkt der Franzosen im Jahre 1565 aus und zerstörten ihn. Menendez gehörte eine große Schiffsflotte, die in Havanna vor Anker lag, und während der Angriffe der Franzosen verstärkte er die Bewaffnung der Schiffe, die regelmäßig nach Spanien segelten. Eines dieser Schiffe, die Não *Santa Clara* ging nördlich von Grand Bahama Island im Jahre 1564 unter.

Obwohl es noch endgültig bewiesen werden muß, ist es mehr als wahrscheinlich, daß es sich bei diesem Wrack um die *Santa Clara* handelt. Persönliche Gegenstände wie Keramik aus Mittelamerika, die Knochen eines kleinen Alligators, Bleisiegel und sogar eine Klistierspritze gehören zu den faszinierenden Artefakten, die auf diesem Wrack aus der frühen Siedlungszeit gefunden wurden. Es ist geplant, alle Fundstücke des St.-John's-Wracks in einer Dauerausstellung im Mel Fisher Maritime Museum in Key West in Florida zu präsentieren.

Oben: Archäologen entfernen den Sand von Ballaststeinen innerhalb eines 90 cm großen Gitters mit einem Airlift. Diese Steine werden dann vorsichtig weggenommen, um zu sehen, was unter ihnen liegt. An Fundorten in flachen Gewässern wie hier wird die Luft vom Begleitschiff geliefert, so daß die Taucher mehr Zeit unter Wasser haben.

Unten: Ein Graben wird quer durch den Fundort gezogen. Der Korb dient zum Transport von Ballaststeinen zu einer Ablagestelle.

Die Sea Venture

1609 Das Schiffswrack aus Shakespeares »Der Sturm«

Oben: Dieses Bild zeigt die gestrandete Sea Venture auf einem Riff und die Überlebenden, die an den Strand der Bermudainseln in Sicherheit gebracht werden. Allmähliche Schiffsuntergänge wie dieser erlaubten es der Mannschaft, einen großen Teil ihrer Vorräte und Ausrüstung zu retten. Gemälde von Deryck Foster.

Die Kolonie Jamestown in Virginia, gegründet im Jahre 1607, war die erste feste Siedlung der Engländer in Amerika. Gefördert und unterstützt von der Virginia Company of London kämpften die frühen Siedler in den ersten Jahren ums reine Überleben, und es hatte den Anschein, als würde die Kolonie dasselbe Schicksal erleiden wie Sir Walter Raleighs gescheiterte Siedlung auf Roanoke Island.

Der Winter 1608/9 war besonders streng, so daß die Virginia Company beschloß, eine Hilfsexpedition mit Vorräten, Werkzeugen und neuen Siedlern nach Jamestown zu schicken. Die Flotte aus sieben Schiffen und zwei Pinassen (Barkassen) verließ Plymouth im Südwesten Englands im Juni 1609. Das Flaggschiff der Hilfsflotte war die Galeone *Sea Venture* unter dem Kommando von Captain Christopher Newport. Sie hatte 150 Siedler, den Admiral der Flotte, Sir George Somers, und den neuen stellvertretenden Gouverneur von Virginia, Sir Thomas Gates, an Bord. Doch sie sollte nie in Jamestown ankommen.

Nach zwei Monaten auf See und noch acht Tage von Virginia entfernt, kam die Flotte in einen Hurrikan. Die *Sea Venture* wurde von den übrigen Schiffen getrennt. Vom Hurrikan heftig zerschlagen und mit Wasser im Kiel war die kleine Galeone vom Untergang bedroht. Als Land in Sicht kam, ordnete Captain Newport an, sie auf den Strand zu setzen, und sie lief auf einem Riff im Nordosten der Bermudainseln auf Grund.

Die Überlebenden bauten Schutzhütten auf der Insel und konstruierten aus den geborgenen Überresten des Schiffes eine Pinasse, die nach Jamestown fahren sollte, um Hilfe zu holen. Sie kam nie an. Dann bauten sie zwei größere Boote, ließen diejenigen, die sich auf der Insel niederlassen wollten, zurück und segelten nach Jamestown, wo sie im Mai 1610 ankamen. Im Jahre 1612 stießen neue Siedler zu den auf den Bermudas Zurückgebliebenen hinzu und bauten die Siedlung zu einer festen Kolonie aus. William Shakespeare hörte von dem Schiffbruch und ließ sich davon zu seinem Stück »Der Sturm« inspirieren.

Der Fund eines Nachkommen

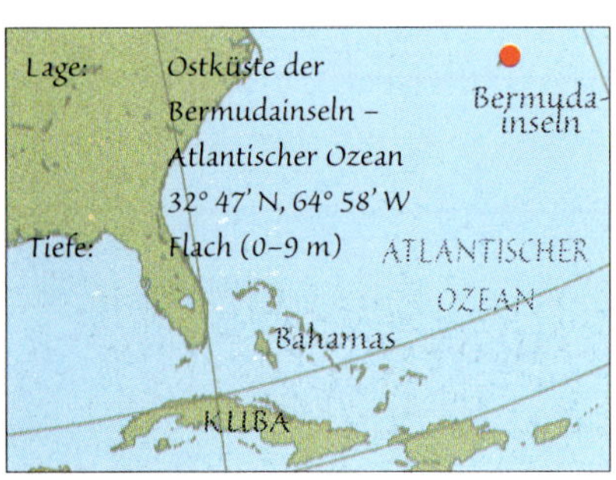

Das Wrack wurde 1958 von Edmund Downing wiederentdeckt, einem Nachkommen eines Mitglieds der Mannschaft der *Sea Venture*. Eine erste Untersuchung durch den Schiffswrackforscher Teddy Tucker ergab, daß es sich möglicherweise um die *Sea Venture* handeln könnte, und das Projekt wurde vom Bermuda Maritime Museum unter der Leitung von Allan Wingood aufgenommen. Englische Tonwaren aus dem frühen 17. Jahrhundert und andere persönliche Gegenstände deuteten auf den richtigen Zeitraum.

In den 80er Jahren wurde der Sea Venture Trust gegründet, und in Zusammenarbeit mit dem Museum plante die Organisation eine vollständig unter Wasser stattfindende

Aushebung des Fundortes. Die Arbeit wurde von einem Veteranen der *Mary Rose,* dem Archäologen Jon Adams, geleitet. Adams deckte auf, daß das Schiff tatsächlich aus dem frühen 17. Jahrhundert stammte und ursprünglich etwa 300 Tonnen schwer war. Die Aushebung brachte relativ gut erhaltene Schichten von Fundstücken zutage, unter ihnen auch organisches Material und Schiffsbalken.

Der Überrest des unteren Rumpfes war noch in ganz gutem Zustand, so daß Adams und sein Team den Kiel, die Bodenplanken und die Spanten des Schiffes vor Ort aufzeichnen konnten. Der Schiffsbau in England war in jener Zeit im Umbruch, und wie die Aushebungen der *Mary Rose* und der *La Trinidad Valencera* trug auch das Bermudas-Wrack seinen Teil zu unserem Wissen über den Schiffsbau im 16./17. Jahrhundert bei. Zu den persönlichen Dingen, die bei dem Wrack gefunden wurden, gehörten Keramik, Gegenstände aus Holz und aus Knochen sowie Kleidungsstücke. Zusammen mit der Ausrüstung des Schiffes helfen sie den Archäologen nachzuvollziehen, wie es sich an Bord der Schiffe lebte, die amerikanische Siedler im 17. Jahrhundert in die Neue Welt brachten.

Heute geht man fast sicher davon aus, daß das Wrack die *Sea Venture* ist. Doch auch wenn es nicht mit der Kolonisierung Amerikas und der Bermudas oder mit Shakespeare in Verbindung gebracht werden kann, nimmt es einen wichtigen Platz in der Geschichte der Seefahrt ein.

Dieses Schiff, das in der faszinierenden Zeit der elisabethanischen Ära und der ersten englischen Kolonien gebaut wurde, gibt uns die seltene Gelegenheit, einen Einblick in die Bau- und Funktionsweise der damaligen Zeit zu bekommen. Artefakte, die bei der Aushebung der *Sea Venture* geborgen wurden, können heute im Bermuda Maritime Museum besichtigt werden.

Oben: Die Aushebung in den 80er Jahren begann mit einem genauen Lageplan der aufgedeckten Struktur. Hier zeichnet ein Archäologe mit Hilfe eines Rahmens die Konstruktion auf. Der Rahmen ist doppelt besaitet (siehe unteres Bild), so daß der Taucher, wenn er sich an den beiden Kordel-Lagen orientiert, sicher sein kann, das Wrack genau von oben zu sehen.

Unten: Das massive Gerüst der Sea Venture zeigt sich hier als komplexe Struktur aus Spanten und Planken. Anhand genauer Aufzeichnungen konnten die Archäologen analysieren, wie das Schiff gebaut war.

DIE UNBESIEGBARE ARMADA

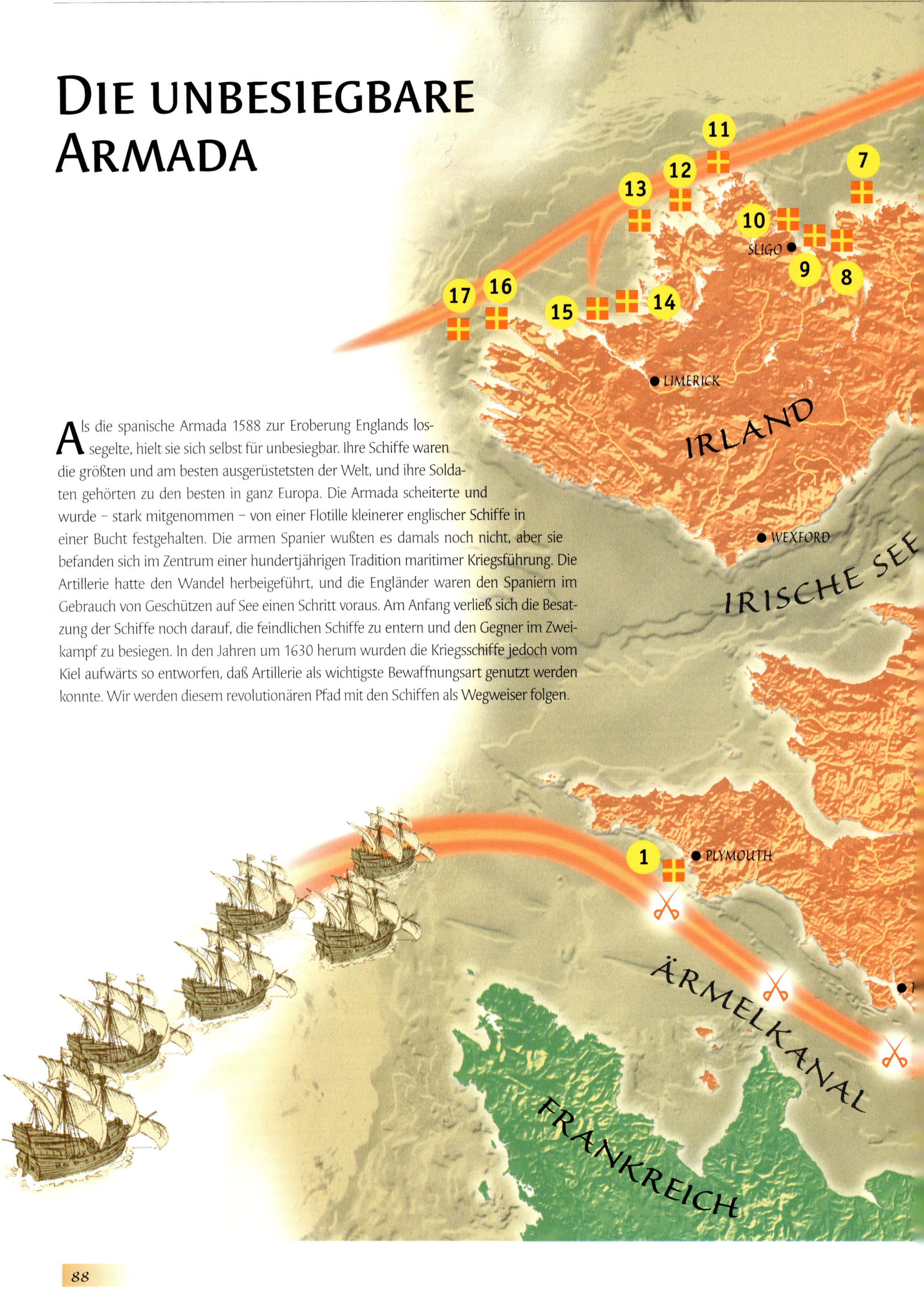

Als die spanische Armada 1588 zur Eroberung Englands lossegelte, hielt sie sich selbst für unbesiegbar. Ihre Schiffe waren die größten und am besten ausgerüstetsten der Welt, und ihre Soldaten gehörten zu den besten in ganz Europa. Die Armada scheiterte und wurde – stark mitgenommen – von einer Flotille kleinerer englischer Schiffe in einer Bucht festgehalten. Die armen Spanier wußten es damals noch nicht, aber sie befanden sich im Zentrum einer hundertjährigen Tradition maritimer Kriegsführung. Die Artillerie hatte den Wandel herbeigeführt, und die Engländer waren den Spaniern im Gebrauch von Geschützen auf See einen Schritt voraus. Am Anfang verließ sich die Besatzung der Schiffe noch darauf, die feindlichen Schiffe zu entern und den Gegner im Zweikampf zu besiegen. In den Jahren um 1630 herum wurden die Kriegsschiffe jedoch vom Kiel aufwärts so entworfen, daß Artillerie als wichtigste Bewaffnungsart genutzt werden konnte. Wir werden diesem revolutionären Pfad mit den Schiffen als Wegweiser folgen.

Unten: Unvermögen, schlechtes Wetter und die bessere englische Taktik ließen den Versuch der spanischen Armada, England zu erobern, scheitern. Der Ausgang bewies, daß Artillerie in einer Seeschlacht entscheidend sein kann, und veränderte die Beschaffenheit der Kriegsschiffe für alle Zeiten.

Die unbesiegbare Armada

Zwischen Anfang und Mitte des 14. Jahrhunderts führten die Versuche mit Schießpulver, Projektilen und Feuerwaffen zu einer einsatzfähigen Artillerie. Während die ersten Kanonen nicht viel mehr als Lärm verursachten, entwickelten sie sich langsam zu machtvollen, tödlichen Waffen. Um das Jahr 1400 herum gab es einige Kriegsschiffe mit kleinen Geschützen, die jedoch mehr als Hilfswaffen angesehen wurden und die Bogen- und Armbrustschützen unterstützen sollten, die auf See für die Feuerkraft zuständig waren. Diese frühen Artilleriegeschütze waren wahrscheinlich nicht viel größer als die Drehbassen, die auf Schiffen aus dem 16. Jahrhundert gefunden wurden, Waffen für den Nahbereich, die aussahen wie große Schrotflinten.

Die Kriegsschiffe des 15. Jahrhunderts waren Koggen, sie ähnelten dem Typ der Bremen-Kogge (siehe Seite 72–73), waren aber größer und mit speziellen Aufbauten oder Decks zum Kämpfen im vorderen und hinteren Teil ausgestattet. Die Kogge entwickelte sich langsam zur Karacke, einem Schiffstyp, der stabil genug war, das Gewicht größerer Artilleriegeschütze zu tragen. Es gibt nur wenige archäologische Hinweise auf die frühen Karacken, aber die Überreste eines englischen Kriegsschiffes, der *Grace Dieu*, die 1418 vom Stapel gelassen wurde, zeigte den Weg, auf dem sich diese Schiffe allmählich in große spezialisierte Kriegsschiffe verwandelten. Abbildungen aus der Mitte des 15. Jahrhunderts belegen, daß zum ersten Mal mittelgroße, schmiedeeiserne Kanonen mitgeführt wurden, was wahrscheinlich zu einer Veränderung des Schiffsrumpfes geführt hat, da dieser mehr Gewicht tragen mußte.

Während Geschütze zu Beginn des Jahrhunderts noch keine Rolle spielten, gibt es Hinweise darauf, daß sie an seinem Ende einen Großteil der Bewaffnung eines Kriegsschiffes ausmachten. Das englische Kriegsschiff *Sovereign*, das 1495 vom Stapel gelassen wurde,

Unten: In den Seeschlachten des späten 16. Jahrhunderts kämpften die Schiffe in einem ungeordneten Gemenge, und die unterschiedlichen Taktiken des Bedienens der Geschütze und des Enterns wurden ausprobiert. »Englische Schiffe und die spanische Armada, August 1588.« Ölgemälde, anonymer englischer Künstler.

1497	1498	1503	1504	1519	1520	1521	1530
Neufundland wird von John Cabot aus England entdeckt.	Das Orinoco-Delta und Trinidad werden von Kolumbus auf seiner dritten Reise entdeckt.	Leonardo da Vinci malt die Mona Lisa.	Peter Henlein aus Deutschland erfindet die Uhr.	Der Guru Nanak gründet die Sikh-Religion.	Ferdinand Magellan überquert den Pazifischen Ozean.	Beginn der Reformation.	Spaniens Schatzflotten starten ihre jährlichen Handelsreisen.

Oben: Das Kriegsschiff Mary Rose aus der Tudorzeit, wie es auf der »Anthony Roll« aus dem Jahre 1546 dargestellt wurde. Von der Mitte des 16. Jahrhunderts an trugen Kriegsschiffe schwere Artilleriegeschütze, man setzte aber weiter darauf, die feindlichen Schiffe mit Soldaten zu entern. Die Informationen, die durch die Aushebung von Kriegsschiffen zutage kamen, vergrößerten unser Wissen über die Funktionsweise dieser Schiffe enorm.

hatte mehr als 40 Geschütze unterschiedlicher Größe sowie 110 Handfeuerwaffen an Bord. Außerdem waren 200 Armbrüste vorhanden, die immer noch eine wichtige Rolle bei Seegefechten spielten.

1912 wurden die Überreste der *Sovereign* in der Themse bei Woolwich nahe London entdeckt. Es scheint, als wäre das Schiff 1509 überholt worden, und seine Balken zeigen, daß es umgebaut wurde, um eine größere Anzahl an Artilleriegeschützen tragen zu können. Sein in Klinkerbauweise errichteter Rumpf wurde durch stumpf aufeinanderstoßende Planken ersetzt, so daß Geschützpforten in die Rumpfseiten geschnitten werden konnten. Dieser Fortschritt ermöglichte die Unterbringung von schweren Geschützen im unteren Rumpf, wo sie die Stabilität des Schiffes am wenigsten gefährdeten.

Überlegene Bronzegeschütze

Das nächste Beweisstück für diesen Übergang zur Artillerie fand man 1971. Das Wrack der *Mary Rose* wurde entdeckt, ein bedeutendes Kriegsschiff aus der Herrschaftszeit Heinrichs VIII. Sie sank 1545, und ein Vergleich der archäologischen Funde und der Dokumentationen zeigt uns, daß sie ein mit Artillerie bewaffnetes Schiff war, das vom Kiel aufwärts zu diesem Zweck entworfen worden war. Nach einer Überholung im Jahre 1536 wurde ihre Bewaffnung wie folgt aufgelistet: 15 bronzene Kanonen, 56 schmiedeeiserne Geschütze verschiedener Größe, Handfeuerwaffen und Bogen.

Der Einsatz von Artilleriegeschützen aus Bronze war ein Meilenstein in der Kriegsführung auf See und leitete eine hundertjährige Entwicklung im Entwurf und in der Verwendung von Kriegsschiffen ein. Die früheren Geschütze aus Schmiedeeisen waren Hinterlader, denen es an der Durchschlagskraft und Reichweite moderner Bronzewaffen mangelte. Verbesserungen der Gießtechnik ermöglichten um 1540 die Herstellung von Gegenständen aus Bronze; obwohl es auch in den nächsten 70 Jahren keine zuverlässigen, aus Bronze gegossenen Geschütze gab, wurden die ersten Modelle also viel früher hergestellt.

Bronzegeschütze verliehen den Kriegsschiffen zum ersten Mal eine starke Feuerkraft. Das Problem bestand darin, daß über einen langen Zeitraum im 16. Jahrhundert die taktischen Fähigkeiten und das Verständnis des gesamten Potentials der Schiffsartillerie hinter der Herstellung der Waffen selbst herhinkte.

1533	1534	1535	ca. 1540	1545	1569	1571	1577–80
Heinrich VIII. heiratet Anne Boleyn.	Bagdad in Mesopotamien und Tunis werden von den osmanischen Türken eingenommen.	Sir Thomas More weigert sich, den Suprematseid zu leisten, und wird hingerichtet.	Die Spanier erreichen Kalifornien.	Die Mary Rose sinkt kurz nach ihrem Stapellauf.	Der holländische Händler Gerhard Kremer veröffentlicht die erste vollständige Weltkarte.	Die Philippinen werden von den Spaniern erobert.	Francis Drake segelt um die Welt.

Die unbesiegbare Armada

Oben: *Ein großes Handelsschiff des 16. Jahrhunderts war so stabil gebaut, daß es Artilleriegeschütze tragen konnte, indem Pforten für die Geschütze in den Rumpf gebohrt wurden. Viele Schiffe der spanischen Armada waren umgebaute Handelsschiffe und sahen wahrscheinlich so aus wie das hier abgebildete. »Eine Karacke vor dem Wind«. Ölgemälde im Stil von Peter Breughel.*

Die meisten Seegefechte in diesem Jahrhundert blieben ergebnislos; eine Neuheit verlieh den Engländern 1588 jedoch eine merkliche Überlegenheit gegenüber ihren Feinden in der Schlacht gegen die spanische Armada. Gegen Mitte des 16. Jahrhunderts hatten die englischen und holländischen Schiffsbauer begonnen, die großen Artilleriegeschütze auf vierrädrige Lafetten zu montieren. Die Spanier verwendeten immer noch die alten zweirädrigen Karren, die unter den beengten Verhältnissen auf einem Kanonendeck schwerer zu handhaben und langsamer zu laden waren.

Dies war zum Teil auf die taktischen Grundsätze der Flotten zurückzuführen. Die Spanier sahen in einer Seeschlacht eine Erweiterung des Krieges an Land. Ihre wichtigste Kampfstärke lag in den gut ausgebildeten Soldaten an Bord – der Artillerie hingegen wurde eine weniger wichtige Rolle zugeschrieben. Die Spanier machten die Gegner mit ihrer Artillerie fahruntüchtig, liefen zu ihnen auf und verließen sich dann auf ihre Soldaten, um die Schlacht zu gewinnen. Es gab keinen Grund, das Tempo beim Laden der Kanonen zu verbessern, da ein Schuß ausreichte, um die Schlacht zu entscheiden. Diese Taktik erwies sich im Kampf gegen die osmanischen Türken im Mittelmeer und gegen die Portugiesen als sehr erfolgreich, aber die Engländer setzten ihr eine eigene neue Taktik entgegen.

Neue Taktik im Ärmelkanal

Die überlegene Anzahl und die bessere Ausbildung der Soldaten an Bord der spanischen Schiffe bedeuteten für die Engländer, daß jede Art von Handgemenge eine gewisse Niederlage mit sich bringen würde. Die Alternative bestand darin, außer Reichweite zu bleiben und die Armada aus der Ferne mit Geschützen anzugreifen. Besonderes Augenmerk wurde dabei auf das schnelle Laden der Geschütze gelegt, was durch den Entwurf der englischen Geschützträger vereinfacht wurde.

Außerdem hatten die Engländer ihre Schiffe entsprechend zu dieser neuen Taktik verfeinert. Anders als die sperrigen Karacken und Galeonen ihrer Feinde waren die Schiffe an der Spitze der englischen Flotte weniger schwerfällig, da sie keine hohen Aufbauten wie diese hatten. Deshalb waren sie schneller und manövrierfähiger und konnten die Spanier auf Distanz halten. Die Kombination aus neuen Kampftaktiken auf See und überlegenen Schiffsentwürfen brachte den Engländern in dieser harten Seeschlacht den Sieg.

Als die Armada den Ärmelkanal hinaufsegelte, blieben die Schiffe als Kampfeinheit zusammen – ein weiterer taktischer Schachzug der Spanier. Die englischen Geschütze konnten die Flotte nicht stoppen, und nur eine Mischung aus ungünstigen Winden und einem verfehlten Zusammentreffen mit ihrer Infanterie und den Transporten verhinderte eine Landung. Brander vertrieben die Armada von ihrem Ankerplatz vor Gravelines, und in dem darauffolgenden Durcheinander wurden die spanischen Schiffe voneinander getrennt. Jetzt konnten die Engländer sie aus der Nähe angreifen – und damit beweisen, daß die Artillerie doch eine entscheidende Rolle in einer Seeschlacht spielen konnte.

Die geschlagene Armada verpaßte das vereinbarte Zusammentreffen mit ihrer Invasionsarmee und hatte keine andere Wahl, als in die Nordsee weiterzusegeln. Der Wind

1588	1592–98	1595	1600	1610	1618	1626	1628
La-Trinidad-Valencera-Wrack. Die spanische Armada wird bei ihrem Versuch, England zu erobern, zurückgeschlagen.	Die Japaner fallen in Korea ein und verwüsten es.	Indien wird von den Holländern kolonisiert.	Die englische Ostindienkompanie wird gegründet.	Galilei beobachtet als erster die Sterne durch ein Fernrohr.	Beginn des Dreißigjährigen Krieges.	Neu-Amsterdam (heute New York) wird von den Holländern gegründet.	Vasa-Wrack, ein schwedisches Kriegsschiff.

stand ungünstig, und sie traten eine gefährliche Reise um die Britischen Inseln an, bevor sie nach Spanien zurückkehren konnten. Als die Flotte mühsam die Nordküste Schottlands umschiffte, geriet sie in schlechtes Wetter, und viele Schiffe erlitten vor der Westküste Irlands Schiffbruch. Das Scheitern der Spanier war aufsehenerregend und kostspielig.

Die Schußlinie

Auf beiden Seiten bildeten königliche Kriegsschiffe oder Galeonen, unterstützt von bewaffneten Handelsschiffen, die Vorhut. Diese Handelskaracken und Nãos konnten keine schweren Geschütze tragen, was die zunehmende Spezialisierung der Kriegsschiffe demonstriert – ein Trend, der durch die Einführung der Artillerie notwendig geworden war. Im frühen 17. Jahrhundert bildeten Schiffe wie die schwedische *Vasa* (Seite 98–99) oder die spanische *Nuestra Señora de Atocha* (Seite 110–111) das Rückgrat der Seeflotten, und den kleineren Schiffen und bewaffneten oder umgewandelten Handelsschiffen wurden eine zweitrangige Rolle zugewiesen. Diesen Trend behielt man mit der Entwicklung neuer Schlachttaktiken bei.

Obwohl die Grundausrüstung eines Kriegsschiffes im Zeitalter der Segelschiffe schon auf der *Mary Rose* gefunden wurde, sollte es doch noch ein weiteres Jahrhundert bis zum optimalen Einsatz von Geschützen dauern. In den Seegefechten des frühen 17. Jahrhunderts wurde die spanische Taktik des Nahkampfes immer mehr abgebaut, und die Artillerie rückte in den Vordergrund. Die beste Art und Weise, ein Schiff mit Artillerie zu bekämpfen, bestand darin, die Schiffe in einer Linie aufzureihen und so viele Geschütze wie möglich auf den Feind zu richten. Die *Vasa* bewies schon 1628, daß ein Schiff technisch in der Lage war, mit anderen in einer Reihe zu fahren. Wirklich erreicht wurde dies dann um die Mitte des 17. Jahrhunderts, vielleicht während der Seeschlachten zwischen den englischen und holländischen Flotten, die als der erste englisch-niederländische Krieg (1654–56) in die Geschichte eingingen.

Kommandeure wie Blake bei den Engländern und De Ruyter bei den Holländern experimentierten mit Kampflinien und setzten die Maßstäbe für die Seeschlachten der nächsten beiden Jahrhunderte. In einem Zeitraum von hundert Jahren nach dem Untergang der *Mary Rose* im Jahre 1545 waren Kanonen an Bord von Schiffen selbstverständlich geworden.

Unten: Um die Mitte des 17. Jahrhunderts waren die Kanonen die wichtigsten Kampfmittel an Bord der Kriegsschiffe geworden, und die taktische Weiterentwicklung führte zur Einführung der Schlachtlinie während eines Gefechts. »Tromps Flaggschiff *Amelia* vor der Schlacht von Downs, 21. Oktober 1639«. Ölgemälde von Reinier Nooms.

1645	1646	1652	1653	1654–56	1662	1666	1667
Abel Tasman entdeckt Neuseeland bei der Umschiffung Australiens.	Die Bahamas werden von den Engländern kolonisiert.	Kapstadt in Südafrika wird von den Holländern gegründet.	Duart-Point-Wrack, ein englisches Kriegsschiff.	Erster englisch-niederländischer Seekrieg.	Baubeginn des Schlosses von Versailles von Ludwig XIV.	Das große Feuer von London.	England und die Niederlande treten am Ende ihres Vier-Tages-Krieges den Rückzug an.

DIE MARY ROSE

1545 Wiederentdecktes Schlachtschiff von Heinrich VIII.

Oben: Eine Rekonstruktion der Mary-Rose-Aushebung von 1981 aus südwestlicher Sicht. In Wirklichkeit war das Wasser nicht so klar; die Taucher konnten immer nur einen kleinen Teil des Wracks erkennen.

England lag 1545 mit Frankreich im Krieg, und König Heinrich VIII. hatte sich nach Portsmouth begeben, um anwesend zu sein, wenn seine Flotte den Hafen verließ. Von seinem Beobachtungsposten am Strand aus sah er, wie eines seiner Schlachtschiffe, die viel beachtete *Mary Rose*, plötzlich durch einen unvorhergesehenen Windstoß Schlagseite bekam. Wasser drang durch die geöffneten Geschützpforten ein, das Schiff füllte sich schnell mit Wasser und sank. Einige Mannschaftsmitglieder konnten sich retten, viele verfingen sich in den Netzen, die über das Deck gespannt waren, um Franzosen, die das Schiff entern wollten, abzuschrecken. Dies war ein tragisches Ende für ein Schiff, das seinem Land gute Dienste geleistet hatte.

Die *Mary Rose* wurde 1509 in Portsmouth gebaut und diente der englischen Flotte die nächsten 35 Jahre lang. Sie wurde 1536 überholt, ihr Rumpf wurde verstärkt und mit Geschützpforten versehen, damit sie schwere Geschütze an Bord nehmen konnte. Sie wurde gebaut, als der Entwurf von Kriegsschiffen durch den Einsatz von Artillerie im Umbruch begriffen war, und ihre ursprüngliche Konstruktion war nicht stabil genug, Dutzende von großen Kanonen aufzunehmen. So entstand ein niedriges Freibord unter den Geschützpforten – eine Schwäche, die zu ihrem Verlust führen sollte.

Einige Kanonen wurden bald nach ihrem Untergang geborgen, aber dann überließ man das Wrack sich selbst. Es wurde 1836 von Tauchern wiederentdeckt, die weitere Kanonen an die Oberfläche brachten, bevor es wieder in Vergessenheit geriet.

Ab 1956 suchte der Historiker Alexander McKee nach dem Wrack, und 1967 wurde es mit einem Sonar-Gerät geortet. Die *Mary Rose* lag vollständig unter Sand begraben, bis 1971 einige ihrer Schiffsbalken durch Stürme aufgedeckt wurden. Während der folgenden acht Jahre deckte eine Aushebung und Untersuchung in kleinem Maßstab den möglichen kulturellen Wert der restlichen Rumpfstruktur und seines Inhalts auf. 1979 war klar, daß das Schiff auf seiner fast vollständig erhaltenen Steuerbordseite lag und, obwohl die Backbordseite verrottet war, die meisten Holzteile der Innendecks noch erhalten waren.

In jenem Jahr wurde der Mary Rose Trust gegründet, um die Arbeit an dem Wrack, einschließlich seiner Aushebung und einer möglichen Bergung, zu leiten. In den folgenden vier Jahren wurden mit Hilfe eines detaillierten archäologischen Plans viele Fundstücke aus dem Inneren des Wracks sowie die Innendecks geborgen und die Bergung des Rumpfes vorbereitet. Ihre Eichenbalken waren stark genug, um angehoben zu werden, so daß Taucher den gesamten Rumpf vorsichtig mit einem Rahmen umgaben. Die Balken wurden erst fixiert und dann von einem Stahlgestell gestützt.

Die Rose schwimmt ins Dock

Alle technischen und finanziellen Probleme wurden am Ende gelöst, und 1982 konnte die *Mary Rose* endlich wieder an die Oberfläche befördert werden. Das Gestell wurde in ein Trockendock gezogen, wo das Schiff gelagert wurde; 1985 drehte man das Gestell, so daß der bis dahin eingeschlossene Rumpf nach oben zeigte und freie Sicht auf die Steuerbordseite möglich wurde. Schritt für Schritt wurden die Innendecks und alle Bauteile entfernt und das gesamte mit Wasser vollgesogene Holzgefüge chemisch behandelt, um die Balken zu stabilisieren. Ein aus drei Stufen bestehendes Konservierungsprogramm wurde begonnen, mit dem, auch wenn es noch zwanzig Jahre dauern wird, der Rumpf der *Mary Rose* vollständig stabilisiert werden soll.

Mehr als 20 000 Fundstücke wurden geborgen und konserviert, unter ihnen viele empfindliche organische Überreste wie Seile, Kleidungsstücke, Reste von Tieren und Insekten sowie Samen. Zusammen mit einer Analyse der geborgenen Menschenknochen ermöglichen diese Artefakte es Wissenschaftlern, das Leben im 16. Jahrhundert zu rekonstruieren, z. B. Nahrung, Gesundheit, Hygiene und sogar die Zahnheilkunde!

Darüber hinaus gewähren die bronzenen und schmiedeeisernen Kanonen, die Lafetten, die Munition und weitere Waffengerätschaften einen Einblick in die Übergangszeit der Schiffsbewaffnung im 16. Jahrhundert. Von besonderem Interesse sind Hunderte von Pfeilen, die für die letzten Jahrzehnte der Überlegenheit durch die sagenhaften englischen Bogenschützen stehen.

Zur Schiffsausrüstung gehörten die Takelage, Navigationsinstrumente und die alltäglichen Werkzeuge und Ausstattungsgegenstände, die man braucht, um ein Schiff einsatzfähig zu halten. Zusammen mit den persönlichen Besitztümern der Mannschaft und ihren Waffen bilden die Fundstücke der *Mary Rose* die schönste und vollständigste Sammlung von Artefakten aus dem 16. Jahrhundert, die jemals geborgen wurde. Viele der Fundstücke und Schiffsbalken können heute im Mary Rose Trust Museum in Portsmouth in England besichtigt werden.

Oben: Am 11. Oktober 1982 durchbrach der Rumpf der Mary Rose zum ersten Mal nach mehr als vier Jahrhunderten die Wasseroberfläche im Hafen von Portsmouth. Er wurde mit einem speziell konstruierten Stahlgestell gehoben und auf einen Schleppkahn gesetzt, mit dem er in die Werft gefahren wurde.

Unten: In der Werfthalle wurde das Schiff gedreht, so daß es aufrecht stand. Der Lohn für die Mühen ist ein gut erhaltenes Kriegsschiff aus der Tudorzeit als Studienobjekt für zukünftige Generationen. Eine Besprenkelungsanlage hält die Balken feucht, obwohl das Wasser schrittweise durch ein Holzkonservierungsmittel ersetzt werden wird.

Die La Trinidad Valencera

1588 Ein spanisches Armada-Wrack vor der Küste Irlands

Oben: Das Holzrad und die Achsennabe einer massiven Geschützlafette zeugen von dem hervorragenden Zustand organischen Materials am Fundort. Die Lafette und die dazugehörige Kanone waren einst Teil eines Belagerungsgefolges, das die spanische Armee bei ihrem Einfall in England unterstützen sollte.

Wie schon berichtet, waren die meisten Schiffe der spanischen Armada für den Krieg umgerüstete Handelsschiffe. Eines dieser Schiffe war die *La Trinidad Valencera*, ein venetianisches Getreideschiff, das man 1586 zum Dienst zwang. Sie wurde in das Levantegeschwader eingeteilt, neu bewaffnet und als Transportschiff für 281 spanische Soldaten eingesetzt. Ihre neue Ausrüstung bestand aus 42 Kanonen verschiedener Größe, von Belagerungskanonen bis zu kleinen Drehbassen für die Verteidigung im Nahbereich. Ihr Kommandeur war der altgediente Soldat Don Alonso de Luzon.

Während der Schlachten der Armada im Ärmelkanal spielte die *Valencera* eine Schlüsselrolle, indem sie die weniger gut bewaffneten Schiffe vor den Angriffen der Engländer schützte. Der Schaden, der ihr zugefügt wurde, war nur leicht, reichte aber aus, um sie bei rauher See zu gefährden. Als die Armada auf ihrer verlängerten Heimreise Schottland umsegelte, wurden die Schiffe in einem Sturm voneinander getrennt. Allein und mit Wasser in ihrem aufgeschlagenen Rumpf blieb der *Valencera* keine andere Wahl, als die Nordküste Irlands anzusteuern und auf Grund zu laufen. Sie wurde in Kinnagoe in der Grafschaft Donegal auf Sand gesetzt.

In den nächsten beiden Tagen gelang es den meisten Soldaten und Matrosen, unterstützt von den ortsansässigen Katholiken, sich an den Strand zu retten. Am 16. September 1588 brach das Schiff auseinander, und einige Spanier und irische Retter ertranken. Englische Truppen erreichten den Ort, töteten viele der Überlebenden und nahmen die Offiziere, darunter Don Alonso, gefangen. Einige wurden schließlich freigekauft und kehrten nach Hause zurück, wo sie von ihrem Schicksalsschlag berichteten.

1971 wurde das Wrack von einem einheimischen Taucher des Derry Sub-Aqua Clubs entdeckt; er fand Bronzekanonen, Anker und Lafettenräder, die unter dem Sand der Kinnagoe Bucht lagen. Der Club bat den Meeresarchäologen Dr. Colin Martin um Hilfe bei der Untersuchung der Fundstelle. Zwischen 1971 und 1984 führte man eine Aushebung durch, und die geborgenen Gegenstände wurden im Ulster Museum in Belfast konserviert. Zeitgenössische Dokumente enthüllten die Identität des Wracks durch Gewichtsmarkierungen auf zwei Belagerungskanonen, die Einträgen in der Frachtliste der *Valencera* entsprachen.

Ein einsatzfähiges Getreideschiff

Obwohl das Wrack über die ganze Bucht verstreut lag, brachte die Aushebung eine Vielfalt an Material zutage, darunter gut erhaltene organische Fundstücke. Einige getrennt liegende Rumpfbalken wurden identifiziert, und den nicht mehr vorhandenen Zusammenhalt

des Rumpfes erklärten die Archäologen durch das Fehlen von hölzernen Riegeln, die den Rumpf zusammengehalten hätten, ähnlich wie bei der Konstruktion der spanischen Galeone *Nuestra Señora de Atocha* (1622). Martin nahm an, die ausschließliche Verwendung von Eisenriegeln habe die Wartung während des erwartungsgemäß kurzen, aber intensiven Arbeitslebens des Schiffes erleichtert. Wenn die Riegel verrostet waren, wurde das Schiff ausrangiert.

Nach einer ersten Untersuchung wurde entschieden, die Bereiche der Fundstelle auszuheben, die Zeichen organischen Materials aufwiesen. Eine kontrollierte Aushebung über mehrere Jahre hinweg brachte eine Vielfalt an Materialien zutage, zum Teil auch dank der konservierenden Eigenschaftes des Sandes in der Bucht. Artillerie machte einen großen Teil der Fundstücke aus – mehrere Geschütze wurden geborgen, darunter Belagerungskanonen, deren Lafetten und Zubehörteile. Schiffskanonen wurden ebenfalls an die Oberfläche befördert, darunter Teile einer spanischen Seelafette, Drehbassen und Werkzeuge für die Geschütze. Diese erlaubten einen seltenen Einblick in die Art der spanischen Bewaffnung während des Armada-Feldzuges.

Artefakte, die den Soldaten gehörten, wurden ebenfalls geborgen, darunter zahlreiche Feuerwaffen, Schwerter, Rüstung und Kleidungsstücke. Brandschwerter, Feuerkessel und präparierte »Feuerwerkskörper« wurden anscheinend als Hilfe bei den Enteraktionen mitgenommen. Der militärische Bestand enthielt einen Teil eines Zeltes, Pflöcke für die Abgrenzung eines Gebietes und Werkzeuge zum Bau eines Schützengrabens. Diese Fundstücke helfen bei der Lösung der Frage, warum die spanische Armee im 16. Jahrhundert so siegreich war.

Aufgrund des guten Erhaltungszustandes des Materials konnte eine breite Palette an häuslichen Gegenständen geborgen werden, darunter hölzerne Laternen, Musikinstrumente, Töpferwaren, Zinnwaren und persönliche Utensilien. Schiffsausrüstung wie Seile, Faßdauben und Takelage waren ebenfalls über die Bucht verstreut. Die Aushebung erbrachte eine unvergleichliche Sammlung von spanischen Artefakten aus dem späten 16. Jahrhundert, die bald das Hauptausstellungsstück eines neuen Museums für die spanische Armada in Londonderry in Nordirland sein wird.

Oben: *In der Kinnagoe Bay an der Nordküste Irlands lief die La Trinidad Valencera auf Grund; dort fand auch das nachfolgende Massaker an den Überlebenden durch die englischen Truppen statt. Der Fundort liegt rechts im Bild.*

Die Vasa

1628

Ein Kriegsschiff versinkt auf seiner Jungfernfahrt

Oben: Das Oberdeck der Vasa, vom Vorderdeck aus gesehen. Das Schiff steht heute in der eigens errichteten Schiffshalle des Vasa-Museums in Stockholm. Der unglaublich gut erhaltene Schiffsrumpf ermöglicht die Erforschung eines beinahe intakten Kriegsschiffes aus dem frühen 17. Jahrhundert.

Dieses schwedische Kriegsschiff aus dem frühen 17. Jahrhundert, das 1628 im Hafen von Stockholm unterging, nimmt in der Geschichte der Seefahrt einen einzigartigen Platz ein. Es ist das einzige fast intakte Segelkriegsschiff, das jemals vom Meeresboden geborgen werden konnte – ein stummer Zeuge der Erhabenheit dieser untergegangenen Schiffe.

Die *Vasa*, 1626 erbaut, sollte der Stolz der aufsteigenden Großmacht Schweden werden, die im Ostseeraum über großen Einfluß verfügte. Eine starke Marine sicherte die Fortdauer dieses Einflusses, und die mit 64 Kanonen bestückte, 1200 Tonnen schwere Vasa sollte der schwimmende Inbegriff dieser Macht werden.

Am Nachmittag des 10. August 1628, einem Sonntag, setzte die *Vasa* unter Musik einer Kapelle und wehenden Fahnen die Segel für ihre Jungfernfahrt aus dem Hafen von Stockholm. Nach kurzer Fahrt wurde sie – wie die *Mary Rose* – von einer plötzlichen Windböe erfaßt und neigte sich langsam nach Backbord. Wasser trat durch die offenen Geschützpforten ein, und die *Vasa* versank innerhalb von Minuten »mit gehißten Segeln, Flaggen und allem«.

Es war ein verheerender Verlust für Schweden, denn das Land verlor dabei nicht nur sein Vorzeigeflaggschiff und die 450 Mann starke Besatzung, sondern auch die teure Ausstattung an Bronzekanonen – ein Verlust, der das kleine Land hart traf. Nach verschiedenen Bergungsversuchen gelang es schwedischen Tauchern in der Mitte des 17. Jahrhunderts, die Kanonen zu heben. Danach blieb das Wrack auf dem Grund des Hafens beinahe vergessen liegen.

In den 50er Jahren des 20. Jahrhunderts fand der Forscher Anders Franzén heraus, daß der Salzgehalt des Ostseewassers für den *Teredo navalis*, den Schiffswurm, zu gering zum Überleben ist. Er ging daher von der Möglichkeit aus, daß hölzerne Schiffe, die in skandinavischen Gewässern gesunken waren, in einem gut erhaltenen Zustand auf dem Meeresgrund liegen könnten. 1956 suchte und fand Franzén die Überreste der *Vasa* in 30 m tiefem Wasser.

Eine Bergungsgesellschaft wurde zu Rate gezogen, die vorschlug, sechs Gänge unter dem Schiffsrumpf zu graben, so daß der Rumpf durch Stahlseile gestützt werden konnte, wenn er mit Schwimmpontons gehoben wurde. Dieser Plan wurde schließlich auch in die Tat umgesetzt. Aufgrund schlechter Sichtverhältnisse mußten die Taucher blind arbeiten, während sie die Gänge unter dem Kriegsschiff in dem schlickigen Meeresboden mit Wasserdüsen freilegten.

Im August 1959 waren die Seile an den vorgesehenen Stellen befestigt, und die *Vasa* wurde gehoben und in seichteres Wasser gebracht. Dort bereitete man sie für ihre letzte Reise vor: Die Geschützpforten und Löcher im Rumpf wurden abgedichtet und beschädigte Abschnitte eingepackt. Aufgrund ihrer Größe mußte die *Vasa* alleine in das Trockendock einfahren, daher mußte sie absolut wasserdicht sein. Im Frühling 1961 wurde sie mit Luft vollgepumpt, am 24. April kam sie nach über dreihundert Jahren wieder an die Oberfläche und wurde ins Trockendock geschleppt.

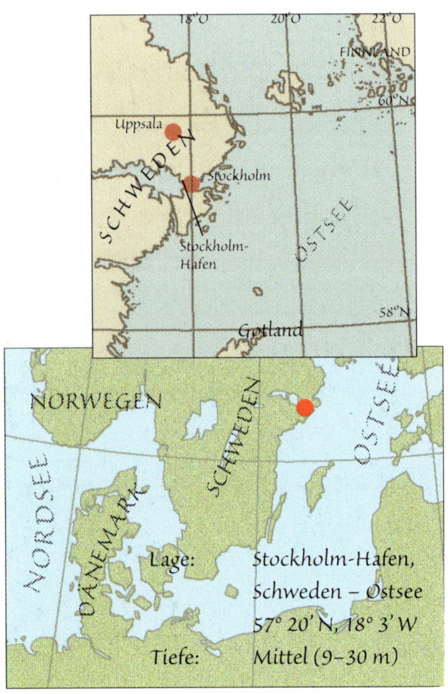

Reiche Funde

Die Untersuchungen begannen 1961 unter der Aufsicht des Archäologen Per Lundström. 25 000 Einzelstücke konnten geborgen werden, von Rumpfteilen bis hin zu persönlichen Besitztümern und Schiffszubehör, darunter auch Segel. Zu den Fundstücken gehörten einwandfrei erhaltene hölzerne Schnitzereien sowie aus dem Inneren des Schiffes Kleidung, Eßgeschirr, Waffen, Aufbewahrungsbehälter, sogar Angelgeräte und ein Backgammon-Spiel! Es war, als wäre ein Augenblick aus jener Zeit für die Nachwelt eingefroren worden.

Die Vasa-Werft wurde schon 1961 als provisorisches Museum der Allgemeinheit zugänglich gemacht. Oberste Priorität aber hatte die Erhaltung der Überreste. Das wassergetränkte Holz des Rumpfes wurde zur Stabilisierung fast 17 Jahre lang mit Polyäthylen-Glykol behandelt, während die Einzelstücke im Labor des Museums konserviert wurden. Der Rumpf wurde wieder zusammengesetzt und die am Meeresgrund verrosteten Eisenriegel ersetzte man durch neue.

Ohne exakte Pläne war die Restaurierung ein gewaltiges Unternehmen. In den vergangenen Jahren konnten moderne Analysemethoden neue Geheimnisse enthüllen. Anscheinend waren die dekorativen Schnitzarbeiten rund um das Schiff früher bemalt und vergoldet, was dem Schiff eine beeindruckende, erhabene Wirkung verliehen haben muß.

Im Juni 1990 wurde das neue Vasa-Museum eröffnet, ein endgültiges Zuhause für das Schiff und seine Artefakte. Die Schiffshalle wurde um die *Vasa* herumgebaut, um den Rumpf zu schützen und den Besuchern trotzdem den Zugang zu ermöglichen. Eine einzigartige Gelegenheit, das Zeitalter der Segelschiffahrt aus erster Hand zu erleben!

Unten: Das obere Batteriedeck der Vasa enthält noch die vierrädrigen Lafetten, die auf der Jungfernfahrt 1628 die Geschütze trugen. Die Bronzekanonen selbst wurden kurz nach dem Untergang des Schiffes geborgen.

DAS DUART-POINT-WRACK

1653 Ein Kriegsschiff aus Cromwells Flotte

Als Kopf des neu entstandenen englischen Commonwealth marschierte Oliver Cromwell 1650 in Schottland ein. Auslöser war die Weigerung der Schotten, sich zu fügen und ihre vorläufige Unterstützung von König Charles II., der im Exil lebte, zurückzuziehen. Der Krieg endete letztlich mit dem Sieg über Schottland, dem die militärische Besetzung des Landes folgte.

Während dieser Zeit brach von Zeit zu Zeit neuer Widerstand in Schottland aus, so daß Expeditionen zur Bekämpfung der Aufständischen ausgeschickt wurden. Im September 1653 wurde eine kleine Schiffsflotte zur Westküste Schottlands entsandt – mit dem Ziel, die Macleans of Duart, einen königstreuen Clan aus dem schottischen Hochland, zu vernichten. Die Expedition bestand aus sechs Schiffen unter dem Kommando von Colonel Ralph Cobbett, eines erfahrenen Armeeoffiziers, der im Dienst der Marine des Commonwealth stand.

Als Cobbetts Streitkräfte bei der Insel Mull ankamen, entdeckten sie, daß Duart Castle, der Sitz des Clans, verlassen war. Als die Flotte vor Duart Point vor Anker lag, trieb ein plötzlicher Sturm sie auseinander, und drei ihrer Schiffe gingen unter: *Martha and Margaret* von Ipswich, *Speedwell* von Kings Lynn und die *Swan*. Viele Menschen kamen bei dem Unglück ums Leben. Ein Offizier des Commonwealth berichtete, daß »es vor den Augen unserer Leute an Land geschah, die ihre Freunde ertrinken sahen, sie um Hilfe schreien hörten und sie doch nicht retten konnten«.

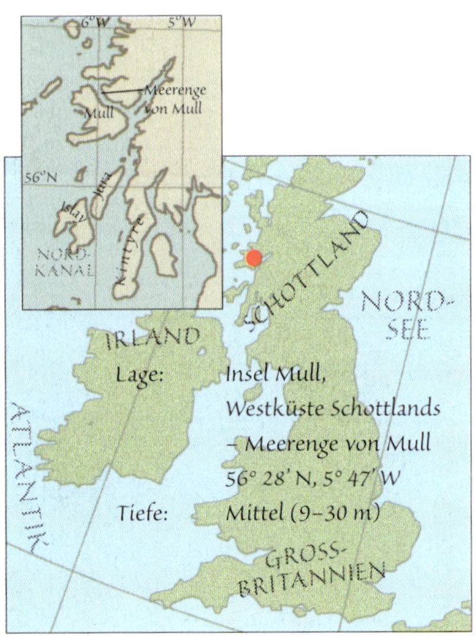

Die *Swan* versank allem Anschein nach in der Nähe von Duart Castle. Das etwa 160 Tonnen schwere, kleine Kriegsschiff, eine Pinasse, war 1641 für die Flotte von Charles I. gebaut worden. Die Parlamentsflotte eroberte das Schiff 1645 vor Dublin und zwang es in den Dienst gegen seinen früheren Besitzer.

Ein Taucher fand das Wrack 1979, hielt seine Entdeckung aber geheim. Da er sich später über die Erhaltung seines Fundes Sorgen machte, benachrichtigte er 1991 schließlich die Behörden. Eine Untersuchung durch ein von der Regierung finanziertes Taucherteam zeigte, daß das Wrack ernstlich vom Zerfall bedroht war. Die Fundstelle wurde als geschütztes historisches Wrack ausgewiesen, und die schottische Organisation Historic Scotland, die nun das Wrack unter sich hatte, erteilte die Genehmigung für archäologische Untersuchungen.

Spektakuläre Funde

Die Genehmigung für die Untersuchungen an dem Schiffswrack ging an das schottische Institute of Maritime Studies an der St. Andrew's University, ein Forschungsteam unter der Führung des erfahrenen Meeresarchäologen Dr. Colin Martin. Martin entwickelte ein Programm zur Untersuchung, zur Bergung und zum Schutz des Schiffswracks, das 1993 begann und bis in die heutige Zeit andauert. Im Laufe der Untersuchungen konnte das Schiff identifiziert und eine faszinierende Sammlung an Fundstücken ans Tageslicht gebracht werden.

Zwischen den Aushebungs- und Untersuchungsphasen wird die Fundstelle mit Sandsäcken abgedeckt, um eine weitere Erosion zu verhindern; die Gründe für die Erosion an dieser Stelle werden gegenwärtig erforscht.

Man entdeckte große, miteinander verbundene Teile des unteren Rumpfes, die unterhalb von zwei separaten Hügeln aus Ballaststeinen im Sand steckten, was wertvolle Informationen über den Bau des Rumpfes liefern könnte. Bereiche mit Holzvertäfelungen an der östlichen, zum Meer hin zeigenden Seite der Fundstelle, die reich mit Schnitzereien verziert sind, deuten darauf hin, daß dies früher das Heck des Schiffes war, wo sich die Kapitänskajüte befand. Anscheinend ist der Heckaufbau beim Verfall des Schiffes in sich zusammengebrochen.

Unter den aus dieser Kajüte geborgenen Artefakten befinden sich mehrere sehr gut erhaltene Holzschnitzereien, die einst zur Außenverzierung des Schiffes gehörten. Besonders spektakulär war die Entdeckung eines Stückes mit einem königlichen Wappen, dem Emblem des Prinzen von Wales (dem späteren Charles II.). Auf einem republikanischen Schiff war dies ein völlig unerwarteter Fund. Hatte der Kapitän die ehemalige königliche Verzierung der *Swan* in seiner Kajüte für den Fall der Rückkehr der Monarchie sicherheitshalber verstaut? Auf jeden Fall gibt diese Entdeckung den Historikern ein bisher ungelöstes Rätsel auf.

Linke Seite: Das Bild zeigt einen Taucher, der an der Fundstelle des Wracks eine Zinkanode an einer der verkrusteten gußeisernen Kanonen anbringt. Diese Art der Konservierung vor Ort wurde auf dem schottischen Wrack zum ersten Mal angewandt.

Unten: Die Fundstelle wird an der Küste von Duart Point durch eine Tafel mit Erläuterungen gekennzeichnet. Auf dem Foto sieht man Dr. Colin Martin, den Leiter des Projekts und Pionier der Meeresarchäologie in britischen Gewässern, sowie Sir Lachlan, Lady Maclean of Duart und Dr. Robert Prescott, den Leiter des schottischen Institute of Maritime Studies.

Ein Uhrwerk

Andere Funde bestanden in den Überresten von Waffen, darunter auch ein Pistolenverschluß und ein verkrusteter Schwertgriff, sowie verschiedene Dinge des alltäglichen Bedarfs der Seeleute, wie Keramik, Zinngeschirr und eine Reihe von hölzernen Küchengegenständen.

Bei Röntgenaufnahmen von miteinander verschmolzenen Teilen aus dem Schiff kam das allem Anschein nach intakte Uhrwerk einer Taschenuhr zum Vorschein – einer der ersten Zeitmesser, die von einem Schiffswrack geborgen wurden. All diese Fundstücke werden vom Royal Museum of Scotland konserviert, wo dann auch die gesamte Ausstellung endgültig untergebracht werden wird; ein ergreifendes Zeugnis einer unruhigen Phase in der Geschichte Großbritanniens.

Die spanischen Schatzflotten

Mehr als zwei Jahrhunderte lang segelten spanische Galeonen über den Atlantik, brachten Siedler aus Spanien und Waren aus ganz Europa in die Karibik und kehrten vollbeladen mit den Reichtümern der Neuen Welt zurück. Die versunkenen spanischen Schiffe sind seit jeher ein bevorzugtes Ziel für Schatzsucher, und die Bergung eines dieser Schiffe, der *Nuestra Señora de Atocha*, führte zu dem wohl größten Fund an Schätzen aus einem Schiffbruch in der Geschichte. Ein aufwendiges Verwaltungssystem sorgte dafür, daß diese Schatzflotten regelmäßig einmal im Jahr ausliefen, um die spanische Krone mit den Reichtümern zu versorgen, die notwendig waren, um ihre Position als frühe moderne Supermacht aufrechtzuerhalten. Die Geschichte dieses außergewöhnlichen Unternehmens und der dazugehörigen Galeonen nimmt einen besonderen Platz in der Geschichte der Seefahrt ein.

Unten: Die unschätzbaren Reichtümer in Mittel- und Südamerika und die finanziellen Bedürfnisse des Königs von Spanien führten zu einer großen Flotte unter spanischer Flagge. Es ist also nicht verwunderlich, daß die wenigen Wracks dieser Schiffe zu den kostbarsten Funden aller Zeiten gehören.

Die spanischen Schatzflotten

Im 16. Jahrhundert erstreckte sich das spanische Imperium über große Teile Europas und Amerikas, der Neuen Welt. Der König Spaniens herrschte von Madrid aus, unterstützt von Adligen, die er zu Stellvertretern ernannte. Der niedere Adel wanderte oft nach Amerika aus, um sein Glück in der Neuen Welt zu suchen. Die spanischen Bauern blieben entweder im Lande oder gingen zum Heer oder zur Marine.

Der König benötigte das Silber aus der Neuen Welt, um sein Imperium aufrechterhalten zu können. Ohne die regelmäßigen Lieferungen der Schatzflotten (»flotas«) wäre Spanien rasch bankrott gegangen. Das Land war in Europa beinahe ständig in Kriege verwickelt, mal gegen die Holländer, mal in Religionskriegen – und Kriege kosten Geld. Sowohl englische als auch holländische Schiffe überfielen die spanischen Flotten, daher wurde zusätzliches Geld zum Bau bewaffneter Schiffe benötigt, welche die Flotten schützen sollten. Mitte des 16. Jahrhunderts war es so weit, daß die geldhungrige spanische Krone stets ungeduldig die Ankunft der nächsten Flotte erwartete, denn der König hatte bereits Kredite bei europäischen Banken aufgenommen und benötigte die Schätze, um seine Schulden zurückzuzahlen.

Die Hauptverwaltung des spanischen Flottenunternehmens befand sich in Sevilla, im Süden Spaniens. Von dort aus überwachte die »Casa de Contratación« alle Angelegenheiten rund um die Schiffe, die Besatzung, die Waffen und die Ladung, die zu diesem gewaltigen Unternehmen gehörten. Dies war vielleicht das erste Beispiel einer größeren zivilen Zentralverwaltung seit römischer Zeit, zumindest in bezug auf die Größenordnung und die Länge des Zeitraums – nämlich mehr als zwei Jahrhunderte.

Unten: *In dem Maße, wie die Nachfrage nach Silber zur Kriegsfinanzierung wuchs, nahm auch die Zahl der Schatzflotten zu. »Spanische Schiffe vor einer Mole«. Ein Gemälde von Sebastian Castro.*

1520
Ferdinand Magellan überquert den Pazifischen Ozean.

1530
Die spanischen Schatzflotten nehmen ihre alljährlichen Handelsreisen auf.

ca. 1540
Die Spanier erreichen Kalifornien.

1547
Tod Heinrichs VIII., Eduard VI. wird sein Nachfolger.

1554
Schiffe der Neuspanien-Flotte erleiden vor Padre Island Schiffbruch.

1571
Spanien erobert die Philippinen.

1577–80
Francis Drake segelt um die Welt.

1595
Die Holländer kolonisieren (Ost-)Indien.

Ohne die Zustimmung der Hauptverwaltung durfte kein Passagier auf den Schiffen der Casa de Contratación reisen oder Waren mit sich führen; sie hielt das Monopol im gesamten Überseeverkehr innerhalb des spanischen Imperiums. Der Einsatz von Flotten bedeutete, daß die Schiffe zu festgesetzten Zeiten ein- und ausliefen, wobei die Fracht unter den Augen königlicher Beamter ver- und entladen wurde.

Die Route der Schatzflotten

Der spanische König hatte einen Anspruch auf ein Fünftel des Wertes der gesamten Fracht, dazu gehörte auch das Gold und das Silber, das aus der Neuen Welt nach Spanien kam. In der Zeit von 1550 bis 1700 wurden riesige Mengen an Reichtümern von Amerika nach Spanien verschifft, und nur eine Flotte wurde Opfer eines feindlichen Angriffs – und zwar 1628, als die Holländer die ganze Flotte vor Kuba eroberten. Vier größere Flottenverluste aufgrund von Stürmen erschütterten das Unternehmen in den Jahren 1554, 1622, 1715 und 1733.

Oben: *In Portobelo wurde ein großer Teil des in Peru geförderten Silbers verladen. Im Jahr 1739 wurde die Stadt durch die britische Flotte bombardiert und eingenommen, wodurch das Ende des scheinbar nie versiegenden Zuflusses an Silber aus der Neuen Welt nach Spanien eingeleitet wurde. »Die Eroberung von Portobelo, 21. November 1739«. Ölgemälde von Samuel Scott.*

Die Flotten bedeuteten für den König Spaniens ein ständiges sicheres Einkommen aus seinen Kolonien. Von 1530 bis 1735 machte sich fast jedes Jahr eine Flotte von Spanien aus auf den Weg nach Amerika. Nachdem dort die Waren aus Spanien ausgeliefert waren, wurde eine Ladung aus den verschiedenen kostbaren Waren und sonstigen einheimischen Produkten zusammengestellt, die dann nach Spanien befördert wurde.

Bei der Ankunft im Karibischen Meer teilte sich die spanische Flotte in drei Einheiten auf. Die Tierra-Firme-Flotte segelte nach Portobelo, um Silber aus Peru aufzuladen, dann nach Cartagena, um Gold aus Ecuador, Smaragde aus Kolumbien und Perlen aus Venezuela abzuholen. Die Neuspanien-Flotte fuhr nach Veracruz, wo sie mit Gold und Silber aus Mexiko und mit Seide, Porzellan und Gewürzen aus China beladen wurde. Die Honduras-Flotte lief Trujillo an, um das Färbemittel Indigo abzuholen. Schließlich trafen alle drei Flottenteile in Havanna wieder zusammen und segelten zurück nach Spanien.

Zwei weitere Flotten trugen dazu bei, die Waren nach Portobelo und Veracruz zu bringen. Die kleine Südsee-Flotte beförderte peruanisches Silber nach Panama, von wo aus Maulesel es weiter nach Portobelo brachten. Die Manila-Flotte kam von den Philippinen mit einer Fracht aus China; in Acapulco, Mexiko, angekommen, wurden die Waren auf dem Landweg nach Veracruz transportiert. Das System der spanischen Schatzflotten war einer der ausgeklügeltsten und beständigsten Seehandelswege in der Geschichte.

In den frühen Jahren war der vorherrschende Schiffstyp bei diesen jährlichen Fahrten die Karacke (die auf den Seiten 75–79 beschrieben wird). Obwohl die regelmäßig auslaufenden Schiffsverbände von der Casa de Contratación kontrolliert wurden, waren die Schiffe bis auf wenige Ausnahmen Eigentum spanischer Kaufleute, die eine Steuer auf den Handel mit der Neuen Welt entrichteten. Sie wurden durch bewaffnete Schiffe beschützt, die im Auftrag des Königs von Spanien von der Casa betrieben wurden.

Oben: *Die verschlungenen Windungen dieser erlesenen Goldkette stammen aus dem Besitz eines Passagiers einer spanischen Galeone, die 1622 unterging. Da der Transport persönlicher Schmuckstücke nicht besteuert wurde, waren Ketten wie diese eine beliebte Art der Steuerhinterziehung.*

Die Ausstattung der Galeonen

Im Laufe der Zeit wurden die Schiffe der Flotten immer besser bewaffnet; in der zweiten Hälfte des 16. Jahrhunderts wurde außerdem ein eigener Schiffstyp für den Schutz der Schatzflotten entwickelt. Die Galeone war eine Weiterentwicklung der Karacke und der

1600	1606	1618–48	1620	1622	1643	1646	1655
In Barbados stellen Spanier zum ersten Mal Rum her.	Die Franzosen gründen Quebec in Kanada.	Dreißigjähriger Krieg.	In Virginia wird die erste öffentliche Bibliothek gegründet.	Nuestra-Señora-de-Atocha-Wrack, eine Galeone der Schatzflotte.	Die chilenische Stadt Santiago wird von einem Erdbeben völlig zerstört.	Die Bahamas werden von den Engländern kolonisiert.	Die Bank von Schweden stellt die ersten Banknoten her.

Oben: *Der Berg von Potosí in Peru galt als die reichste Silbermine der Welt. Im Vordergrund arbeiten spanische Ingenieure und Inka-Sklaven mit Quecksilber, um das reine Silber vom Erz zu trennen, das aus Minen im Berg abgebaut wurde.*

Não, verband aber die Ladekapazitäten eines großen Handelsschiffes mit der Ausrüstung eines mächtigen Kriegsschiffes. Die typische Galeone der damaligen Zeit wog etwa 500 Tonnen, konnte – vor allem als königliches Kriegsschiff – aber auch bis zu 1200 Tonnen schwer sein.

Ein besonderes Kennzeichen war die Höhe der Aufbauten mit ausgeprägtem Vorder- und Hinterdeck. Durch die enorme Größe konnten die Galeonen nur schwer und langsam bewegt werden. Auch andere Länder, z.B. England, bauten Galeonen, aber deren Schiffe hatten weitaus kleinere Aufbauten und waren infolgedessen leichter zu handhaben als ihre spanischen Gegenstücke.

Der größte Vorteil der Galeone lag in ihrer soliden Bauweise. Sie bot eine stabile Plattform für die Artillerie, auch wenn die taktischen Überlegungen der Spanier hinter denen ihrer europäischen Rivalen zurückblieben und sie Artillerie für weniger wichtig erachteten als Soldaten, die ein feindliches Schiff entern konnten. Die Ladekapazität der Galeone war außerdem enorm – und so war sie hervorragend geeignet, dem spanischen König seinen Anteil an den Produkten der Neuen Welt, in erster Linie Silberbarren, Gold und Kupfer, zu bringen.

Auch Privatleute und ihr Gefolge wurden auf den Galeonen, den Prestigeschiffen auf jenem Handelsweg, befördert. Stellt man sich ein Schiff auf dem Weg von Havanna nach Sevilla vor, mit einer Gesamtlänge von mehr als 40 m, auf dem sich 200 Soldaten und Matrosen sowie bis zu 50 Passagiere und Diener befinden, so wird klar, wie beengt die Ver-

1689	1690	1700	1703	1707	1715	1719	1724
Peter der Große wird Alleinherrscher von Rußland, nachdem er zuvor gemeinsam mit seinem Halbbruder Ivan V. regierte.	Die Engländer gründen Kalkutta.	Madagaskar wird Stützpunkt der britischen Piraten.	Peter der Große gründet St. Petersburg.	Mit dem »Act of Union« verbinden sich England, Schottland und Wales zum Vereinigten Königreich Großbritannien.	Untergang der Schatzflotte vor Floridas Küste.	Daniel Defoe veröffentlicht »Robinson Crusoe«.	Guadalupe- und Tolosa-Wracks, spanische Quecksilber-Transportschiffe.

hältnisse auf diesen Schiffen gewesen sein müssen. Die Fähigkeit zur Verteidigung war durch die Zahl der Menschen und die überladenen Decks beträchtlich eingeschränkt. Trotz dieser Nachteile wurden potentielle Angreifer durch den Flottenverband und die imposante Erscheinung der königlichen Galeonen in der Regel abgeschreckt.

Das Ende eines goldenen Zeitalters

Zu Beginn des 17. Jahrhunderts ging es mit dem spanischen Schatzflottensystem bergab, es wurde ein Opfer seines eigenen Erfolgs. Das »flota«-System hatte Europa mit Silber überflutet, so daß der Wert des Metalls fiel, während die Kosten für die Schiffahrt stiegen. In Spanien herrschte eine schwere Inflation, und die starke wirtschaftliche Belastung in Folge seiner Beteiligung am Dreißigjährigen Krieg (1618–1648) wurde immer deutlicher spürbar.

Die Größe der jährlichen Flotten nahm stetig ab, bis schließlich eine typische Schatzflotte am Ende des Jahrhunderts noch aus etwa einem Dutzend Schiffe bestand. Nach und nach waren die Galeonen durch die gewöhnlichen Kriegsschiffe ersetzt worden, wie sie von allen größeren Seemächten eingesetzt wurden. Auch wenn sie von den Spaniern weiterhin »galeones« genannt wurden, fehlte ihnen doch das Herrschaftliche ihrer Vorgänger.

Anfang des 18. Jahrhunderts sah sich Spanien einer Reihe von Wirtschaftskrisen und Seekatastrophen ausgesetzt, und die Überfahrten nahmen immer weiter ab. 1740 war das Flottensystem bereits so gut wie eingestellt worden, einzelne Kriegsschiffe beförderten nun die kostbare Fracht aus der Neuen Welt nach Spanien. Der Handel mit anderen Ländern konnte nicht für immer vermieden werden, und so stellte Spanien 1778 das »flota«-System offiziell ein und schloß damit ein einzigartiges Kapitel in der Geschichte der Seefahrt ab.

Obwohl vergleichsweise wenig Schiffe der Flotten – und noch weniger Galeonen – entdeckt wurden, war doch das System so gut dokumentiert worden, daß über die Organisation des Unternehmens vieles bekannt ist. Die Beweisstücke aus den Schiffswracks ermöglichen einen besseren Blick hinter die von der Casa de Contratación erstellten Statistiken und Bilanzen sowie Kenntnisse darüber, wie die Schiffe betrieben wurden. Nur wenige Wracks der Schatzflotten sind vollständig geborgen worden, aber Archäologen-Teams, die im Auftrag von Schatzsuchern arbeiteten, konnten wichtige Hinweise liefern. Die Überreste von spanischen Galeonen, vollbeladen mit Schätzen, entsprechen wohl dem typischen Bild, das sich die allermeisten Menschen von einem historischen Wrack machen.

Während wir vieles über die Fracht und die Verwaltung der spanischen Galeonen wissen, ist noch relativ wenig über den Bau dieser Schiffe bekannt. Vielleicht gelingt es Archäologen eines Tages, diese Lücke zu schließen.

Unten: *Die Karibik lieferte mehr als nur Silber und Gold. Hier sieht man Perlentaucher bei der Arbeit auf den Perlenbänken vor der Küste Venezuelas. Ein Teil der Reichtümer aus diesem Gebiet wurde auf Galeonen nach Spanien geschickt, wo sie die Schatzkammer des Königs füllen sollten.*

1725	1739	1740	1747	1755	1756–1763	1768	1769
Der dänische Segler Vitus Bering entdeckt die Meeresstraße zwischen Rußland und Amerika.	Der Schmuggler und Räuber Dick Turpin wird hingerichtet.	Niedergang des spanischen Schatzflottensystems, das offiziell 1778 aufgegeben wird.	Ahmad Khan Abdali gründet Afghanistan.	Samuel Johnson veröffentlicht das erste Wörterbuch.	Preußen und Britannien besiegen Frankreich, Rußland, Spanien und Österreich im Siebenjährigen Krieg.	James Cook erforscht den Pazifischen Ozean.	James Watt patentiert die Dampfmaschine.

Die Padre-Island-Wracks

1554 Spaniens erster Flottenverlust

Mitte des 16. Jahrhunderts war Spanien die einzige europäische Macht in der Karibik – und konnte daher ganz nach Belieben die Reichtümer der Neuen Welt ausnutzen. Schatzflotten segelten regelmäßig von Sevilla in die Karibik, wo sie sich in mehrere kleinere Flottillen teilten.

Eine davon war die Neuspanien-Flotte, die zum einen Silber aus Mexiko nach Spanien brachte, zum anderen Porzellan, Seide und Gewürze: Waren, die von den Philippinen nach Mexiko gekommen waren. Im April 1554 lief diese aus vier Schiffen bestehende Flotte in Veracruz in Mexiko aus; ihr Ziel war Havanna, der letzte Halt vor der Rückreise nach Spanien. Aber nur ein Schiff, die *San Andres*, erreichte noch mit Mühe und Not den kubanischen Hafen. Die anderen drei Schiffe – *San Esteban*, *Espiritu Santo* und *Santa Maria de Yciar* – wurden in einem Sturm bei Padre Island vor der Küste des heutigen US-Bundesstaates Texas zerstört.

Innerhalb von zwei Monaten entsandten die Spanier eine Rettungsexpedition, welche die Schiffe vor Padre Island vorfand, wo sie in weniger als 6 m tiefem Wasser aufgelaufen waren. Die Mannschaften konnten gerettet und fast die Hälfte der Silbermünzen und -barren geborgen werden, bevor erneute Stürme und die herannahende Jahreszeit der Hurrikane weitere Bergungsarbeiten unmöglich machten. Ein Jahr später waren die Schiffswracks auseinandergebrochen und untergegangen – und hatten die kostbaren Überreste mit sich fortgetragen.

Oben: Ein Anker der San Esteban, die vor Padre Island Schiffbruch erlitt. Während des 16. und 17. Jahrhunderts waren Spaniens Eisenerzeugnisse von minderwertiger Qualität, was durch zahlreiche Beispiele verbogener oder gebrochener Teile aus den Schiffswracks belegt wird.

Schatzsucher lokalisierten im Jahr 1967 das Wrack der *Espiritu Santo* und konnten große Teile der noch vorhandenen Silberfracht bergen. Archäologen des Staates Texas hörten von dem Fund und versuchten die Bergung zu verhindern, indem sie einen erbitterten Prozeß anstrengten, der sich über 18 Jahre hinzog. Dieser Rechtsstreit führte dazu, daß der Bundesstaat die Zuständigkeit über die Fundstellen der Wracks und die geborgenen Gegenstände erhielt, andererseits aber den Entdeckern des Wracks vollen Schadenersatz leisten mußte.

Der Prozeß führte zu einer Gesetzgebung, die zukünftige historische Schiffsfunde in texanischen Gewässern schützt. Da zwischenzeitlich die Überreste der *San Esteban* entdeckt worden waren, erhielten die im Auftrag des Bundesstaates arbeitenden Archäologen das Recht, die gefundenen Wracks zu untersuchen. Die *Santa Maria de Yciar* war anscheinend 20 Jahre, bevor die anderen Schiffe entdeckt wurden, durch Ausbaggerungsarbeiten größtenteils zerstört worden.

Reichtümer unter dem Schlick

Die *San Esteban* wurde von 1972 bis 1976 sorgfältig untersucht. Wenn auch von ihrem Rumpf nur wenig erhalten war, so reichte es doch aus, um den Archäologen eine ungefähre Vorstellung von der Größe des Schiffes zu vermitteln. Die verschiedenen Gegenstände an der Fundstelle, Anker, Gewehre, Münzen, Schiffszubehör und andere Dinge waren stark verkrustet und hatten sich in großen Klumpen zusammengesetzt.

Nachdem die Ausgrabungsstelle mit Hilfe eines Magnetometers vermessen worden war, wurden diese Klumpen unter der Leitung von J. Barto Arnold III. systematisch untersucht; zuerst dokumentiert, dann gehoben und schließlich zur Aufbewahrung präpariert. Zu den schlechten Sichtverhältnissen bei den Ausgrabungen kam noch hinzu, daß ein großer Teil der Fundstelle mit Schlick überdeckt war, so daß die Arbeitsbedingungen extrem schwierig waren. Der Lohn der Mühen war eine Zusammenstellung an Fundstücken von unschätzbarem Wert, die umfangreichste und am besten erhaltene Sammlung, die je von einem spanischen Schatzflottenwrack geborgen werden konnte.

Mit einem mächtigen Aufgebot an schmiedeeisernen Hinterlader-Kanonen (»bombardettas«) und Drehbassen (»versos«) war die *San Esteban* offenkundig gut bewaffnet. Auch Soldaten müssen an Bord gewesen sein, was durch den Fund von Armbrustteilen belegt wird, die denen vom St.-John's-Wrack (1564) sehr ähnlich sind, bis auf die Tatsache, daß die hölzernen Bestandteile auf dem früheren Wrack aufgrund der gegebenen Bedingungen besser erhalten waren.

Oben: Die Balken vom Schiffsrumpf der San Esteban weisen noch die Stellen auf, an denen Holznägel und Eisenriegel den Rumpf zusammenhielten. An diesem Abschnitt des Heckaufbaus und des Kiels lassen sich auch die durch Meerwasser und Luft bedingten Erosionsschäden erkennen.

Eine weitere beachtliche Sammlung von Fundstücken stammte von der einstigen Fracht. Neben zwei Goldbarren konnten Silberbarren und Silbermünzen in großer Anzahl geborgen werden. Auch aus dem persönlichen Besitz der Passagiere und der Besatzung stammen bemerkenswerte Funde: Kruzifixe, Goldschmuck und kostbare vorkolumbianische Gegenstände, aber auch einfaches Geschirr. Teile der Schiffsausstattung vervollständigten die Sammlung, am beeindruckendsten davon drei Astrolabien, vielleicht die ältesten bekannten überhaupt.

Diese Artefakte sowie die von der *Espiritu Santo* geborgenen Fundstücke liefern uns wichtige Belege über die Rolle Spaniens und die Ausbeutung der Neuen Welt im 16. Jahrhundert. Zu sehen ist die Ausstellung heute im Corpus Christi Museum in Texas.

Oben: Im frühen 16. Jahrhundert waren schmiedeeiserne Kanonen die übliche Form der Schiffsartillerie. Ursprünglich war die Kanone in einem soliden Holzgestell eingebettet, in einer separaten Verschlußkammer befand sich die Sprengladung.

Die Nuestra Señora de Atocha

1622

Das kostbarste Wrack der Welt

Oben: Unschätzbar wertvolle Artefakte konnte Mel Fisher aus dem Wrack bergen. Neben Silber- und Goldbarren auch zusammengeschmolzene Silbermünzen, Geschirr, Goldketten und ein Astrolabium.

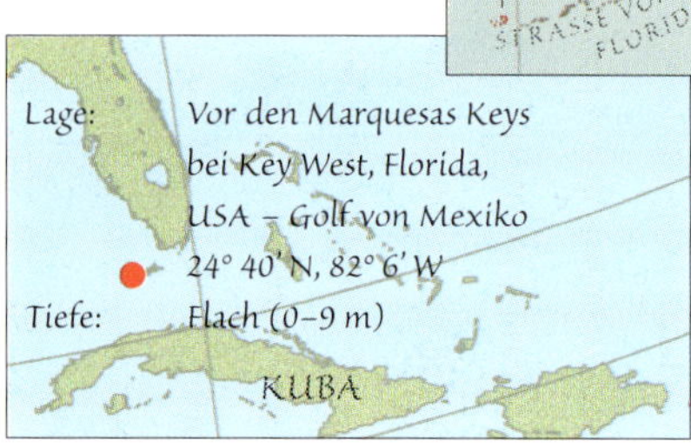

Im September des Jahres 1622 verließ eine aus 28 Schiffen bestehende spanische Schatzflotte Havanna auf Kuba für ihre jährliche Reise von der Neuen Welt nach Spanien. Ihre Fracht war die Grundlage für den Wohlstand eines Imperiums: Gold und Smaragde aus Kolumbien, Silber aus Peru, Gewürze aus dem Orient und Perlen aus Ecuador. Während sich auf mehreren Schiffen der Flotte Passagiere und allgemeine Frachtgüter befanden, waren die meisten wohlhabenden Passagiere und der gesamte Schatz auf zwei Schiffen untergebracht, den beiden königlichen Galeonen *Nuestra Señora de Atocha* und *Santa Margarita.* Beides waren gut bewaffnete, 500 Tonnen schwere Schiffe, mit jeweils 20 Kanonen aus Bronze und einer Mannschaft von etwa 150 Matrosen und Marinesoldaten. Jede Galeone beförderte etwa 25 Passagiere, die mit ihrem Reichtum nach Hause zurückkehrten, nachdem sie in der Neuen Welt ihr Glück gemacht hatten.

Während der Nacht wurde der Wind immer stärker, und am nächsten Morgen war die Flotte in einen Hurrikan geraten. Die Schiffe versuchten in die relativ sicheren offenen Gewässer im Golf von Mexiko zu fliehen, aber acht von ihnen schafften es nicht mehr, die Riffs der Florida Keys zu passieren; darunter auch jene beiden mit Schätzen vollbeladenen Galeonen.

Die *Atocha* lief auf ein Riff auf, ihr Boden wurde herausgerissen. Sie ging unter wie ein Stein. Die *Margarita* wurde über das Riff hinweggetragen, nur um dann zwei Meilen dahinter auf eine Sandbank aufzulaufen. Am nächsten Morgen fanden Rettungsboote eine Handvoll Überlebende der *Margarita*, von der *Atocha* überlebten nur fünf die Katastrophe. Nach hastigen Bergungsarbeiten auf der *Margarita* legte sich schließlich der Sand über das Wrack; die Position der *Atocha* hingegen konnte nicht mehr ausgemacht werden, und so sollten die Schiffswracks für die nächsten 350 Jahre ungestört auf dem Meeresgrund liegen.

Ein kostbares Riff

In den 60er Jahren konnte der Schatzsucher Mel Fisher erfolgreich die Überreste der spanischen Schatzflotte von 1715 bergen, die vor Floridas Ostküste Schiffbruch erlitten hatte. 1968 wandte er dann seine Aufmerksamkeit der *Nuestra Señora de Atocha* zu. Aufgrund der Aufzeichnungen über den Untergang begann er vor den mittleren Florida Keys mit der Suche, dann aber veranlaßten ihn die Forschungsergebnisse des spanischen Historikers Dr. Eugene Lyon dazu, seine Schatzsuche weiter nach Süden Richtung Key West zu verlegen. Fisher und sein Team suchten in den 70er Jahren in einem Gebiet in der Nähe der Marquesas Keys, 40 Meilen westlich von Key West, Hunderte von Quadratkilometern Meeresboden ab; dann und wann stießen sie auf vereinzelte Fundstücke der untergegangenen Galeonen, was sie ermutigte weiterzusuchen. Schließlich entdeckten sie eine Gruppe von Kanonen aus Bronze, und noch im gleichen Jahr konnten sie Gegenstände bergen, die den Frachtlisten der Galeonen entsprachen – eine Bestätigung dafür, daß sie in der richtigen Gegend suchten. Der Rumpf der *Santa Margarita* wurde 1980 entdeckt. Da sie aber kurz nach ihrem Untergang schon gründlich abgesucht worden war, hielt das Team weiter Ausschau. Anfang der 80er Jahre fanden Taucher eine Spur von Trümmerstücken: Kanonen, Schiffszubehör und Münzen. Sie folgten der Spur mit der Unterstützung eines Teams unter der Leitung des Archäologen Duncan Matthewson III. Am 20. Juli 1985 schließlich stießen zwei Taucher auf ein Riff: Anstatt aus Felsen bestand es allerdings aus Silberbarren – Mel Fisher hatte die *Atocha* gefunden!

Die Bergungsleute tauften das Riff »Silbermine«. Die Ausbeute belief sich auf 46 Tonnen Silber, 40 000 Münzen, Hunderte von Smaragden und Goldbarren sowie die unschätzbar wertvollen Besitztümer der Passagiere. Mit einem geschätzten Wert von über 400 Millionen Dollar ist die *Nuestra Señora de Atocha* in finanzieller Hinsicht das kostbarste Schiffswrack, das jemals entdeckt wurde.

Die Entdeckung des Wracks aber bedeutete noch nicht das Ende von Fishers Sorgen, denn er mußte zahlreiche Rechtsstreitigkeiten ausfechten, bevor er seinen Fund behalten durfte. Ein großer Teil des Schatzes wurde zwar zwischen Fisher und seinen Investoren aufgeteilt, aber viele Fundstücke wurden der Maritime Historical Society in Key West gestiftet, die mit ihnen das Mel Fisher Maritime Museum einrichten konnte, das nach seinem großzügigsten Wohltäter benannt wurde. Obwohl es höchst bedauerlich ist, daß diese kostbare Sammlung nicht als Ganzes bestehen blieb, ist dem Museum doch so viel verblieben, daß der Besucher aus erster Hand die Schätze des spanischen Imperiums in der Neuen Welt ermessen kann.

Oben: Dieses smaragdbesetzte Kreuz befand sich mit passendem Ring und goldener Kette in einem kleinen Silberkästchen.

Unten: Dieses Foto zeigt einen Teil der Silberbarren, die 1985 am »Silberminen«-Fundort der Galeone geborgen wurden.

Die Flotte von 1715

1715 Spaniens größte Schiffskatastrophe

Oben: Ein Teil der kostbaren Artefakte, die aus den spanischen Wracks geborgen wurden, wo die Schatzsucher einen »Teppich aus Gold auf dem Meeresboden« fanden. Anders als bei den 1622 versunkenen Schiffen wurde 1715 das Silber in keilförmigen Stücken verschifft.

Ende Juni 1715 verließ eine Schatzflotte mit 12 vollbeladenen Schiffen den Hafen von Havanna mit dem Ziel Sevilla in Spanien. Es handelte sich dabei um den Zusammenschluß der Neuspanien- und der Tierra-Firme-Flotte, einem Konvoi, der jedes Jahr wiederholt wurde. Der Schiffsverband beförderte schätzungsweise zehn Millionen Pesos an Schätzen und Schmuggelware, meist in Form von Silberbarren und -münzen. Auf dem Weg nach Norden wurden die Schiffe am 31. Juli, sechs Tage nach ihrer Abreise aus Kuba, in den engen Gewässern zwischen der Ostküste Floridas und den Bahamas von einem Hurrikan überrascht. Trotz größter Bemühungen der Flottenkommandeure erlitten alle Schiffe bis auf eines auf einer Strecke von 50 Meilen entlang der Küste Floridas, zwischen Sebastian und Fort Pierce, Schiffbruch.

Mehr als 1000 spanische Matrosen ertranken, fast die Hälfte der ursprünglichen Flottenbesatzung. Als einziges Schiff konnte ein französisches Begleitschiff, die *Grifon*, dem Unglück entrinnen. Im darauffolgenden Jahr retteten die Spanier die Überlebenden und bargen trotz eines Piratenangriffs auf ihr Lager einen großen Teil der kostbaren Fracht. Als der Sand sich immer rascher über die Wracks legte, wurde eine gründliche Bergungsaktion unmöglich, und die versunkene Flotte wurde aufgegeben.

Im Jahre 1948 entdeckte der Strandgutsammler Kip Wagner in der Nähe der Stadt Sebastian spanische Münzen am Strand. 1959 hatte er seine Suchtätigkeit vom Strand auch auf das Meer ausgeweitet und die Real Eight Corporation gegründet, einen Zusammenschluß von Laienschatzsuchern. Das erste gefundene Wrack nannten sie das »Hütten-Wrack«, weil es in der Nähe von Wagners Strandhütte lag. In den folgenden Jahren fanden die Taucher eine beachtliche Anzahl an Silbermünzen und keilförmigen Stücken von Silberbarren.

1963 schlossen sich der damals bereits berühmte Mel Fisher und sein Taucher-Team aus Kalifornien Wagners Gruppe an. Gleichzeitig beschäftigte sich der US-Bundesstaat Florida mit der großen Menge an Schätzen, die vor seinen Küsten geborgen wurden, und so beauftragten sie einen staatlichen Archäologen mit der Überwachung der Bergungsarbeiten. Der Bundesstaat erteilte die Bergungsgenehmigung und erhielt 25 Prozent von allem, was in seinen Gewässern geborgen wurde. Dieser Anteil wurde dem Florida State Museum Service übergeben.

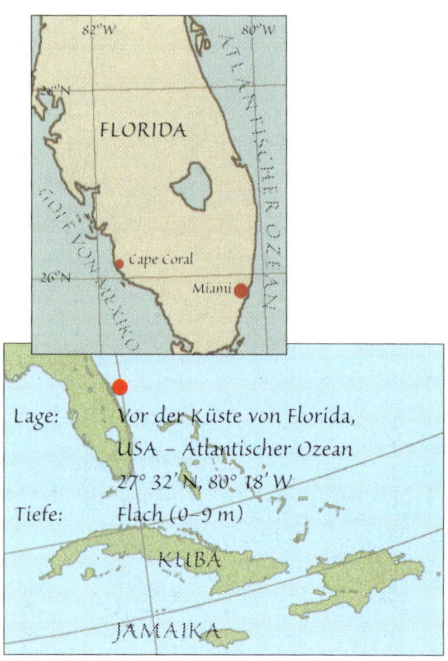

Ein Teppich aus Gold

Die Mitarbeit von Mel Fisher und seinem Team brachte die Schatzsuche richtig in Schwung, und so waren am Ende des Jahres bereits sieben der Wracks lokalisiert. Die Entdeckung eines »Teppichs aus Gold auf dem Meeresboden«, die Fisher im Winter gelang, beflügelte die Phantasie der Öffentlichkeit. Mit einem geschätzten Wert von etwa 5 Millionen Dollar handelte es sich hierbei um den größten Schatzfund in der amerikanischen

Geschichte. Er hatte einen Strom von Möchtegern-Schatzsuchern zur Folge und veranlaßte den Bundesstaat, seine Position neu zu bewerten. Dieser und andere lukrative Funde von Wracks mit Spitznamen wie »Das Gold-Wrack« und »Das Keil-Wrack« (nach den darauf gefundenen Silberkeilen) wurden während der 60er und 70er Jahre unter staatlicher Aufsicht weitergeführt, doch 1969 war der »Goldrausch« vorüber. Mel Fisher verlegte sein Team nach Key West im Süden, um nach der *Nuestra Señora de Atocha* zu suchen; Wagners Gruppe wurde durch interne Meinungsverschiedenheiten und Rechtsstreitigkeiten lahmgelegt.

Obwohl auch heute noch unter staatlicher Aufsicht Bergungsgesellschaften in diesem Gebiet arbeiten, wurden keine nennenswerten Funde mehr gemacht. Durch die Anwesenheit staatlicher Archäologen konnte sichergestellt werden, daß ein gewisses Maß an archäologischer Dokumentation beibehalten wurde, und so wurde nach sorgfältigen Untersuchungen die Identität vieler Wracks bestätigt.

Zwar mangelte es an der Sorgfalt einer professionellen archäologischen Untersuchung, doch brachten die gesammelten Informationen etwas Licht in diese Katastrophe der spanischen Flotte. Viele der Fundstücke wurden anschließend von den Schatzsuchern verkauft, aber ein kleiner Teil wurde zurückgehalten und in privaten Museen in Sebastian und Cape Canaveral ausgestellt. Florida übergab seinen Anteil an den Fundstücken der Flotte von 1715 an die örtlichen Museen, außerdem wurde dem Florida Museum of History in Tallahassee, der Hauptstadt des Bundesstaates, eine umfangreiche Studiensammlung überlassen. 1989 wurde das »Keil-Wrack«, von dem man annimmt, daß es sich um die Überreste der *Urca de Lima* handelt, als Floridas erste archäologische Unterwasser-Ausstellung eingerichtet. Der Fundort ist für alle Taucher zugänglich; die Fundstücke werden für die Besucher erläutert, so daß eine einzigartige Form eines lebendigen Unterwasser-Museums entstanden ist.

Oben: Noch bis ins späte 18. Jahrhundert waren die Gewässer zwischen den Florida Keys und den Bahamas kartographisch ungenau erfaßt, obwohl dort häufig spanische Schiffe verkehrten. Drei große Schatzflottenkatastrophen ereigneten sich vor Floridas Küsten.

Unten: Die Flotte von 1715 erlitt vor den einsamen Küsten im Osten Floridas Schiffbruch, zwischen dem heutigen Sebastian und Fort Pierce. Bis heute finden Strandgutsammler hier ausgewaschene Gold- und Silbermünzen, während Schatzsucher immer noch nach Überresten der Wracks tauchen.

DIE GUADALUPE UND DIE TOLOSA

1724 Die Quecksilber-Galeonen

Quecksilber spielte im 18. Jahrhundert für die Aufrechterhaltung des spanischen Imperiums eine fundamentale Rolle. Im Jahre 1724 war Spanien von der regelmäßigen Zufuhr an Silber, das in Peru und Mexiko gewonnen und von den Schatzflotten nach Spanien transportiert wurde, abhängig geworden, um seinen Niedergang als Weltmacht aufzuhalten. Jede Unterbrechung im Zufluß von Silberbarren in die Schatzkammern des Königs hätte zum Bankrott des Königshauses und des Landes führen können.

Quecksilber wurde benötigt, um das reine Silber aus dem abgebauten Erz extrahieren zu können. Im Jahre 1724 verließen die spanischen Schiffe *Nuestra Señora de Guadalupe* und die *Conde de Tolosa* den Hafen von Cádiz mit dem Ziel Havanna, um dann weiter nach Veracruz zu segeln. In Mexiko angekommen, sollte die aus 250 Tonnen Quecksilber bestehende Fracht der Schiffe in den mexikanischen Silberminen eingesetzt werden.

Oben: Ein Taucher demonstriert, daß Quecksilber schwerer ist als Wasser, indem er etwas davon auf den Grund gießt. Das zur Gewinnung von reinem Silber aus dem Silbererz nötige Quecksilber war für die spanische Wirtschaft von großer Bedeutung.

Nachdem sie sich in Aguadilla in Puerto Rico mit Vorräten und Wasser versorgt hatten, erreichten die Schiffe die nordöstliche Ecke von Hispaniola (der heutigen Dominikanischen Republik), als sie in einen Hurrikan gerieten. Sie versuchten, den Sturm bei ausgeworfenem Anker in der Samaná-Bucht zu überstehen, aber der Wind war zu stark für die Anker, und so wurde die *Tolosa* am Morgen des 24. August unerbittlich auf ein Riff getrieben und zerschellte. Weniger als 40 Menschen überlebten; sieben von ihnen harrten über einen Monat auf dem Topp des Großmasts aus, fingen Regenwasser und vorbeischwimmende Vorratsfässer auf, um am Leben zu bleiben, und waren dabei auch noch den Haien ausgesetzt.

Die *Guadalupe* hatte etwas mehr Glück, denn sie lief auf eine Sandbank auf, wodurch 500 ihrer 650 Mann zählenden Besatzung die relative Sicherheit des Ufers erreichen konnten. Die Überlebenden machten sich auf einen zermürbenden, 200 Meilen langen Marsch durch den Dschungel nach Santo Domingo, wo sie den Behörden von ihrem Unglück berichteten.

Rettungsboote wurden zu der Unglücksstelle ausgesandt, welche die sieben Überlebenden der *Tolosa* auf ihrem Mastkorb fanden und einen kleinen Teil der Fracht der *Guadalupe*, Quecksilber und Kanonen, bargen. Der Hauptteil des Rumpfes der *Tolosa* war in zu tiefes Wasser abgerutscht, als daß man ihn hätte bergen können, und so wurden die Wracks aufgegeben. Diese Katastrophe hatte durch den Verlust des Quecksilbers nachhaltige Auswirkungen auf die Silberproduktion und beschleunigte das Ende des spanischen Imperiums.

An einem Riff zerschellt

Im Jahre 1976 erteilte die dominikanische Regierung der Bergungsgesellschaft Caribe Salvage SA eine Lizenz zur Aushebung der Fundstellen. Die *Guadalupe* war rasch lokalisiert und geborgen, allerdings wurde kaum Quecksilber gefunden. Daraus schloß man, daß entweder ein großer Teil der Fracht schon von den Spaniern geborgen worden war oder daß sich das Quecksilber noch ganz unten im Schiffsrumpf befand, den die Taucher aufgrund von Verschmelzungen, Korallen und großer Holzteile nicht erreichen konnten.

Nach einem Jahr mehr oder weniger fruchtloser Bergungsarbeiten beschlossen die Schatzsucher, nach der *Tolosa* zu suchen. Sie fanden das Wrack weniger als acht Meilen entfernt mit Hilfe eines Magnetometers, mit dem sie das von der ursprünglichen Bergungsgruppe beschriebene Gebiet des Riffes absuchten. Dort war die Ausbeute dann schließlich ergiebiger. Innerhalb von wenigen Wochen fanden die Taucher hier Quecksilber, Perlen, Goldschmuck und außerdem – genauso wichtig – die gut erhaltenen Überreste eines spanischen Kriegsschiffes aus dem frühen 18. Jahrhundert.

Im Laufe des folgenden Jahres wurde aber nicht nur ein steter Fluß an Artefakten unter den wachsamen Augen dominikanischer Beamter an Land gebracht, die Caribe-Salvage-Truppe dokumentierte auch, was sie vom Schiff selbst finden konnte; dadurch gelang es zu rekonstruieren, wie die *Tolosa* gebaut war und was geschah, als sie auf das Riff auflief. Es handelte sich um ein solides Schiff, aber die Kraft des Hurrikans hatte große Löcher in den Rumpf geschlagen und dabei Kanonen, Lagerräume und Masten herausgerissen; es muß ein verheerendes Schauspiel gewesen sein, als das Schiff auf dem Riff zerschellte.

Trotz der Zerstörung durch den Schiffbruch fanden die Bergungsarbeiter noch intaktes Glas- und Zinngeschirr sowie Keramik, was eine faszinierende Dokumentation des Lebens auf einem spanischen Kriegsschiff im frühen 18. Jahrhundert lieferte. Die Fundstücke wurden unter der Bergungsgesellschaft und der Dominikanischen Republik aufgeteilt; zahlreiche Gegenstände wurden konserviert und sind heute im Casas Reales Museum in Santo Domingo ausgestellt.

Oben: *Trotz der chaotischen Zustände bei einem Schiffbruch bleiben auch empfindliche Gegenstände häufig intakt. Dieses Tafelgeschirr sowie die hochfeinen Teile aus Glas wurden in den Wracks der Flotte von 1724 geborgen.*

MEL FISHER (1922–1999)
Schatzsucher

Mel Fisher, der als der größte Schatzsucher der Welt angesehen wird, verband persönlichen Charme mit einer Hartnäckigkeit, die ihm die Entdeckung der wertvollsten Schiffswracks aller Zeiten ermöglichte. Seine Leistungen hielten die Vorstellungskräfte der Menschen gefangen, und sein Tod leitete in gewisser Weise das Ende einer Ära ein.

Mel Fisher, von einigen als Held verehrt, von anderen als Plünderer angesehen, ist der vielleicht berühmteste Schatzsucher der Welt. Zeit seines Lebens führte er die Suche nach versunkenen Schätzen mit einer an Besessenheit grenzenden Hingabe durch. Von seinem Team verlangte er viel, trieb es trotz Rückschlägen immer wieder an. Den Satz »Heute ist der Tag!« verwendete Fisher als Leitspruch, um die Moral seiner Crew während der 16 Jahre dauernden Suche nach der spanischen Schatzgaleone *Nuestra Señora de Atocha* aufrechtzuerhalten. Am 20.Juli 1985 war es dann wirklich soweit: Sie hatten das Wrack entdeckt. Der Traum, der Fisher über so lange Zeit gefangengenommen hatte, war unter lebhafter Anteilnahme der Öffentlichkeit Wirklichkeit geworden.

Oben: Mel Fisher (rechts) mit seinen Söhnen Kane (links) und Kim; sie zeigen Fundstücke aus den Wracks der Schatzflotte von 1622, die in den frühen 80er Jahren entdeckt wurden. Im Hintergrund sieht man eine »mailbox«, ein Ausgrabungswerkzeug, das auf Fishers Bergungsbooten eingesetzt wurde.

Mel Fisher wurde in Indiana geboren. Nachdem er während des Zweiten Weltkriegs in der US-Army gedient hatte, zog er nach Kalifornien und eröffnete das erste Fachgeschäft für Taucher in den USA. Das Geschäft florierte, und so wurde ein weiterer Laden in der Nähe von Redondo Beach eröffnet, das erste voll ausgerüstete Tauchzentrum in Amerika. Während seine Frau Deo die Ausrüstung verkaufte, gab Mel Tauchunterricht und drehte Unterwasserfilme, die später im amerikanischen Fernsehen gezeigt wurden. Fisher organisierte auch Schatzsuchen in die Karibik; zwar blieb er dabei erfolglos, es gelang ihm aber, ein erfahrenes Bergungsteam zusammenzustellen.

1963 lernte Fisher den Schatzsucher Kip Wagner aus Florida kennen, der ihm vorschlug, zusammen mit seinem Team die Wracks der Schatzflotte von 1715 zu suchen. Ein Jahr später fanden die Schatzsucher über 1000 Goldmünzen, einen der wertvollsten Funde des Jahrzehnts. Die Partnerschaft erwirtschaftete in den 60er Jahren mehr als 20 Millionen Dollar aus den Wracks der Schatzflotte, aber Fisher wurde immer ruheloser.

1969 war Fisher nach Key West gezogen, wo er mit der Suche nach der *Atocha* begann. Diese Suche sollte weitere 16 Jahre dauern, das Leben seines Sohnes, seiner Schwiegertochter sowie mehrerer Taucher kosten und Millionen von Dollar für Rechtsstreitigkeiten verschlingen. Vereinzelte Funde spornten die Taucher immer wieder an, aber manches Mal mußten sie aus Geldmangel fast aufgeben.

Oben: Dieser seltene Gürtel gehört zu den Fundstücken von der Nuestra Señora de Atocha.

Schatzsucher und Archäologen in einem Boot

1975 wiesen Funde von Kanonen und Silberbarren darauf hin, daß sie sich in der richtigen Gegend befanden. In Rechtsstreitigkeiten mit dem Bundesstaat Florida und mit der Regierung der USA erlangte Fisher das Recht, alle seine Funde behalten zu dürfen.

Die Überreste des Schwesterschiffes der *Atocha,* der *Santa Margarita,* wurden 1980 entdeckt. Neben den Schätzen fand man auch Holzteile des Rumpfes, und so beauftragte Mel Fisher den Archäologen Duncan Matthewson III., die Funde zu dokumentieren. Diese Zusammenarbeit zwischen Schatzsuchern und Archäologen blieb auch danach bis 1990 bestehen.

Es ist Fisher hoch anzurechnen, daß er die historische Bedeutung der Fundstücke erkannte, obwohl auch betont werden muß, daß die archäologische Arbeit stets hinter der Bergung der Schätze zurückstand. Matthewson und sein Team taten, was sie konnten, um alles zu dokumentieren, was ihnen erlaubt war – ein ethisches Dilemma, das schon weiter vorne dargelegt wurde.

1985 dann, nachdem das Bergungsteam einer Spur von Einzelfunden gefolgt war, stießen die Taucher auf den Hauptrumpf der *Atocha* – die »Silbermine«. Mit einem geschätzten Wert von 400 Millionen Dollar gilt dieses Wrack immer noch als der kostbarste Fund versunkener Schätze in der Geschichte. Obwohl der größte Teil der Fundstücke unter Käufern und Investoren aufgeteilt wurde, blieb doch noch so viel in Key West, daß im dortigen Schiffahrtsmuseum eine repräsentative Sammlung zusammengestellt werden konnte.

In dem Jahrzehnt nach diesem Fund bestritt Fisher noch weitere gerichtliche Auseinandersetzungen und diente damit der Gemeinschaft der Schatzsucher als zentrale Person im Kampf gegen das, was sie als Eingriff des Staates ansahen und womit sie aus ihrem Geschäft herausgedrängt werden sollten. Mel Fisher suchte bei seinen Expeditionen nie wirklich den Reichtum; seine Antriebskraft war die Suche selbst. Obwohl die Meeresarchäologen ihn als ihren Erzfeind ansahen, machten seine Ausstrahlung und seine Begeisterungsfähigkeit es schwierig, ihn als Menschen nicht zu mögen.

Mel Fisher war vielleicht der letzte echte Schatzsucher, denn die heutigen Gesetze und die gestiegenen Kosten hindern viele daran, in seine Fußstapfen zu treten. Sein Tod kennzeichnete das Ende einer Ära. Die neue Generation besteht aus großen kommerziellen und oft anonymen Bergungsgesellschaften, deren Motiv eher im Profit als in der Suche nach dem Schatz selbst liegt.

Oben: *Mit einem Goldbarren vom Wrack der Santa Margarita in der Hand durchbricht dieser begeisterte Taucher die Wasseroberfläche. Beide Wracks erbrachten zusammen einen Schatz von schätzungsweise mehr als 400 Millionen Dollar.*

Unten: Weiterentwickelte Schiffskonstruktionen und verbesserte Segeltechniken im 16. und 17. Jahrhundert öffneten die lukrativen Seiden- und Gewürzstraßen in den Fernen Osten und führten zum Aufbau großer europäischer Handelsmonopole.

Der Handel mit dem Osten

Nachdem die Portugiesen den Indischen Ozean erreicht hatten, bot sich für Europa die Möglichkeit des Handels mit dem Orient. Während des 16. und 17. Jahrhunderts richtete eine Reihe europäischer Nationen Handelsrouten zwischen ihren Heimatländern und Indien oder dem Fernen Osten ein. Die bedeutendste davon war die Handelsroute der Holländer, deren Ostindienkompanie vermutlich die erste weltweit erfolgreiche Handelsgesellschaft der Welt war. Spanische Galeonen segelten über den Pazifik, und später trugen englische Ostindienfahrer dazu bei, ein auf Handel begründetes Weltreich aufzubauen. Anhand der Wracks dieser Schiffe läßt sich ablesen, wie dauerhaft dieses grandiose Unternehmen aufgebaut war.

Der Handel mit dem Osten

Oben: Europäische Kaufleute bauten ab dem 16. Jahrhundert die neuen Märkte in Indien und Asien auf; zahlreiche Handelshäfen wurden vor allem in Indien, auf den Philippinen und in Indonesien geschaffen. »Handelsschiffe im Osten«. Ölgemälde von Hendrik Cornelisz Vroom.

Als Marco Polo im Jahre 1295 aus dem Fernen Osten nach Venedig zurückkehrte, hielten seine Erzählungen einen ganzen Kontinent gefangen. Die Veröffentlichung seiner Memoiren löste unter den Europäern eine Besessenheit aus: Sie träumten über zwei Jahrhunderte hinweg vom Zugang zu diesen sagenumwobenen Märkten des Orients. Arabische Kaufleute im östlichen Mittelmeerraum steigerten Polos Behauptungen noch, indem sie den europäischen Kaufleuten vom Reichtum Indiens erzählten und von noch größeren Schätzen, die im Fernen Osten zu finden seien.

Entwicklungen in der europäischen Schiffsbautechnologie und in der Schifffahrt allgemein leiteten im ausklingenden 15. Jahrhundert eine Epoche ein, die als das »Zeitalter der Entdeckungen« bekannt ist. Das größte Ziel dabei war die Entdeckung einer Seeroute nach Osten. Zufälligerweise fiel der Beginn dieser Suche der Europäer genau in die Zeit, in der die Chinesen ihren Handel mit Übersee einstellten. Obwohl chinesische Kaufleute schon bis in den Indischen Ozean vorgedrungen waren, wurde um 1500 eine mehr auf das eigene Land ausgerichtete Politik (Ming Ban) durchgesetzt, die den Handel mit Übersee untersagte und sogar den Bau von ozeantauglichen Schiffen verbot. Dies führte auch in den Ländern am Indischen Ozean, die auf den Handel angewiesen waren, zu einem wirtschaftlichen Leerlauf.

1498 traf der portugiesische Seefahrer Vasco da Gama in Calicut in Indien ein, nachdem er das Kap der Guten Hoffnung umsegelt und den Indischen Ozean überquert hatte. Nach einem eher zögerlichen Start richteten portugiesische Kaufleute einen Seehandelsweg zwischen Indien und Europa ein und füllten somit die durch den Rückzug der Chinesen entstandene Lücke. Die Fracht bestand hauptsächlich aus Gewürzen. Zwar hatten arabische Handelskarawanen schon seit Jahrhunderten Gewürze nach Europa gebracht, aber die Portugiesen transportierten die Ware in großen Mengen und konnten so den arabischen Handel unterbieten.

Das Ende des Monopols

Das Abkommen von Tordesillas im Juni 1494 hatte die bekannte Welt bereits in spanische und portugiesische Einflußgebiete aufgeteilt. Während die Spanier mit dem Westen (d. h. mit Amerika) handeln durften, behielt sich Portugal die ausschließliche Kontrolle über den Handel rund um Afrika und im Indischen Ozean vor. In der Mitte des 16. Jahrhunderts hatten die Portugiesen ihre Handelswege so ausgeweitet, daß sie mit Hormoz in Persien und sogar mit Nagasaki in Japan Handelsbeziehungen knüpften.

1295	1368	1397	1405	1453	1498	1545	1564–1642
Marco Polo kehrt aus dem Fernen Osten zurück.	Beginn der Ming-Dynastie in China.	In der Kalmarer Union werden Norwegen, Dänemark und Schweden vereinigt.	Die Chinesen segeln im Indischen Ozean.	Das Byzantinische Reich geht zu Ende, als die osmanischen Türken Konstantinopel erobern.	Vasco da Gama ist der erste Mensch, der von einer Reise von Europa nach Indien zurückkehrt.	Die Mary Rose versinkt kurz nach ihrem Stapellauf.	Ivan der Schreckliche regiert in Rußland.

Das Monopol der Portugiesen auf den Handel im Indischen Ozean sollte noch bis in das Jahr 1581 fortbestehen, als Philip II. von Spanien Portugal besetzte. Dies war ein Teil seines großen Plans der Eroberung der Meere, die auf die Niederschlagung Englands und der Niederlande zielte.

Nach dem Sieg über die spanische Armada im Jahre 1588 bewerteten englische und holländische Kaufleute ihre Position neu. Bis zur Besetzung Portugals hatten ihre Schiffe mehr als Verteiler vor Ort gedient: Sie hatten Portugal Gewürze abgenommen und sie für einen angemessenen Gewinn in Europa weiterverkauft. Was sollte sie angesichts des schweren Schlags für die spanische – und damit auch portugiesische – Seemacht noch davon abhalten, das portugiesische Monopol zu brechen und ihre eigenen Handelsverbindungen mit Indien und dem Fernen Osten aufzunehmen?

Innerhalb eines Jahrzehnts hatten diese Kaufleute Handelsgesellschaften gegründet und entsandten selbst Schiffe in den Indischen Ozean, die mit den Portugiesen rivalisierten. Die holländische Ostindienkompanie war die erste Handelsgesellschaft mit Sitz in Amsterdam, hatte aber in den meisten größeren niederländischen Häfen Büros und Docks. In London nahm die englische Ostindienkompanie, die Anfang des 17. Jahrhunderts gegründet worden war, eine ähnliche Stellung ein.

Jede der beiden Organisationen hatte ein Handelsmonopol zwischen ihrem Heimatland und dem Osten, und ihre wirtschaftliche Stärke machte sie bald zu harten Rivalen für Portugal und Spanien. Sie setzten eigens gebaute Schiffe ein, die darauf ausgerichtet waren, in möglichst kurzer Zeit mit möglichst geringem finanziellen Aufwand soviel Fracht wie möglich zu transportieren. Diese beiden Gesellschaften, die zu den ersten weltweiten Handelsgesellschaften überhaupt gehörten, verfolgten rein geschäftliche Interessen. Ihr Ziel war nicht territoriale Eroberung, sondern reiner Profit.

Auf dem Weg nach Indien segelten die portugiesischen Schiffe an den Kanarischen und den Kapverdischen Inseln vorbei, bevor sie erst gen Osten und dann Richtung Süden an der westafrikanischen Küste entlangfuhren. Nördlich von Sankt Helena drehten sie wieder in den Atlantik, um die günstigen Passatwinde auszunutzen, bevor sie südöstlich in Richtung des Kaps fuhren. Von dort aus segelten sie die ostafrikanische Küste entlang bis auf die Höhe von Mosambik, bevor sie auf direktem Weg den Indischen Ozean bis nach Indien überquerten.

Der Aufstieg des britischen Handels

Zum Schutz dieses Seeweges errichteten die Portugiesen eine Reihe von Festungen an der Küste und verwehrten damit ihren europäischen Konkurrenten wirkungsvoll diese Route. Die Niederländer reagierten darauf, indem sie die Festungen mieden und eine

Unten: *Die frühe Entwicklung der Märkte im Osten führten die Portugiesen an; Lissabon wurde zu einem der belebtesten und blühendsten Häfen in Europa. »Portugiesische Karacken vor einer Felsenküste«. Ölgemälde im Stil von Joachim Patinir.*

1581	1588	1595	1602	1603	1606	1618	1619
Philip II. von Spanien besetzt Portugal.	Die Engländer siegen über die spanische Armada.	Die Holländer kolonisieren (Ost-)Indien.	Gründung der holländischen Ostindienkopmpanie.	Elizabeth I., die letzte Monarchin aus dem Geschlecht der Tudor, stirbt. Ihr Nachfolger ist Jakob I.	Die Niederländer entdecken Australien.	Beginn des Dreißigjährigen Krieges.	Die Niederländer gründen Batavia, das spätere Jakarta, die Hauptstadt Indonesiens.

Der Handel mit dem Osten

neue Route suchten. Ab 1613 verlief die bevorzugte Route der holländischen Ostindienkompanie unter Vermeidung der afrikanischen Küste über den Südatlantik.

Waren die Schiffe einmal hinter dem Kap, segelten sie in einer großen Schleife ostwärts, wobei sie fast die australische Küste erreichten, bevor sie in Richtung Norden nach Indonesien fuhren. Allein die Hinreise dauerte etwa sechs Monate.

Die Niederländer errichteten im heutigen Jakarta auf Java eine Handelsniederlassung und konnten so ihre Handelstätigkeiten bis in das Chinesische Meer ausweiten. Bis zum Ende des 17. Jahrhunderts hatten die Niederländer ihren Radius bis nach Japan ausgedehnt, und einige holländische Kaufleute waren von Jakarta aus über den Indischen Ozean in den Persischen Golf und ins Rote Meer gesegelt.

Die englischen Konkurrenten der niederländischen Gesellschaft hatten aufgrund finanzieller Mißwirtschaft einen schlechteren Start, und so besaßen die Holländer das Handelsmonopol mit dem Osten bis etwa in die Mitte des 17. Jahrhunderts. Die englische Ostindienkompanie wurde 1690 neu strukturiert, und die neuen Direktoren beschlossen, eigene Handelsniederlassungen in Indien zu errichten. Während des frühen 18. Jahrhunderts mischten sie sich massiv in die indische Politik ein, um den Binnenmarkt zu kontrollieren. Die Portugiesen hatten sich in diesem Bereich fast völlig zurückgezogen, und so war um 1700 der portugiesische Handelsverkehr von dem englischen völlig in den Schatten

Unten: *Im frühen 18. Jahrhundert wurde der Handel zwischen Indien und Europa von den Engländern beherrscht, die mit ihrer Ostindienkompanie ein starkes Monopol ausübten. »Festung St. George, Madras, ca. 1731, vom Meer aus gesehen«.*

1626	1629	1638	1641	1646	1652	1654–56	1664
Die Niederländer gründen Neu-Amsterdam (das heutige New York).	Batavia-Wrack, ein niederländischer Ostindienfahrer.	Concepción-Wrack, ein spanisches Schatzschiff.	Die Portugiesen verlieren Melaka in Malaysia an die Niederländer.	Die Bahamas werden von den Briten kolonisiert.	Die Niederländer gründen Kapstadt in Südafrika.	Erster englisch-niederländischer Seekrieg.	Kennemerland-Wrack, ein niederländischer Ostindienfahrer.

gestellt worden. Die Engländer hatten mittlerweile sogar Handelsverbindungen zwischen Bombay an der Westküste Indiens sowie Madras und Kalkutta an der Ostküste geknüpft.

Im Laufe des 18. Jahrhunderts konnte die englische Ostindienkompanie ihre Kontrolle über den indischen Subkontinent noch erweitern, denn französische Versuche, einen Teil des Osthandels für sich abzuzweigen, wurden erfolgreich abgewehrt. Auch andere europäische Länder, wie Schweden und Dänemark, versuchten sich in der Gründung von Handelsgesellschaften und Niederlassungen, allerdings ohne langfristigen Erfolg. Die Briten blieben im Osten die dominierende Handelsnation bis in das 19. Jahrhundert hinein.

Zum Teil verdankten die Engländer ihren Erfolg der britischen Marine. Diese drängte den niederländischen Handel so weit zurück, daß die holländische Ostindienkompanie 1798 bankrott ging. Im späten 18. Jahrhundert übten die Briten eine fast uneingeschränkte Seeherrschaft aus, die bis in die Mitte des 20. Jahrhunderts bestehen blieb. Der Verlust der Vormachtstellung auf den Weltmeeren und das Ende des Britischen Empire hatten nicht wenig miteinander zu tun.

Opfer einer langen, gewagten Reise

In der Mitte des 16. Jahrhunderts hatten die Spanier von Mexiko aus nach Osten Erkundungsreisen unternommen, um eine eigene Route in den Osten zu finden. 1571 errichteten sie eine Handelsniederlassung in Manila auf den Philippinen. Anders als ihre europäischen Rivalen verfügten sie über große Vorräte an Silber, eine sehr gefragte Ware im Orient. Die Manila-Route verschiffte auf Galeonen Silber von Mexiko nach Manila, wo es gegen Gewürze, Seide und Porzellan eingetauscht wurde. Im Gegensatz zu den anderen europäischen Ländern bauten die Spanier viele ihrer Schiffe im Fernen Osten mit den dort gängigen Holzarten, wie etwa Teakholz. Nach ihrer Rückreise wurde die Fracht durch Mexiko nach Veracruz transportiert, wo die Schatzflotten die Waren aufnahmen und mit ihnen nach Spanien segelten. Der Zusammenbruch des Schatzflottensystems im frühen 18. Jahrhundert zog den raschen Niedergang des Handels mit Manila nach sich, der zusätzlich durch die Ausbreitung niederländischer und britischer Handelsverbindungen in der Region erschwert worden war.

Da Hunderte von Schiffen die lange Reise von Europa in den Orient und zurück unternahmen, ist es kaum verwunderlich, daß viele von ihnen Schiffbruch erlitten. Aus niederländischen Aufzeichnungen geht hervor, daß deren Ostindienkompanie im frühen 17. Jahrhundert mehr als hundert Schiffe verlor; andere Gesellschaften berichteten über ähnliche Verluste. Drei der vier in diesem Kapitel beschriebenen Schiffe sind niederländischer Herkunft – weniger, weil dies die Dominanz der Holländer widerspiegeln würde, sondern weil diese Schiffe einen interessanten Einblick in die Fortschritte des Schiffbaus geben und außerdem interessante Vergleiche ermöglichen.

Die Mehrzahl der bekannten Wracks wurde natürlich in sturmgefährdeten oder aus anderen Gründen schwierig zu befahrenen Gebieten entdeckt, etwa bei nicht verzeichneten Riffs oder in überfüllten Seestraßen. Dazu gehörten der Ärmelkanal, die südafrikanische Küste, die Westküste Australiens, die Gewässer rund um Indonesien und die Philippinen sowie die Marianen im Pazifik. In einigen Fällen hinterließen diese unglücklichen Seefahrer ein kostbares Vermächtnis. Die Kenntnisse, die sich aus diesen Wracks ablesen lassen, ermöglichen einen besseren Einblick in diesen ersten explosionsartigen Schub des Welthandels.

1667	1690	1707	1749	1756	1761	1778	1798
England und die Niederlande treten am Ende ihres Vier-Tage-Krieges den Rückzug an.	Die Briten gründen Kalkutta.	Tod des indischen Herrschers Aurangseb und Auflösung des Mogulreiches.	Amsterdam-Wrack, ein niederländischer Ostindienfahrer.	Briten und Franzosen beginnen den Siebenjährigen Krieg.	Die Engländer nehmen Frankreichs Basis im Pondicherry-Territorium in Indien ein.	James Cook entdeckt Hawaii und durchfährt die Beringstraße.	Die holländische Ostindienkompanie geht bankrott.

Die Batavia

1629 Meuterei und Mord vor der Küste Australiens

Oben: *Archäologen graben den Rumpf der Batavia aus. Nach 350 Jahren steht die Festigkeit ihrer Holzkonstruktion in starkem Kontrast zu der weniger soliden Bauweise, die bei kleineren Handelsschiffen aus der Zeit um 1500 gefunden wurde.*

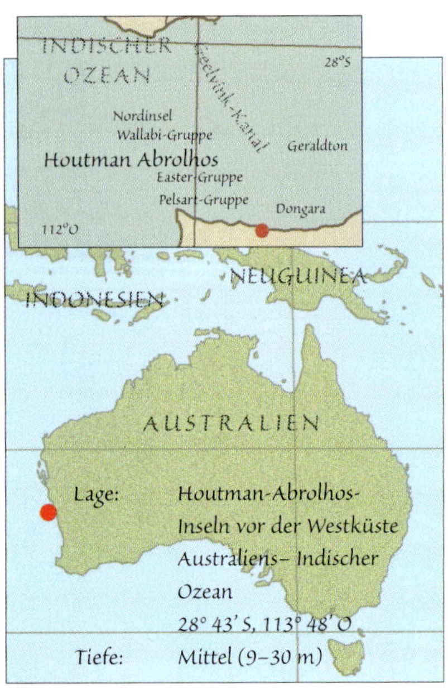

Im Gegensatz zur landläufigen Auffassung war James Cook in den australischen Gewässern eher ein Nachzügler. Die Niederländer entdeckten im Jahre 1606 als erste den Kontinent, und die Route der Ostindienkompanie führte sie auf ihren regelmäßigen Fahrten zwischen Holland und dem Fernen Osten, mit denen sie der europäischen Nachfrage nach asiatischen Gewürzen nachkamen, stets an den Küsten Australiens entlang.

Im frühen 17. Jahrhundert hatten die Niederländer die Portugiesen als Hauptimporteur von Gewürzen in Europa überholt. Ihre bevorzugte Route verlief an der afrikanischen Küste entlang bis zum Kap der Guten Hoffnung, dann direkt nach Osten über den Indischen Ozean und schließlich nach Norden in die indonesischen Gewässer nach Batavia, der holländischen Hauptstadt in dieser Region. Auf dieser Route lief am Morgen des 4. Juni 1629 die *Batavia*, ein Schiff der holländischen Ostindienkompanie, bei Houtman Abrolhos – einer unfruchtbaren Inselgruppe vor der westaustralischen Küste – auf Grund. Da die Wasservorräte begrenzt waren, benötigten die Schiffbrüchigen dringend Hilfe, um zu überleben.

Der Kapitän des Schiffes, Francisco Pelsaert, setzte sofort Rettungsboote aus, welche die nächstgelegene holländische Niederlassung in Batavia (das heutige Jakarta) erreichen sollten. Begleitet wurde er von seinen höheren Offizieren, einem Teil der Passagiere und einigen Matrosen, so daß die ausgesandte Mannschaft aus 48 Menschen bestand. Damit waren 268 Überlebende auf den Inseln zurückgeblieben, die sich allein durchbringen mußten, bis Hilfe eintraf.

Pelsaert brauchte einen Monat, bis er die Niederlassung erreicht hatte, und zwei weitere, um mit einer Rettungsmannschaft zurückzukehren. Bei ihrer Ankunft mußten sie feststellen, daß sich während der Abwesenheit des Kapitäns eine grausige Tragödie abgespielt hatte: Ein Teil der Besatzung hatte gemeutert und 125 Schiffbrüchige ermordet, darunter Frauen und Kinder. Die Meuterer wurden verhaftet und nach Batavia gebracht, wo sie vor Gericht gestellt und exekutiert wurden. Von den ursprünglich 316 Menschen an Bord konnten nur etwas mehr als 100 später über ihr Unglück berichten.

Das Wrack der *Batavia* wurde 1963 von einem Fischer wiederentdeckt. Nach einem wenig erfolgreichen Bergungsversuch verabschiedete die Regierung von Westaustralien ein Gesetz zum Schutz der Fundstätte. Zwischen 1972 und 1976 arbeitete die meeresarchäologische Abteilung von Westaustralien an den Überresten der *Batavia*. Geleitet

wurden die Bergungsarbeiten von Jeremy Green, einem erfahrenen Meeresarchäologen. Teile des Rumpfs und Einzelfunde aus dem Wrack sind heute im Seefahrtsmuseum in Fremantle ausgestellt.

Eine lukrative Art von Ballast

Einer der Hauptfunde bestand aus einem großen Teil des hinteren Rumpfs, der im Seefahrtsmuseum konserviert und wieder aufgebaut wurde und heute einen aufschlußreichen Einblick in die Schiffsbautechnik des 17. Jahrhunderts ermöglicht. Außerdem zeigt er, daß die Holländer eine ungewöhnliche Bauart anwandten, bei der in der Rumpfbauweise, vom Kiel ausgehend, zuerst aus einer doppelten Lage Planken das Hauptgerüst errichtet wurde, das dann mit gewöhnlichen Rippen und Rahmen zusätzlich verstärkt wurde. Diese Bauart stand im Gegensatz zu der in ganz Nordeuropa gebräuchlichen Art, bei der zuerst das Gerüst für den Schiffskörper gebaut wurde; die Gründe sind noch nicht endgültig geklärt.

Genauso aufregend waren auch die geborgenen Artefakte. Die *Batavia* führte eine Fracht aus Ziegelsteinen und Handelsware mit sich sowie Luxuswaren für die niederländischen Siedler des Malaiischen Archipels: Silbergeschirr, holländische Keramik und Lebensmittel. Ein spektakulärer Fund war ein vorgefertigter Steinportikus, dessen einzelne Blöcke so vorbereitet waren, daß sie perfekt zueinander paßten. Er sollte die holländische Festung in Batavia schmücken. Allem Anschein nach ersetzten der Portikus und die zahlreichen Ziegelsteine den normalen Schiffsballast; dieser »rentable« Ballast hätte den Gewinn der Reise für die Ostindienkompanie deutlich gesteigert, wäre er im Zielhafen angekommen.

Aus dem Schiffswrack und der Archivforschung konnten genügend Informationen zusammengetragen werden, um sich an eine Nachbildung in Originalgröße zu wagen. Der Kiel wurde im niederländischen Hafen Lelystad errichtet und vollständig ausgestattet. Die Nachbildung ist jetzt als Schiffsmuseum im Hafen von Amsterdam zugänglich. Die niederländischen Schiffsbauer arbeiteten mit den australischen Archäologen eng zusammen; gemeinsam haben sie unsere Kenntnisse über den Schiffsbau im frühen 17. Jahrhundert beträchtlich erweitert.

Oben: Dieser Teil des unteren Hecks der Batavia konnte geborgen, konserviert und ausgestellt werden, so daß Besucher die Konstruktion des Schiffes aus der Nähe besichtigen können. Anhand der Erkenntnisse, die das Wrack lieferte, machten sich Schiffsbauer an den Versuch, die Batavia in Originalgröße nachzubauen.

Die Nuestra Señora de la Concepción

1638

Das wertvolle Wrack einer Galeone der Manila-Route

Unten: Feine Smaragde und Goldketten wurden in großer Zahl aus dem Wrack geborgen – ein Zeugnis des immensen Wohlstands, den Spanien aus seinen Kolonien zog.

Die *Nuestra Señora de la Concepción* war eine riesige Galeone; mit einer Länge von 45 m und einer Wasserverdrängung von 1500 Tonnen war sie beinahe dreimal so groß wie die *Nuestra Señora de Atocha*, das Schatzflottenschiff, das 16 Jahre zuvor vor den Florida Keys gesunken war.

Der Auftrag der *Concepción* bestand darin, im Namen des spanischen Königs die aus dem Orient kommenden Waren von Manila auf den Philippinen sicher nach Acapulco in Mexiko zu bringen. Dies war eine der lukrativsten Schiffsrouten der Geschichte: Jedes Jahr wurde Silber aus dem spanischen Teil der Neuen Welt in den Fernen Osten gebracht und gegen Porzellan, Gold, Seide, Gewürze und Edelsteine eingetauscht. Der 1571 errichtete Hafen von Manila war das wichtigste Handelszentrum der Spanier im Osten; ihr Reichtum ließ den der niederländischen, portugiesischen und englischen Handelsposten weit hinter sich.

Jedes Jahr im Frühling machten große Galeonen wie die *Concepción* die 9000-Meilen-Reise von Mexiko und nutzten die günstigen vorwiegend östlichen Winde. Die Rückreise im Spätsommer konnte bis zu sechs Monaten dauern, und angesichts der Gefahr durch Taifune war ein genauer Zeitplan lebenswichtig. Sie segelten auf einem nordöstlichen Kurs, bis sie fast den Breitengrad des heutigen San Francisco erreichten, bevor der Kurs in Richtung Ost-Südost zur kalifornischen Küste eingeschlagen wurde. Dort nahmen sie Süßwasservorräte auf und segelten dann die Küste hinunter bis nach Acapulco.

Als die *Concepción* im Jahre 1638 die Marianen mitten im Pazifik erreichte, geriet sie in einen heftigen Sturm oder Taifun. Kapitän und Erster Offizier konnten sich nicht einigen, ob sie eine geschützte Stelle suchen oder mit dem Sturm in das offene Meer treiben sollten. Die Folge ihres Kompromisses war, daß das Schiff am 20. September vom Sturm ergriffen wurde und mit gebrochenem Mast an einem Riff an der südwestlichen Spitze von Saipan zerschellte.

Alltägliche Gegenstände und erlesene Schmuckstücke

Nur wenige der 400 Passagiere und Besatzungsmitglieder überlebten den Schiffbruch – und viele von denen, welche die Küste erreichten, wurden von Eingeborenen getötet. Nur sechs Spanier konnten mit dem Boot nach Guam flüchten; von dort aus kehrten sie nach Manila zurück, um von der Katastrophe zu berichten – eine Reise, die beinahe ein Jahr dauerte. Das Wrack wurde zum Teil schon von den Eingeborenen geplündert, aber obwohl die Spanier intensiv danach suchten, entdeckten sie es erst 1684. Sie konnten fast alle Kanonen bergen, aber viele kleinere Teile der Fracht und persönliche Besitztümer blieben unter den Korallen des Riffs begraben.

Das Wrack der *Concepción* wurde Mitte der 80er Jahre wiederentdeckt und 1987 geborgen. Es handelte sich zwar um eine kommerzielle Bergungsaktion, aber ein Team aus erfahrenen Archäologen arbeitete eng mit den Bergungsarbeitern zusammen, so daß eine umfassende Dokumentation erstellt werden konnte. Da ein kommerzielles Unternehmen die Leitung hatte, hielten sie die Fundstücke nicht zusammen, aber es blieb ein ausreichender Bestand an Erkenntnissen für weitere Untersuchungen übrig.

Ein Rumpf aus Teakholz

Obwohl nur wenig von der ursprünglichen Rumpfstruktur erhalten war, fanden die Archäologen heraus, daß der Rumpf des Schiffes aus philippinischem Teakholz gebaut war: ein aufgrund seiner Härte gut geeignetes Holz für Schiffe auf der schwierig zu befahrenden Manila-Route. Die Fundstücke zeigen, wie weit das spanische Handelsnetz gespannt war: Japanische Dekorationsstücke sowie indische Waffen und Edelsteine lagen gleich neben chinesischem Porzellan.

Auch Teile aus dem Besitz einiger reicher Passagiere wurden entdeckt, darunter meterweise Goldketten, filigrane Schmuckstücke und Geschirr. Darüber hinaus fand man ganz alltägliche Gegenstände der Schiffsmannschaft, wie die üblichen Olivenfässer, grobe Keramik und Schiffszubehör. Insgesamt ist die Sammlung mit denen ähnlicher spanischer Schiffe wie etwa der *Atocha* (1622) vergleichbar, aber der orientalische Hauch der Fundstücke ist die einzigartige Hinterlassenschaft des florierenden Handels der Spanier mit dem Osten.

Oben: Das Schiff hatte viele Prachtstücke aus dem Osten an Bord. Edelsteine aus Indien und Goldschmuck aus dem Besitz der spanischen Adligen an Bord sind nur einige der gefundenen Schätze.

Unten: Die felsige Küste an der Südwestspitze von Saipan war die Stelle, an der die Galeone Schiffbruch erlitt.

Die Kennemerland

1664 Ein unverhofftes Fest für die Inselbewohner

Am 14. Dezember 1664 verließ das niederländische Schiff *Kennemerland* Holland für eine lange Reise zum Malaiischen Archipel. Wie schon ihre Vorgängerin, die *Batavia*, transportierte sie Waren für die Kolonien. Da Holland sich zu der Zeit im Krieg mit England befand, mied das Schiff den Ärmelkanal und umsegelte die britischen Inseln.

Dies war zwar bereits ihre zweite Reise in den Osten, aber sie fuhr zum ersten Mal durch die rauhen Gewässer der Nordsee vor Schottland. Durch einen Südwind wurde sie nach Norden getrieben, und ohne daß vom Ausguck eine Warnung gekommen wäre, wurde die *Kennemerland* gegen einen Felsen geschleudert. Der Fockmast brach unter der Wucht und fiel auf den Felsen, wodurch die drei Matrosen vom Ausguck sich in Sicherheit bringen konnten. Sie waren die einzigen Überlebenden der 200 Mann starken Besatzung. Das Schiff brach in zwei Teile, der Bug versank im tiefen Wasser am Felsen, und das Heck trieb in die dahinter liegende Bucht und wurde schließlich auf den Strand gespült.

Das Unglück ereignete sich am 20. Dezember 1664 bei Out Skerries, der östlichsten Gruppe der Shetlandinseln, 120 Meilen nördlich vom schottischen Festland. Die Einwohner plünderten das Wrack gründlich und waren daraufhin wochenlang betrunken – wie berichtet wurde –, denn zur Fracht gehörten auch Wein und Brandy. Das für die Inselbewohner glückliche Ereignis wurde sogar von einem einheimischen Dichter in Versen festgehalten.

Die schottischen Behörden nahmen sich bald darauf der Sache an und bargen vom Schiff, was sie konnten. Da Holland und die vereinigten Königreiche von England und Schottland sich im Krieg befanden, galt das gefundene Geld als Kriegsbeute. Die *Kennemerland* hatte 120 000 niederländische Gulden an Bord, und das meiste davon wurde der Krone übergeben.

Schwierige Untersuchungsbedingungen

Das Wrack wurde 1971 vom Tauchklub einer Universität aufgespürt. Während der folgenden 16 Jahre wurden unter der Leitung von Richard Price regelmäßige Ausgrabungen vorgenommen. Unterstützt wurde er von Keith Muckelroy, dem die Fundstelle als Testgebiet für Untersuchungen über die Umwelteinflüsse auf eine Wrackstelle diente. Chris Dobbs, ein erfahrener Archäologe der Mary-Rose-Stiftung, übernahm diese Aufgabe in den 80er Jahren von Muckelroy.

Ein großer Teil der Arbeiten wurden an der Mündung der Bucht durchgeführt, wo das Heck und zahlreiche Ziegelsteine aus der Fracht gefunden wurden. Die Unterwasservegetation bereitete einige Probleme, denn große Bereiche der Fundstelle waren von einem dichten Wald aus Seetang bedeckt. Durch die beschwerlichen Bedingungen vor Ort und die aufgrund finanzieller Schwierigkeiten kurzen Tauchperioden kam die Arbeit nur langsam voran.

Obwohl keine Rumpfteile gefunden wurden, sprachen die Funde Bände über Fracht und Passagiere eines niederländischen Ostindienfahrers aus dem späten 17. Jahrhundert. Noch wichtiger war, daß die von Muckelroy und später Dobbs durchgeführten Arbeiten den Archäologen seltene Kenntnisse über den Schiffbruch selbst, die Verstreuung der Fundstücke und darüber, wie der Rumpf im Laufe der Jahrhunderte auseinandergefallen war, vermittelten.

Linke Seite: Ein Taucher versucht das Wrack in Augenschein zu nehmen, wird aber durch einen Wald aus Seetang behindert, der hier in großen Mengen vorkommt. Eine Untersuchung der Verteilung der Fundstücke in diesem Unterwassergebiet trug viel dazu bei, die Kenntnisse darüber zu erweitern, auf welche Weise Schiffe nach einem Schiffbruch zerfallen.

Tabaksdosen und Golfschlägerknäufe

Die Fundstücke lagen hauptsächlich in der Nähe des Felsens und etwa 120 m weiter in der Mündung der Bucht. Sämtliche Anker fanden die Archäologen im ersten Bereich, während viele der Kanonen im Mündungsbereich geborgen wurden, wodurch die Theorie gestützt wird, daß der Bug und der obere Rumpf während des Schiffbruchs hinter den Felsen getrieben wurden. Trotz der ungünstigen Bedingungen für die Taucher während der Aushebungen unter Wasser konnten mehrere gut erhaltene Gegenstände geborgen werden, darunter kunstvolle Tabaksdosen aus Messing mit holländischen Gravuren und fünf Golfschlägerknäufe aus Zinn, die zu den frühesten bekannten Exemplaren dieser Art gehören.

Die Mehrzahl der Funde kann heute in Lerwick besichtigt werden, der Hauptstadt der Shetlandinseln. Die Bergung der *Kennemerland* ist ein Beispiel dafür, was an einer archäologisch wertvollen Fundstätte erreicht werden kann, wenn durch Fachkenntnisse, Ausdauer und Begeisterung Probleme gemeistert werden, die durch geringe Geldmittel bedingt sind.

Unten: Diese großen Krüge aus rheinischer Keramik waren im 17. Jahrhundert eine beliebte Form der Töpferei. Ein typisches Kennzeichen ist das Gesicht auf dem Hals. Viele dieser Krüge von der Kennemerland enthielten Quecksilber.

Die Amsterdam

1749

Ein gut erhaltener Ostindienfahrer am Strand

Lage: Bei Hastings, Südküste von England – Ärmelkanal 50° 57' N, 0° 45' O

Tiefe: Gestrandet

Unten: Die Zeichnung zeigt einen Taucher mit einem Airlift, mit dem er den Schlick vom Rumpf der Amsterdam absaugt. Oben rechts sieht man den Fangdamm.

Die *Amsterdam* war ein im Jahr 1748 in der holländischen Hauptstadt gebauter Ostindienfahrer. Sie ging im Januar 1749 auf ihre Jungfernfahrt zum Malaiischen Archipel. Eine Fehleinschätzung führte dazu, daß sie in der Nähe von Hastings, Südengland, auf den Strand auflief. Schon bald darauf begann sich der Rumpf im weichen Schlick und Sand zu senken, so daß der untere Rumpf sehr gut erhalten blieb. Das Wrack wurde bereits kurz nach seinem Unglück teilweise geplündert, aber das schnelle Versinken des Schiffes im Schlick verhinderte größere Schäden und die Bergung seines gesamten Inhalts.

Die Stelle wurde 1969 von Tauchern wiederentdeckt, die zur Bergung mechanische Geräte einsetzten. Mehrere Gegenstände wurden dabei zwar ans Tageslicht geholt, aber die Fundstätte wurde durch ihre Arbeiten ziemlich stark beschädigt. Der Vorteil war, daß dadurch Archäologen auf das Wrack aufmerksam wurden.

In den Jahren 1969 und 1970 untersuchte der Meeresarchäologe Peter Marsden das Wrack, wobei seine Identität und Bedeutsamkeit festgestellt werden konnten. Durch ein neues Gesetz von 1973 zum Schutz von Wracks konnte die Fundstelle vor weiteren Beschädigungen geschützt werden. Im Jahr darauf wurde zur Erforschung und Bergung dieser bedeutenden Hinterlassenschaft der niederländischen Schiffahrtsgeschichte eine Stiftung gegründet.

In den frühen 80er Jahren waren schließlich die Vorbereitungen abgeschlossen, und von 1984 bis 1986 wurden jeweils im Sommer drei Bergungsaktionen von einem britisch-

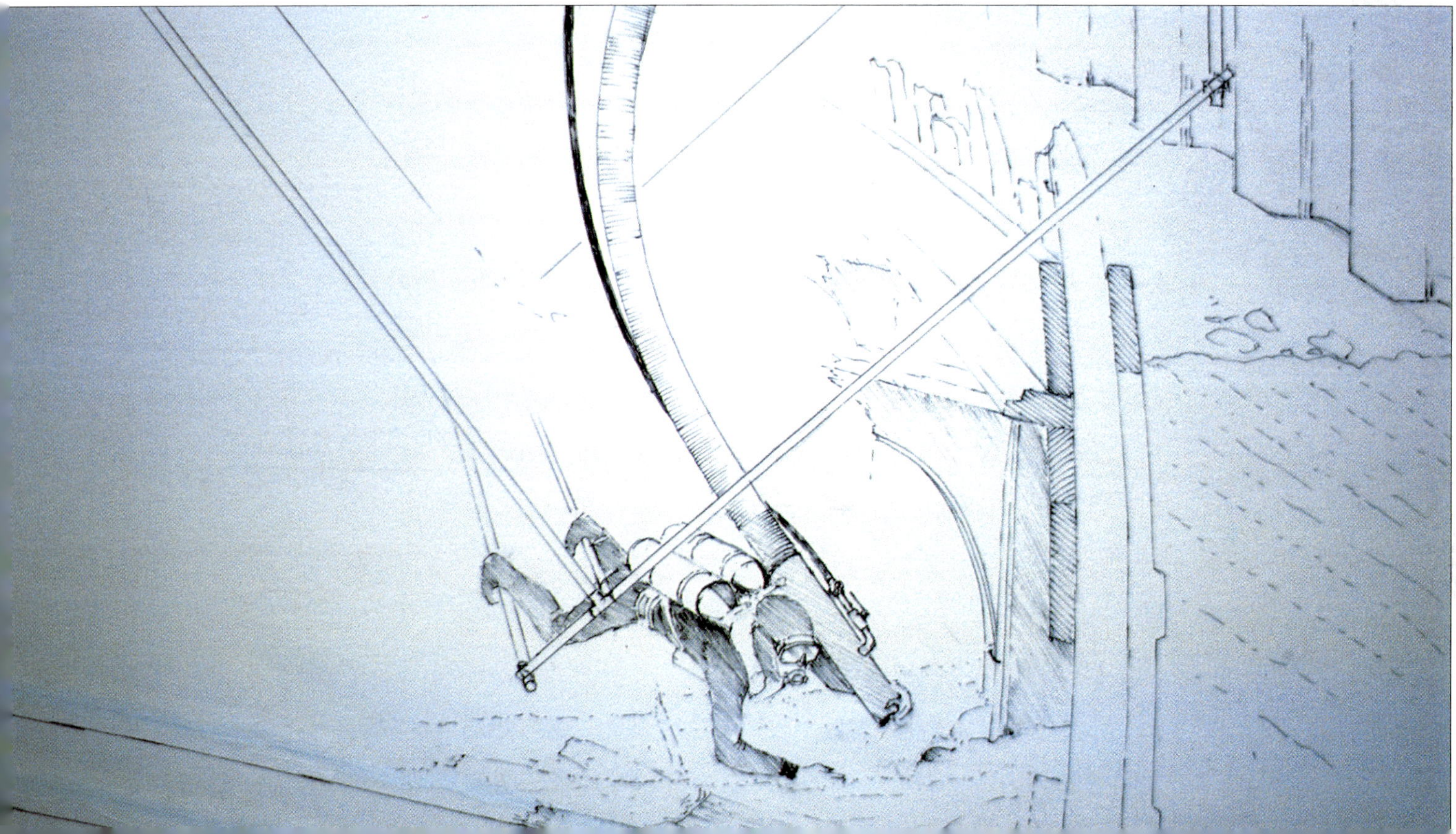

niederländischen Team unter der Leitung von Jon Adams durchgeführt. Unter anderem grub man auch den Rumpf zum Teil aus. Schlechte Sichtverhältnisse und ungünstige Arbeitsbedingungen für die Archäologen erforderten den Einsatz spezieller Techniken. Rund um das Wrack wurde ein Fangdamm errichtet – vor allem, um den Rumpf vor dem Druck durch den Sand zu schützen. Ein Gerüst, auf dem die Taucher arbeiteten, diente als Vermessungswerkzeug und dazu, möglichst wenig im Rumpf zu zerstören.

Oben: *Der Meeresarchäologe Jon Adams skizzierte die vor ihm liegenden Überreste der Balken bei der Ausgrabung der Mary Rose. Da Ausgrabungen sich im Grunde immer destruktiv auswirken, müssen Archäologen den Fortschritt ihrer Arbeit stets gewissenhaft dokumentieren.*

Eine Mischform

Es war ein komplexes Vorhaben, sowohl aufgrund der Größe des Rumpfs als auch aufgrund der Menge und der Qualität der Funde, die sich in einem sehr guten Zustand befanden. Die 1969 von den Entdeckern des Schiffswracks eingesetzten Bagger und andere Einflüsse hatten die oberen Schichten des Rumpfs beschädigt. Als sich die Archäologen an der Fundstelle aber weiter nach unten vorarbeiteten, fanden sie sehr gut erhaltene Schichten vor.

Grundlage für ihr Vorgehen waren die noch vorhandenen Schiffsbaupläne der *Amsterdam* – sie entdeckten aber schon bald, daß das fertige Schiff vom ursprünglichen Plan abwich. Dies war eine bedeutsame Entdeckung, denn die holländische Ostindienkompanie hatte 1742 den Schiffsbau standardisiert. Es wäre interessant zu erfahren, ob sie den neuen Standard anwandte oder ob durch eine konservative Haltung die alten Merkmale beibehalten wurden. Die bisher gemachten Funde deuten auf einen Kompromiß zwischen neuer und alter Bauweise hin.

Beschränkter Ausgrabungsbereich

Die *Amsterdam* war mehr als 50 m lang und fast 12 m breit; die erhaltene Struktur lag 6 m unter der Oberfläche, was etwa der Entfernung zwischen dem Oberdeck und dem Kielraum entspricht. Da sie um etwa 20 Grad nach Backbord geneigt lag, war die Steuerbordseite stärker der Erosion ausgesetzt. Die partielle Ausgrabung konzentrierte sich auf das Heck des Schiffes, wo der hintere Teil freigelegt wurde. Auf dem Unterdeck fand man eine dicke Schicht von Gegenständen, darunter umfangreiche organische Überreste. Diese Fülle von Fundstücken bedeutete eine Beschränkung des Ausgrabungsbereichs, denn die Konservierung der Stücke hatte oberste Priorität.

Die Originalpläne des Schiffs ermöglichten die Zuordnung bestimmter Bereiche zu ihrer jeweiligen Funktion, so etwa das Krankenrevier und die Kapitänskajüte. Der Hauptteil der Fracht bleibt noch auszugraben, aber die große Bandbreite an persönlichen Dingen, wie Geschirr, Silberbesteck und vielem mehr, sowie die Fülle an Teilen der Schiffsausstattung lassen vermuten, daß auf die Archäologen in Zukunft noch beachtliche historische Reichtümer warten. Die Fundstücke des Schiffes haben bislang noch kein endgültiges Heim gefunden, aber eine Nachbildung der *Amsterdam* kann in der gleichnamigen Stadt besichtigt werden.

Piraten, Sklaven und Händler

Nach der ersten Erkundung der Neuen Welt gründeten europäische Siedler Kolonien und schufen einen neuen Markt jenseits des Atlantiks. Die Fischgründe vor Neufundland und Labrador wurden von Fischern und Walfängern in eben jener Zeit befahren, in der die Spanier ihr Schatzflottensystem errichteten, um die Reichtümer ihrer überseeischen Gebiete auszubeuten. Mit der Entwicklung der Kolonien, besonders der englischen, entstanden neue Industrien, so daß Wachstum und weiterer Handel gefördert wurden. Es entstand aber auch ein Bedarf an billigen Arbeitskräften, und der Sklavenhandel kam auf, um den Bedarf zu stillen. Dieses traurige Geschäft erreichte um 1700 seinen Höhepunkt. Durch ein einzigartiges Schiffswrack vor den Küsten Floridas erhalten wir aus erster Hand Einblick in die Werkzeuge und Zwänge dieses verachtenswerten Handels und menschlichen Leidens. Etwa zur selben Zeit ging ein Jahrhundert fast ununterbrochener Feindseligkeiten zwischen den Spaniern und den anderen europäischen Nationen zu Ende. Freibeuter, die von diesen Kriegen gelebt hatten, wandten sich statt dessen der Piraterie zu. Das folgende goldene Zeitalter der Piraterie währte etwa 30 Jahre, beschäftigte aber über Jahrhunderte hinweg die Phantasie der Menschen, die für romantisch hielten, was eigentlich nur barbarisch und grausam gewesen war. Die Überreste zweier Piratenschiffe in amerikanischen Gewässern ermöglichen uns eine Reise in die Welt dieser dunklen Gestalten. In dem Maße, wie sich die amerikanischen Kolonien entwickelten, wuchs auch ihr Handel. Zur Zeit der Amerikanischen Revolution hatte Amerika einen wichtigen Platz in der Weltwirtschaft inne und war ein geschäftiges Zentrum des Seehandels.

Unten: In die Fußstapfen der ersten amerikanischen Siedler traten Händler und Plantagenbesitzer, was zum Handel mit Sklaven und zur Piraterie führte. Die Wracks ihrer Schiffe haben uns ein Vermächtnis an Fundstücken hinterlassen, das viel über die Vergangenheit berichtet.

Piraten, Sklaven und Händler

Oben: *Fischerboote vor den Grand Banks von Neufundland. Die reichen Fischgründe Nordamerikas waren vom 16. Jahrhundert an ein beliebtes Ziel für Fischer und Walfänger.*

Bald nach der Entdeckung Amerikas durch die Europäer im Jahre 1492, unmittelbar nach dem Zeitalter der Entdecker und Eroberer, kamen die ersten Siedler und Händler. Die Spanier waren die ersten und besiedelten die Inseln der nördlichen Karibik, die ihnen als Basis für die Kolonisierung Mexikos und Südamerikas dienten. Weiter nördlich erkämpften sich die Engländer, Holländer und Franzosen Gebiete längs der atlantischen Küsten von Nordamerika und entdeckten von da aus den natürlichen Überfluß der Neuen Welt.

Während die Spanier Kolonisierung durch reine Ausbeutung betrieben, was zu einer kompletten Unterdrückung der Kultur Südamerikas führte, war der Ansatz im Norden weniger feindlich. Hier wurden die natürlichen Ressourcen der europäischen Kolonien genutzt, um einen wachsenden Strom von Gütern herzustellen, mit denen man handeln konnte. Pelze, Tabak, Nutzholz, Fisch und Zucker trugen zur wirtschaftlichen Entwicklung dieser Kolonien bei. Mit der Zeit leisteten auch Nebenbereiche wie Baumwolle und Rumdestillation ihren Beitrag zum wirtschaftlichen Wachstum der weiter im Süden gelegenen Kolonien und in der Karibik.

Der Bedarf an Arbeitskräften in den neuen Erwerbszweigen führte zur Sklavenarbeit. Obwohl der Sklavenhandel schon seit Mitte des 16. Jahrhunderts in der Neuen Welt blühte, kam er erst im späten 17. Jahrhundert voll zum Tragen. Sklaverei kam zwar vor allem in den Regionen vor, in denen Baumwolle, Tabak und Zuckerrohr angebaut wurde, also südlich von Chesapeake und in der Karibik, ihr wirtschaftlicher Einfluß hinterließ jedoch eine grausame Spur in der Geschichte ganz Amerikas. Weiter im Norden brauchte man für das Fallenstellen weniger Arbeitskräfte, und die französischen Siedlungen in Neufrankreich (heute Kanada) sowie die englischen in Neuengland und New York bauten auf den Pelzhandel für die Entwicklung ihrer eigenen Kolonien. Noch weiter nördlich wurden die hervorragenden Fischgründe vor den Küsten Neufundlands und Labradors im frühen 16. Jahrhundert entdeckt. Von Labrador bis nach Brasilien versorgte Amerika die Welt mit neuen Märkten, frischen Produkten und wirtschaftlichen Möglichkeiten.

Fischer- und Walfängerboote

Vom frühen 16. Jahrhundert an machten sich in jedem Jahr Fischflotten über den Nordatlantik auf den Weg in die Gebiete der Grand Banks vor Neufundland. Es ist aber nicht bekannt, ob nun die Engländer, Holländer oder Basken zuerst den Reichtum dieser Gegend entdeckten.

1492	1493	ca. 1510	1530	1554–57	1562	1565	1572
Christoph Kolumbus landet in Amerika.	Gründung von Hispaniola, der ersten spanischen Siedlung in Amerika.	Erste Sklaventransporte von Afrika nach Amerika.	Spaniens Schatzflotten starten ihre alljährlichen Handelsreisen.	Iwan der Schreckliche und Gustav Vasa befinden sich im Krieg um Finnland.	John Hawkins unternimmt seine erste Sklavenhandels-Reise auf die westindischen Inseln.	Red-Bay-Wrack, ein baskischer Walfänger.	Francis Drake erobert eine spanische Flotte.

Während sich die Engländer und Holländer auf die Fischerei in den Grand Banks konzentrierten, waren die Basken aus Nordspanien Mitte des 16. Jahrhunderts sicherlich die profiliertesten transatlantischen Walfänger.

Die Basken waren ein altes, erfahrenes Seefahrervolk, und baskische Schiffe und Kapitäne wirkten bei der Erkundung der Neuen Welt durch die Spanier an vorderster Front mit. Baskische Walfänger gingen ursprünglich im Golf von Biscaya vor der Nordküste Spaniens auf Fang. Als der Bestand an Walen dort abnahm, fuhren sie in weiter entfernte Gebiete. Zu der Zeit, als der baskische Walfänger in der Red Bay von Labrador unterging, hatten die Basken schon mehr als ein Dutzend Walfangstationen in dieser Region errichtet (Seite 138–139).

Im späten 16. und im 17. Jahrhundert wetteiferten die Engländer, Dänen und Holländer um die Walgründe vor der Atlantikküste im Osten des heutigen Kanadas. Fischfangstationen in Neuschottland wurden zu ständigen Siedlungen und im 18. Jahrhundert waren die Fischgründe vor den Küsten Labradors, Neuschottlands und Neufundlands zu den geschäftigsten der Welt geworden.

Weiter im Süden sahen viele Kolonialherren durch das Wachstum der großen Plantagen und die ungesunden Lebensbedingungen in den südlichen Kolonien und in der Karibik in dem Einsatz von Sklaven eine angenehme Erleichterung. Obwohl Sklaven schon vom frühen 16. Jahrhundert an nach Amerika gebracht und von den Spaniern eingesetzt wurden, waren es die Engländer, die aus dem Sklavenhandel ein großes Geschäft machten. Sie sind es, die in erster Linie für die afrikanische Diaspora verantwortlich sind.

Die ersten englischen Sklavenhändler, unter ihnen der elisabethanische Held Sir John Hawkins, brachten Sklaven zu den spanischen Kolonialherren, vor allem in die Siedlungen an den Rändern des karibischen Beckens. Die Feindseligkeit der Spanier gegenüber den Eindringlingen behinderte diese Aktivitäten, doch Mitte des 17. Jahrhunderts hatte England seine eigenen Kolonien in der Region. Die Erbeutung Jamaikas durch die Spanier im Jahre 1655 und die Besiedlung der Bermudainseln sowie von Barbados schufen Land für die englischen Ausbeuter.

Der sogenannte »Dreieckshandel«

Nachdem die Engländer mit anderen Methoden experimentiert hatten, übernahmen sie in diesen Kolonien das Plantagensystem, eine Kopie des spanischen Modells. Die großen Zuckerrohrplantagen schufen Bedarf an Sklaven, und englische Händler beeilten sich, die von den Kolonialherren benötigten menschlichen Frachten zu liefern. Das Ergebnis war ein System, das als »Dreieckshandel« bezeichnet wurde: ein äußerst profitables Geschäft für die beteiligten Geldgeber und Schiffskapitäne.

Im Dreieckshandel verließen die Schiffe London oder kleinere englische Häfen mit einer Fracht, die an der Westküste Afrikas gegen Sklaven getauscht werden konnte. Diese Fracht bestand aus Roheisen, Handelsperlen, Glas, Zinnwaren oder anderen Artikeln, die von den Sklavenhändlern vor Ort benötigt wurden. Häufig hing die Art der Güter davon ab, welche Fracht das letzte Sklavenschiff gebracht hatte, so daß ein ständiger Warenfluß entstand.

Unten: *Edward Teach, oder »Blackbeard«, aus Captain Johnsons »Allgemeingeschichte der Piraterie«, veröffentlicht 1725. Blackbeard war vielleicht der schlimmste aller Piraten, welche die Gewässer der amerikanischen Kolonien und die Karibik im frühen 18. Jahrhundert unsicher machten.*

1588
Die Engländer besiegen die spanische Armada. John Hawkins wird zum Ritter geschlagen.

1591
Spanische und portugiesische Söldner zerstören das Reich der Songhai in Westafrika.

1606
Die Holländer entdecken Australien.

ca. 1612
Rund 10 000 Sklaven werden jährlich aus Angola in Südwestafrika deportiert.

1616
Tod von William Shakespeare.

1623–38
Rund 500 spanische und portugiesische Schiffe werden vor den amerikanischen Küsten von den Holländern gekapert.

1630
Holländische Siedler dringen in Brasilien ein.

1646
Die Bahamas werden von den Engländern kolonisiert.

Bis etwa 1700 wurde der Handel mit der westafrikanischen Küste von der Königlich-afrikanischen Gesellschaft kontrolliert, und »wilder Handel« von anderen Schiffen wurde schwer bestraft. Danach konnten die Schiffe eine Abgabe von zehn Prozent an die Gesellschaft leisten, um eine Strafe zu vermeiden.

Eines dieser Schiffe war das Sklavenschiff *Henrietta Marie*, das 1700 vor den Florida Keys Schiffbruch erlitt (siehe Seite 140–141). Die Sklaven wurden zuerst in Verschlägen zusammengetrieben und dann für die Reise über den Atlantik auf die überfüllten Sklavenschiffe gebracht. Dieser zweite Abschnitt des Dreieckshandels war eine Zeit schrecklichen Elends für die Sklaven aus Afrika. Zusammengepfercht unter den Decks, in beengten, un-

1664	1689–97	1692	1700	ca. 1700	1701	1703	1704
Die Holländer verlieren Neu-Amsterdam an die Engländer, die es in New York umbenennen.	Krieg der Großen Allianz.	Die Stadt Port Royal, Jamaika, wird durch ein Erdbeben zerstört.	Das englische Sklavenschiff Henrietta Marie erleidet Schiffbruch. Britische Piraten machen Madagaskar zu ihrem Stützpunkt.	Beginn des »Goldenen Zeitalters der Piraterie«.	Captain Kidd wird wegen Piraterie hingerichtet.	Peter der Große gründet St. Petersburg, Rußland.	Amerikas erste Zeitung, Boston News Letter, wird veröffentlicht.

hygienischen Verhältnissen, zogen es viele Afrikaner vor, über Bord zu springen, als in dieser Hölle weiterzuleben. Waren sie erst in Amerika angekommen, wurden die Menschen auf Versteigerungen verkauft. Das Schiff lud dann eine Fracht aus Zucker, Rum oder andere Waren aus der Karibik auf und segelte heimwärts nach England. Jeder Abschnitt der Reise brachte Geld, und so konnten Sklavenschiffe außerordentlich ertragreich sein. Sie brachten aber auch unermeßliches menschliches Leid über die Opfer dieser Unternehmungen.

Oben: Die Entwicklung der amerikanischen Kolonien schuf einen aufnahmebereiten Markt für Sklaven. Dieser Handel mit menschlichem Leid erreichte im frühen 18. Jahrhundert einen Höhepunkt. »Das Sklavendeck der Albanez«, Aquarell von Francis Meynell.

Das Goldene Zeitalter der Piraterie

Zu der Zeit, als der Sklavenhandel seinen Höhepunkt erreichte, wurden die Gewässer der amerikanischen Atlantikküsten und die Karibik von einer neuen Piratenflut erfaßt. Obwohl Freibeuter im gesamten 17. Jahrhundert in der Karibik von Stützpunkten in Port Royal und Tortuga aus ihr Unwesen trieben, beschränkten sie ihre Übergriffe auf spanische Schiffe und Kolonien. Einige, wie Henry Morgan, überfielen sogar größere spanische Städte wie Panama und Cartagena.

Nach Beendigung einer ganzen Reihe von Kriegen zwischen den Holländern, Engländern, Franzosen und Spaniern im Jahre 1697 war es mit den lukrativen Freibeuterverträgen vorbei. Diese erlaubten es den Kapitänen, die Schiffe eines feindlichen Landes zu plündern. Während viele ehrenhafte Seeleute zu ihren weniger lukrativen Handelsgeschäften aus Friedenszeiten zurückkehrten, gab es auch viele, die dies nicht taten und eine Welle von Piraterie erzeugten.

Diese Ära, die manchmal das »Goldene Zeitalter der Piraterie« genannt wird, dauerte etwa von 1700 bis 1730. Es war das Zeitalter der schlimmsten Piraten wie Blackbeard, Bartholomew Roberts, Captain Kidd, der weiblichen Piraten Anne Bonny und Mary Reade sowie des Henry Every. Viele von ihnen operierten in amerikanischen und karibischen Gewässern und überfielen Sklavenschiffe, Walfänger, Zuckertransportschiffe und zahlreiche andere Schiffstypen.

Schärfere Gesetze

Beide in diesem Kapitel erwähnten Wracks von Piratenschiffen waren Sklavenschiffe, die vor den Küsten Amerikas überfallen und von ihren neuen Eignern zur Mitarbeit gezwungen wurden. In den 30er Jahren des 18. Jahrhunderts setzten eine schärfere Gesetzgebung der Kolonialverwaltungen und ein äußerst hartes Durchgreifen der Marine in allen Gewässern dem »Goldenen Zeitalter der Piraterie« ein Ende. Diese Ära in der Geschichte hat nur eine Handvoll Wracks hinterlassen, mit deren Hilfe wir mehr über die Seeräuber erfahren können.

Über einen Zeitraum von mehr als 250 Jahren, vom frühen 16. Jahrhundert bis zur Amerikanischen Revolution, waren die Gewässer der amerikanischen Atlantikküste und die Karibik sowohl mit kleinen Handelsschiffen, Sklavenschiffen und Fischerbooten als auch mit jenen, die sie überfielen, überfüllt. Wenn wir das Vermächtnis dieser Schiffe ergründen, erhalten wir einen Einblick in die Gründungsjahre der amerikanischen Kolonien. Außerdem erfahren wir dabei mehr über die weniger edlen Aspekte des Kolonialsystems: die Sklaverei und die Piraterie.

1709	1715	1717	1718	1721	ca. 1730	1747	1768
Bartolomeo erfindet das Pianoforte.	Die Walfischtranindustrie in Massachusetts blüht.	Whydah-Galeere-Wrack, ein Sklaven- und Piratenschiff.	Queen-Anne's-Revenge-Wrack, ein Piratenschiff.	Der Postverkehr zwischen Britannien und seinen amerikanischen Kolonien wird aufgenommen.	Ende des »Goldenen Zeitalters der Piraterie«.	Ahmad Khan Abdali gründet Afghanistan.	James Cook erforscht den Pazifischen Ozean.

Das Red-Bay-Wrack

1565 Ein Walfänger in den Gewässern Labradors

Gegen Ende des Jahres 1978 fuhr ein meeresarchäologisches Team der Parks Canada Organisation nach Red Bay in Labrador, um nach einem Walfängerschiff aus dem 16. Jahrhundert zu suchen. Red Bay ist ein kleines abgelegenes Fischerdorf an der Südküste Labradors, an der Wasserstraße zwischen Labrador und Neufundland, mehr als 400 Meilen nördlich von Halifax in Neuschottland.

Recherchen in den Archiven hatten ergeben, daß Red Bay eine geschäftige Walfängerstation gewesen war, die von den Basken aus Nordspanien betrieben wurde. Im Jahre 1565 ging ein baskisches Walfängerschiff, die *San Juan*, in der Nähe der Siedlung unter. Genau dieses Schiff war das Ziel der Expedition. Das Red-Bay-Projekt war aber mehr als ein rein meeresarchäologisches Unterfangen. Es sollten im Umkreis der alten Walfängersiedlung auch Ausgrabungen an Land und eine genaue Untersuchung des gesamten Gebietes stattfinden – das Wrack sollte hierbei in sein ursprüngliches Umfeld aus dem 16. Jahrhundert versetzt werden.

Es war nicht schwierig, das Wrack in rund 10 m tiefem Wasser zu lokalisieren. Bei einer Probeaushebung fand man gut erhaltene Schiffsbalken, Faßdauben und sogar einen Walkiefer. Es handelte sich eindeutig um einen Walfänger aus der richtigen Zeit, und die Aushebung und Untersuchung der Umgebung wurden fortgesetzt. Innerhalb der nächsten sechs Jahre fand man zwei weitere Walfänger und vier kleine Boote in der Bucht, die alle dem baskischen Walfang zugeordnet werden konnten.

Diese umfassendste meeresarchäologische Expedition, die je in kanadischen Gewässern unternommen wurde, erbrachte wesentliche Erkenntnisse über die Basken im Kanada des 16. Jahrhunderts. Die Fundstücke des ersten Wracks verhalfen den Archäologen zu einigen Erkenntnissen über die Walindustrie. Tausende von Faßdauben und Faßreifen wurden gefunden, viele mit weißen Rückständen, die als Waltran identifiziert wurden. Tausende von Dachziegeln und weitere für das 16. Jahrhundert übliche Fundstücke wurden entdeckt: ein Anker, eine Drehbasse (»verso«), Kalkballaststeine und Teile der Takelage.

Lage: Red Bay, Südküste von Labrador, Kanada – Straße von Belle Isle 51° 49' N, 56° 55' W
Tiefe: Mittel (9–30 m)

Gut erhalten und gewissenhaft aufgezeichnet

Von allen Fundstücken war das Schiff selbst das wichtigste. Alle Balken waren gut erhalten und trugen in großem Maße zu Kenntnissen über den Schiffsbau im 16. Jahrhundert bei. Das Schiff war wahrscheinlich eine Kreuzung zwischen einer Galeone und einer Não, mit gerundetem Rumpf, scharf nach oben zeigendem flachem Heck und steilem Bug. Einzelne Holzteile lagen verstreut um den Fundort herum – Außenplanken, Balken, Kniehölzer und Teile der Querbalken. Ein großer Abschnitt des Hecks wurde gefunden, das Ruder steckte zum Teil darunter. Ein weiteres zusammenhängendes Teil der Konstruktion wurde am Bug entdeckt; hier fand man Mastschuhe, Klüsen und den Achtersteven. Auch ein Stück eines Eichenmastes, 7,30 m lang, Teile des Bugspriets und Deckplanken wurden gefunden.

Man beschloß, das Wrack nicht zu heben, sondern vor Ort aufzuzeichnen, so daß ein Modell im Maßstab 1:10 hergestellt werden konnte, um weitere Untersuchungen an Land zu ermöglichen. Nach der Entscheidung, die Rumpfstruktur während der Aushebung auseinanderzunehmen, um an die Überreste eines kleinen, darunter liegenden Walfängers zu gelangen, wurden die einzelnen Balken über einen Zeitraum von sechs Jahren aufgezeichnet, um alle für das Modell benötigten Details zu erhalten. Jeder Balken wurden vorsichtig entfernt, ausgemessen, gezeichnet und dann auf den Meeresboden zurückgelegt. Jedes Detail wurde verzeichnet, sogar die Spuren der Werkzeuge und alle Einzelheiten der Konstruktion. Besonderheiten traten zutage, zum Beispiel, daß das Schiff in halber Rumpfbauweise gebaut worden war. 1984 wurden die Balken wieder an der Fundstelle unter Sandsäcken, Planen und Sand begraben, um sie vor weiterem Zerfall zu bewahren.

Der gute Zustand des organischen Materials bedeutete, daß unter den geborgenen Fundstücken auch Kleider, Schuhe und hölzerne Werkzeuge waren. Zusammen mit dem gefundenen Schiffskompaß, einem Kompaßhaus, einem Stundenglas und einer Logtrommel zeigten die Werkzeuge, wie das Schiff gesteuert, gesegelt und repariert wurde. Gegenstände wie Fässer, Teile der Takelage und Walfangwerkzeuge wiesen darauf hin, wie die Mannschaft an Bord gelebt und gearbeitet hatte.

Die Untersuchung des Walfängers, den man heute für die *San Juan* hält, und die übrigen in der Bucht durchgeführten archäologischen Projekte haben zu einem besseren Verständnis der frühen Walfangindustrie geführt, als man je für möglich gehalten hätte. Die Parks-Canada-Organisation will sämtliche Fundstücke und das Modell der Galeone mit Erläuterungen versehen und ausstellen.

Linke Seite: Das meeresarchäologische Team von Parks Canada arbeitet in den unwirtlichen Gewässern von Red Bay, unter ihnen sieht man die Balken des Walfängers.

Unten: Eine gewissenhafte Aufzeichnung der Überreste des Walfängers ermöglichte eine Rekonstruktion. Man verband die Informationen des Wracks mit zeitgenössischen Aufzeichnungen über den Schiffsbau.

Die Henrietta Marie

1700

Mahnmal einer schändlichen Vergangenheit

Oben: Eines der ersten vom Wrack geborgenen Fundstücke war die Schiffsglocke, die eine historische Untersuchung der Ursprünge des Schiffes einläutete.

Lage:	New-Ground-Riff bei Key West, Florida, USA – Golf von Mexiko 24° 41' N, 82° 5' W
Tiefe:	Mittel (9–30 m)

Ein Schatzsucher-Team suchte 1972 unter der Leitung von Mel Fisher nach der *Nuestra Señora de Atocha*, einer spanischen Galeone, als sie ungefähr 36 Meilen westlich von Key West in Florida auf ein Schiffswrack stießen. Bei zwei kurzen Aushebungen 1972 und 1973 bargen sie Gegenstände von der Fundstelle, archäologische Aspekte blieben dabei jedoch unberücksichtigt, und Aufzeichnungen wurden nur am Rande durchgeführt. Die Bergungsleute verloren schnell das Interesse, als sie herausfanden, daß das Schiff keinen Schatz enthielt. Ein Teil der Artefakte wurde vom Bundesstaat Florida ausgewählt und nach Tallahassee, der Hauptstadt Floridas, gebracht, während der Rest der Fundstücke bei dem Bergungsteam verblieb.

1983 beschlossen Archäologen, die für Fisher arbeiteten, den Fundort erneut zu untersuchen. Eines der ersten Fundstücke war die Schiffsglocke mit der Inschrift »Henrietta Marie 1699«. Es wurden weitere Nachforschungen angestellt, und die Fundstücke ließen auf einen englischen Ursprung des Schiffes schließen, das wahrscheinlich ein Sklavenschiff gewesen war. Unter den Fundstücken befanden sich der Stoßzahn eines afrikanischen Elefanten und verkrustete Eisenfesseln. Wenn es sich tatsächlich um ein Sklavenschiff handelte, wäre der Fund wertvoller als jeder versunkene Schatz – kein Sklavenschiff war je zuvor gefunden und untersucht worden. Für Millionen von Afro-Amerikanern könnte es eine direkte Verbindung zu ihrer Vergangenheit herstellen.

Der Archäologe David Moore arbeitete die 80er Jahre hindurch an diesem Projekt, leistete Forschungsarbeit auf beiden Seiten des Atlantiks und analysierte die geborgenen Fundstücke. Die *Henrietta Marie* war ganz offensichtlich ein kleines Schiff mit einer Tragkraft von 120 Tonnen; die Nachforschung in den Archiven zeigte jedoch, daß man einst bis zu 250 Menschen in ihren Rumpf gepfercht hatte. Ausreichend viele Rumpfbalken konnten geborgen werden, um Moore einen Einblick in die Bauweise zu gewähren, obwohl eine angemessene archäologische Aushebung des Wracks noch aussteht. Archivarbeit füllte die Lücken der Geschichte.

Ein beschämendes Vermächtnis

Das Schiff wurde wahrscheinlich in Frankreich gegen Ende der 90er Jahre des 17. Jahrhunderts gebaut und von der englischen Marine während des Krieges der Großen Allianz (1689–97) erbeutet. Es wurde an private Eigner weiterverkauft, in England registriert, und 1697 lief es zu seiner ersten Sklavenreise aus. Es nahm auch an dem erwähnten »Dreieckshandel« teil. In London gekaufte Waren wurden in Westafrika gegen Sklaven getauscht, dann wurden die Sklaven auf die westindischen Inseln gebracht und verkauft. Mit dem Gewinn erstand man Rum oder Zucker, und das Schiff kehrte mit beträchtlichem Profit nach London zurück.

Bei seiner zweiten Sklavenreise mußte es zehn Prozent seines Gewinns an die Königlich-afrikanische Gesellschaft, die das Monopol über den Handel mit Afrika innehatte, abführen. Aus diesem Grund war es dem Schiff erlaubt, die Einrichtungen der Gesellschaft in Westafrika zu benutzen. Mit einer Fracht aus Handelsgütern und Roheisen segelte es nach New Calabar, wo die Waren gegen Gefangene aus Igbotako getauscht werden sollten. Diese wurden über den Atlantik nach Jamaika transportiert, um als Sklaven verkauft zu werden. Die *Henrietta Marie* lud dann neue Güter, umsegelte den Westzipfel von Kuba und trat ihre Heimreise nach London an. Sie wurde nie wieder gesehen, und man nimmt an, daß ein Hurrikan sie auf das verlassene New-Ground-Riff vor den Florida Keys trieb. Es gab keine Überlebenden.

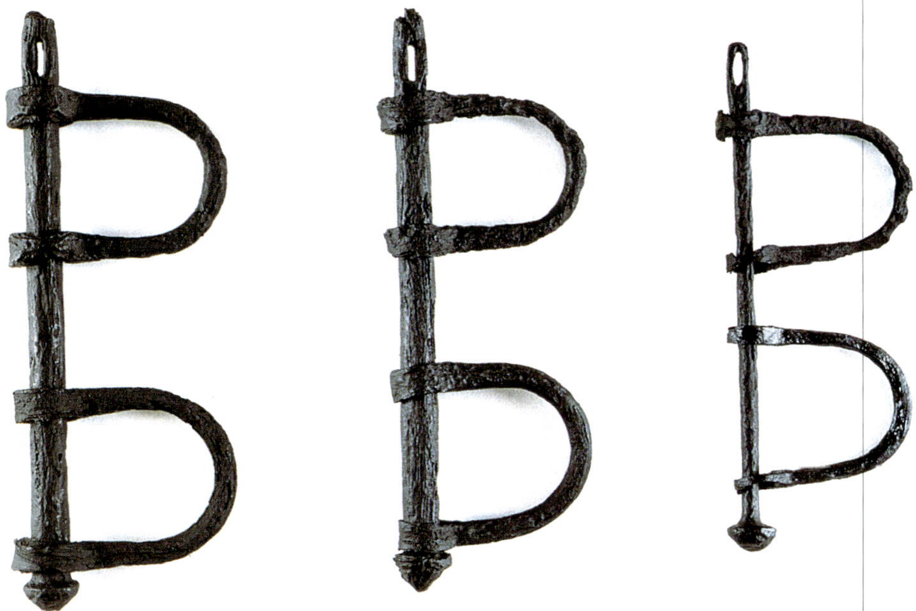

1985 schenkte die Bergungsmannschaft dem Mel Fisher Maritime Museum in Key West die gefundenen Gegenstände aus dem Sklavenschiff. In den folgenden zehn Jahren wurde weiter geforscht und eine landesweite Wanderausstellung geplant, die mit Hilfe der Artefakte von der Henrietta Marie die Geschichte des Sklavenhandels erzählen sollte. Der Landesverband schwarzer Taucher (NABS) brachte 1991 an der Fundstelle eine bronzene Gedenktafel an, um an die Millionen von Menschen zu erinnern, die während der afrikanischen Diaspora ihr Leben verloren. Ein Teil der Inschrift auf der Tafel lautet: »Sprich ihren Namen aus, und berühre sanft die Seelen unserer Vorfahren«.

Die schließlich realisierte Ausstellung fand großen Anklang, und die *Henrietta Marie* fand sich an vorderster Front einer Bewegung von Afro-Amerikanern wieder, die mehr über den Sklavenhandel wissen und endlich die Traumata der Diaspora überwinden wollten.

Oben: Eiserne Fußfesseln in verschiedenen Größen wurden geborgen; darunter auch die ganz rechts gezeigten, die einem kleinen Kind paßten.

Unten: Die Landesverband schwarzer Taucher brachte an der Fundstelle in einer bewegenden Feier eine Gedenktafel an. Geehrt werden die Millionen von Menschen, die während der afrikanischen Diaspora ihr Leben verloren.

Die Whydah-Galeere

1717

Sam Bellamys Piratenschiff

Oben: Mit Hilfe der geborgenen Glocke konnte das Piratenschiff identifiziert werden. Hier sieht man sie während der Entfernung der Verkrustungen, der Name des Schiffes ist deutlich zu erkennen.

Wie die *Henrietta Marie* war auch die *Whydah* ein Sklavenschiff und wurde auf ihrer Rückreise von Westindien nach London Anfang 1717 von dem Freibeuter Samuel Bellamy gekapert. Sie hatte angeblich Gold, Zucker, Elfenbein und Indigo geladen. In den Berichten wird sie als Galeere unter vollen Segeln mit einer Traglast von 300 Tonnen beschrieben, die in London gebaut wurde. Die Bezeichnung »Galeere« bedeutet, daß sie mit Halterungen für Ruder ausgestattet war, so daß bei Windstille gerudert werden konnte – eine ideale Voraussetzung für ein Piratenschiff. Bellamy gehörte zur Mannschaft von Benjamin Hornigold, und als dieser sich weigerte, britische Schiffe anzugreifen, wurde Bellamy zum Kapitän gewählt.

Er hatte seinen Stützpunkt in New Providence auf den Bahamas (heute Nassau) gewählt und überfiel von dort aus Schiffe. Nachdem er die *Whydah* gekapert hatte, segelte Bellamy nach Virginia und überfiel noch mehrere Schiffe vor der Küste der Kolonie, bevor ein Sturm ihn weiter nach Norden in die Gewässer Neuenglands trieb.

In der Nacht des 17. Mai 1717 lief die *Whydah* mit Bellamy an Bord auf eine Sandbank vor Kap Cod in Massachusetts auf. Sie sank sehr schnell und nahm Bellamy und die meisten der 146 Piraten mit sich. Die wenigen Überlebenden wurden gefangengenommen und die meisten von ihnen in Boston gehängt. Ortsansässige Schatzsucher machten sich wahrscheinlich über das Wrack her, bevor die Behörden an Ort und Stelle waren, denn nur zwei Kanonen konnten von den Beauftragten des Gouverneurs von Massachusetts geborgen werden. Eine andere Theorie besagt, daß der Sturm, der zu seinem Untergang führte, so stark war, daß das Schiff auseinanderbrach und die Wrackteile über mehrere Meilen

entlang der Sandbank verstreut wurden, wo die Überreste sehr schnell geborgen werden konnten.

In den 80er Jahren versuchte eine kommerzielle Bergungsgesellschaft unter der Leitung des Wrackjägers Barry Clifford das Wrack mit Magnetometern und Sonar-Geräten zu finden. 1984 machte sich die Arbeit bezahlt: Eine Glocke mit der Inschrift »The Whydah Galley 1716« wurde geborgen – sie suchten an der richtigen Stelle!

Verwandlung eines Sklavenschiffes

Die Teile des Wracks waren über ein großes Gebiet verstreut, was die Theorie stützt, daß das Wrack kurz nach dem Auflaufen auf die Sandbank auseinanderbrach. Sand hatte die Überreste unter sich begraben, und die Bergungsleute untersuchten das Wrack der *Whydah* mit archäologischen Methoden.

Man fand heraus, daß der Rumpf ursprünglich mehr als 23 m lang gewesen war. Er lag fast parallel zur Küste und zeigte nach Süden. Die Glocke wurde zusammen mit Ankern und einem Herd im Bereich des Bugs gefunden, während im Heck einige persönliche Artefakte geborgen wurden. Zwischen ihnen lagen verstreut 28 Kanonen, so daß das Schiff ebensogut gerüstet war wie ein Kriegsschiff gleicher Größe. Offensichtlich hatten Bellamy und seine Mannschaft die *Whydah* nach der Übernahme neu bewaffnet und von einem Sklaven- in ein Piratenschiff umgewandelt. Mehr als 100 000 Artefakte wurden aus dem Wrack geborgen, die im eigenen Labor des Bergungsteams in Massachusetts konserviert wurden.

Maritime Underwater Surveys, die für die Bergung und Konservierung der Gegenstände verantwortliche Organisation, kam ihrer Aufgabe mit großer Sorgfalt nach. Mit Hilfe der konservierten Fundstücke konnten die Forscher herausfinden, wie ein Piratenschiff bewaffnet und ausgerüstet war und wie es operierte. Da die Organisation ein kommerzielles Unternehmen ist, bestand nicht der Wunsch, die Sammlung zusammenzuhalten, aber ein Großteil der Fundstücke kann heute im Whydah Sea Lab & Learning Center, einer Einrichtung am Kai von Princetown in Massachusetts, besichtigt werden.

Dieses Zentrum wurde als »Modell für private Archäologie« beschrieben. Unter den ausgestellten Artefakten befinden sich Kanonen, Navigationsinstrumente und kleine Waffen. Außerdem gibt es ein faszinierendes offenes Labor, wo Besucher zuschauen können, wie Fundstücke des Wracks konserviert werden.

Die Whydah Research and Preservation Society wurde ebenfalls zur Erforschung des Wracks und zur Verbreitung von Informationen gegründet. Archäologische Puristen verdammten Cliffords Unternehmungen; seine Anstrengungen, die von der *Whydah* geborgenen Fundstücke zu erläutern und auszustellen, waren aber beträchtlich. Er hat mit dazu beigetragen, dem romantischen Zeitalter der Piraterie mit greifbaren Beweisen den Wind aus den Segeln zu nehmen.

Oben: Barry Clifford war die treibende Kraft des Bergungsprojekts der Whydah. Ein Labor zur Konservierung wurde extra eingerichtet, um die Masse der Fundstücke aufnehmen zu können.

Unten: Ein Konservator zeigt ein frisch gesäubertes Artefakt vom Schiff: die Messingverzierung einer Schußwaffe. Wie bei einem Piratenschiff nicht anders zu erwarten, gehörten viele der geborgenen Artefakte zur Bewaffnung.

Linke Seite: Das Bergungsteam benutzte Siebe, um geborgenes Material vom Meeresboden nach Artefakten zu durchsuchen.

Die Queen Anne's Revenge

1718

Der Geist von Blackbeards Flaggschiff

Unten: Eines der interessantesten Fundstücke war eine Spritze, wahrscheinlich Teil eines Arztkoffers, den Blackbeard den Bewohnern von Charleston abnahm.

Blackbeard gehörte sicherlich zu den schlimmsten aller Piraten. Die Legende besagt, daß er als Edward Teach in Bristol in England geboren wurde und sein Seefahrerleben im Dienst der Königin Anne begann, indem er ihre feindlichen Schiffe bei den westindischen Inseln angriff. Als der Krieg vorbei war, wechselte er zur Piraterie. Sein Lehrmeister, Benjamin Hornigold, zog sich 1717 von der Freibeuterei zurück, und Teach übernahm sein Schiff und seine Mannschaft. Das frühere Sklavenschiff wurde schwerer bewaffnet und in *Queen Anne's Revenge* umgetauft.

In den nächsten Jahren terrorisierte Teach alias Blackbeard die Atlantikküste von Amerika und die Karibik und errichtete einen Stützpunkt auf der Ocracokeinsel in North Carolina. Er hatte einen fürchterlichen Ruf und bekam seinen Spitznamen aufgrund seines Aussehens: Er war groß, und sein Gesicht war fast vollständig von Haaren bedeckt. Berichten zufolge schmückte er seinen langen Bart mit Zöpfen und Bändern (siehe die Abbildung auf Seite 135).

Im Mai 1718 blockierte er Charleston in South Carolina und nahm Geiseln gegen Lösegeld, bevor er in sein Lager in Ocracoke zurückkehrte. Als sie durch die Untiefen vor Carolina fuhren, verlor Blackbeard sein Flaggschiff, die *Queen Anne's Revenge*, außerdem ein weiteres Geleitboot, als sie in der Nähe der Stadt Beaufort in North Carolina auf Grund liefen. Blackbeard rettete von der Fracht, was er konnte, und segelte mit dem Rest seiner Flottille weiter nach Ocracoke.

Im November 1718 gelang es einer Expedition unter Leutnant Maynard von der Königlichen Marine endlich, Blackbeards Stützpunkt ausfindig zu machen und ihn zu töten. Die Überlebenden der Piratenmannschaft wurden nach Williamsburg gebracht, vor Gericht gestellt und hingerichtet.

Archäologisch geschütztes Piratenschiff

Mitte der 90er Jahre begann das kommerzielle Bergungsunternehmen Intersal of Boca Raton aus Florida mit der Suche nach dem Wrack, ausgerüstet mit Dokumentationsmaterial und einer Sucherlaubnis der staatlichen archäologischen Behörde in North Carolina. Als das Schiff gefunden war, gründete Michael Daniel von Intersal das Maritime Research Institute (MIR), eine gemeinnützige Organisation zur Aushebung der Fundstelle unter seiner Leitung.

Der US-Bundesstaat North Carolina blieb Eigentümer des Wracks und seiner Artefakte, und es wurden Schritte unternommen, den Fundort zu einem geschützten archäologischen Gebiet zu erklären. Staatliche Archäologen überwachten die Aushebung, unterstützt von einer Gruppe des North Carolina Maritime Museum, unter ihnen der Archäologe David Moore, der schon bei der Analyse des Sklavenschiffes *Henrietta Marie* verantwortlich mitgewirkt hatte.

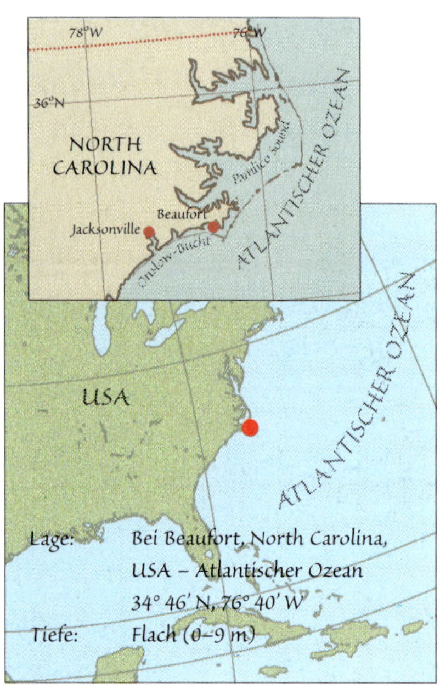

Das Wrack liegt in 6 m tiefem Wasser, und die Hauptbestandteile der Rumpfstruktur wurden aufgedeckt. Im Laufe der Jahre wurden sie über ein Gebiet von etwa 60 x 30 m verstreut und zum Großteil durch eine flache Schlickschicht geschützt. Die Analyse der Balken wird zeigen, welche Art von Holz verwendet und wann es geschlagen wurde. Für die Historiker wird von besonderem Interesse sein, wie das Schiff für Piratenzwecke umgerüstet wurde. Die staatlichen Behörden sind heute fast sicher, daß es sich bei dem Wrack um die *Queen Anne's Revenge* handelt, und der Projektleiter Mark Wilde-Ramsing möchte für das North Carolina Department für Archivarbeit und Geschichte weitere Arbeiten am Fundort durchführen.

Waffenkammer und Arztkoffer eines Piraten

Zu Beginn wurden 18 Kanonen, Anker, eine Schiffsglocke und Waffen gefunden. Die Anzahl der Waffen läßt auf ein Piratenschiff schließen; drei der Waffen wurden zur Konservierung geborgen. Zinngeschirr und Weinflaschen stammen aus dem frühen 18. Jahrhundert, aber der aussagekräftigste Fund ist eine Spritze. Zu der Beute, die Blackbeard in Charleston raubte, gehörte auch ein Arztkoffer – wahrscheinlich nahm er ihn mit, weil seine Mannschaft von der Syphilis befallen war. Es wird angenommen, daß die Spritze zu diesem Arztkoffer gehörte.

Die Aushebung der *Queen Anne's Revenge* ist bislang ein einmaliges Projekt in den USA: eine fruchtbare Zusammenarbeit zwischen einem privaten Forschungs- und Aushebungsunternehmen und einem staatlichen Team von Meeresarchäologen. Daniel und seine MRI-Organisation besitzen die Exklusivrechte an der Vermarktung der Nachbildungen von Artefakten und an der Veröffentlichung der Geschichte; der Bundesstaat North Carolina besitzt die Artefakte selbst. Nach der Konservierung werden die Gegenstände wohl im North Carolina Maritime Museum in Beaufort ausgestellt werden.

Unten: *Trotz der schlechten Sicht vor der Küste North Carolinas fahren die Archäologen fort, das Wrack des Piratenschiffes aufzuzeichnen und zu untersuchen. Ein verkrusteter gußeiserner Ankerflügel markiert den Bug des Schiffes.*

Das Zeitalter der Kriegssegelschiffe

Der Umbruch in der Kriegsschiffahrt durch die Einführung der Artillerie kam Mitte des 17. Jahrhunderts zu einem Ende. Von nun an bis ins frühe 19. Jahrhundert wurden der Entwurf der Schiffe und die Bewaffnung nur geringfügig verändert. Der Admiral entschied je nach Art seines Schiffes über die Taktik des Seegefechts. Im frühen 18. Jahrhundert stagnierte sowohl der Entwurf der Schiffe als auch die Gefechtstaktik, und die Admirale waren mehr darauf bedacht, kein Risiko einzugehen, als Schlachten zu gewinnen. Mit diesem Stillstand war es gegen Ende des Jahrhunderts vorbei, als die durch Ausbildung und verbesserte Waffen erlangte britische Übermacht die Unzulänglichkeit ihrer Schiffsentwürfe wettmachte. Das Zeitalter der Kriegssegelschiffe dauerte mehr als 150 Jahre und hinterließ uns ein ausreichend großes Vermächtnis an Schiffswracks, um mehr über den Typ und die Größe der meisten Schiffe dieser Zeit erfahren zu können. Obwohl die von Wracks geborgenen Fundstücke die Größe und Erhabenheit der Kriegsschiffe nicht auferstehen lassen können, vermitteln sie uns doch, wie die Schiffe segelten und wie auf ihnen gekämpft und gelebt wurde.

Oben: *Vor dem 16. Jahrhundert fanden Seeschlachten in einem ungeordneten Gemenge einzelner Schiffe statt, aber zunehmende Bewaffnung und bessere Taktiken führten zur Schlachtlinie: Eine Mauer aus Schiffen, die ihre Breitseite zeigten, war schwer zu durchbrechen.*

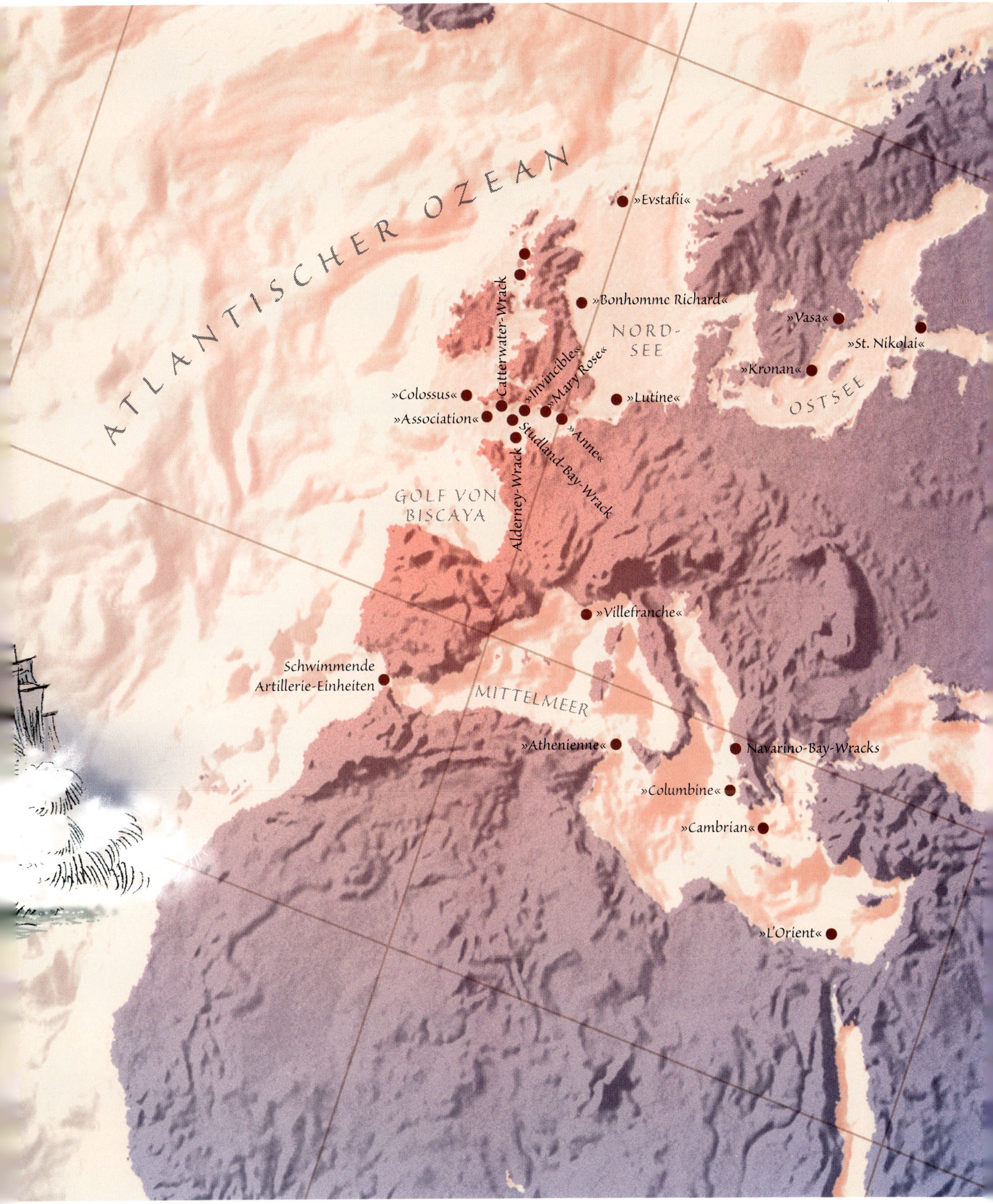
ATLANTISCHER OZEAN
»Evstafii«
»Bonhomme Richard«
NORD-
SEE
»Vasa«
»St. Nikolai«
»Kronan«
OSTSEE
Catterwater-Wrack
»Invincible«
»Mary Rose«
»Colossus«
»Association«
»Lutine«
»Anne«
Studland-Bay-Wrack
Alderney-Wrack
GOLF VON
BISCAYA
»Villefranche«
Schwimmende
Artillerie-Einheiten
MITTELMEER
»Athenienne«
Navarino-Bay-Wracks
»Columbine«
»Cambrian«
»L'Orient«

Das Zeitalter der Kriegssegelschiffe

Wie schon berichtet, begann man die Schiffe Mitte des 16. Jahrhunderts mit schweren Bronzekanonen auszurüsten, aber es sollte noch ein halbes Jahrhundert dauern, bis die Entwicklung der Schlachttaktik und der Schiffsentwurf die Schiffsartillerie zur vollen Entfaltung kommen ließen.

Mit dem Ausbruch der englisch-niederländischen Seekriege Mitte des 17. Jahrhunderts besaßen die mit Artillerie ausgerüsteten Schiffe eine ausgewogen bestückte, machtvolle Breitseite und die Kommandeure waren in der Lage, diese auch einzusetzen. Bedingt durch den Bau der Segelschiffe wurden die Geschütze entlang der Rumpfseiten aufgestellt, und ein Schiff mußte, wollte man einen Feind angreifen, ihm seine Breitseite zuwenden, dann wurde gefeuert.

Während frühere Seeschlachten einem freien und ungeordneten Gemenge einzelner Schiffe glichen, führten die Marinekommandeure in den englisch-niederländischen Seekriegen die Schlachtlinie ein: Die Schiffe reihten sich zum Gefecht hintereinander auf. So entstand eine Mauer aus Schiffen und Kanonen, die nur schwer zu durchbrechen war, und alle Geschütze der Flotte wurden bestmöglich genutzt. Abgesehen von den Kriegen zwischen den Flotten der Engländer und Niederländer wurde diese Gefechtstaktik auch von anderen Seemächten wie den Franzosen, Schweden und Spaniern mit der Zeit übernommen.

Zur selben Zeit entwickelten sich zwei Gruppen von Schiffstypen. Zur ersten gehörten Schiffe, die stark genug waren, ihren Platz in einer Schlachtlinie zu halten. Diese Schiffe trugen um die Mitte des 17. Jahrhunderts 40 oder mehr Kanonen; dieser Standard wurde im 18. Jahrhundert immer mehr erweitert. In den Napoleonischen Kriegen (1803–15) trugen die Schlachtlinienschiffe mindestens 74 Kanonen, und es gab andere, die noch viel stärker gerüstet waren.

Zur zweiten Gruppe gehörten am Anfang all jene Schiffe, die für zu schwach gehalten wurden, um sich in einer größeren Schlacht allein halten zu können. Ein Typ aus dieser Gruppe, die Fregatte, wurde im 17. Jahrhundert immer beliebter; sie konnte als Spähschiff und als unabhängiger Kreuzer eingesetzt werden. Die anderen kleineren Schiffe gehörten sehr unterschiedlichen Typen an, aber im 18. Jahrhundert entwickelten sich aus ihnen drei Hauptgruppen: Briggs, Kutter und Schaluppen. Ein anderer Schiffstyp, der Schoner, wurde vor allem von den amerikanischen Siedlern als Kaperschiff genutzt und während der Amerikanischen Revolution als Kriegsschiff eingesetzt. Er ähnelte entfernt früheren holländischen Entwürfen.

Oben: Die Taktik in Seegefechten bestand bis zum späten 17. Jahrhundert aus einem bunten Gemenge der Schiffe, in dem jeder für sich kämpfte. »Die zweite Schlacht von Schooneveld, 4. Juni 1673«. Ölgemälde im Stil von Willem van de Velde d.Ä.

Die Bewaffnung der Schlachtlinienschiffe

Die großen Kriegsschiffe der Schlachtlinie im späten 17. Jahrhundert, wie die mächtige schwedische *Kronan* (Seite 152–153), waren nationale Statussymbole, die folglich auch stark geschmückt wurden. Maler von Marinebildern wie van de Velde d.J. verstärken noch diesen Eindruck; die gefundenen Schiffswracks bestätigen ihn. Das Ergebnis, eine Verbindung aus Prunk und Nutzen, war ein imposantes Kriegsinstrument.

In dieser Zeit trugen die Linienschiffe in der Regel 70 oder 80 Kanonen, obwohl die Schiffsbauer im frühen 18. Jahrhundert einfachere, leichter bewaffnete und manövrierfähigere Kriegsschiffe bevorzugten. Die Schiffe wurden unterschiedlichen Rängen zugeordnet, ein System, das während des gesamten Zeitalters der Kriegssegelschiffe beibehalten wurde.

Rechts: Gegen Ende des 17. Jahrhunderts hatten sich die Kriegssegler zu Schiffen entwickelt, die ihren Platz in einer Schlachtlinie halten konnten. »HMS Resolution im Sturm«. Ölgemälde von Willem van de Velde d.J.

1652–54	1676	ca. 1700–1730	1740	1747	1756–1763	1758	1769
Erster englisch-niederländischer Seekrieg.	Kronan-Wrack, ein schwedisches Kriegsschiff.	Das Goldene Zeitalter der Piraterie.	Niedergang des spanischen Schatzflottensystems; offiziell 1778 beendet.	Engländer und Franzosen kämpfen in der ersten Seeschlacht von Finisterre.	Preußen und Britannien besiegen Frankreich, Rußland, Spanien und Österreich im Siebenjährigen Krieg.	HMS-Invincible-Wrack, ein britisches Kriegsschiff.	James Watt patentiert die Dampfmaschine.

Schlachtlinienschiffe wurden unterteilt in Schiffe 3. Ranges (50–79 Kanonen), 2. Ranges (80–89 Kanonen) und 1. Ranges (90 und mehr Kanonen). Die Übergänge zwischen den unterschiedlichen Rängen waren die ganze Zeit über fließend, aber die grundlegende Klassifizierung blieb bestehen.

Nationale Unterschiede im Bau und in der Konstruktionsweise von Kriegsschiffen wurden im 17. Jahrhundert deutlich. Französische Schiffe waren besser gebaut und weniger mit Waffen überladen, als es zum Beispiel in der englischen Marine üblich war. Die schwedische *Kronan* (1676) war für ein Schiff ihrer Größe außerordentlich schwer bewaffnet und wurde vielleicht für topplastig gehalten.

Im 18. Jahrhundert fand keine nennenswerte Veränderung statt, aber die Baustile wurden verfeinert und langsam weiterentwickelt. Der Schiffsbau stagnierte in diesem Jahrhundert, besonders in Britannien, während in Frankreich und Spanien imposante Kriegsschiffe gebaut wurden.

Die Modernisierung der Royal Navy

Gewisse Erneuerungen wurden von jeder Marine übernommen. Zu Beginn des Jahrhunderts wurde bei den meisten Seestreitkräften die Stenge für das Sprietsegel durch ein längeres Bugspriet und einen Klüver ersetzt. So konnte näher am Wind gesegelt werden, und die Kriegsschiffe waren leichter zu steuern. Die Manövrierfähigkeit war besonders gefragt, wenn die Schiffe in der Schlachtlinie bleiben mußten – im 18. Jahrhundert waren die Marinekommandeure dafür bekannt, die Schlachtlinie um jeden Preis aufrechtzuerhalten.

1773	1776	1787	1788	1789	1791	1792	1796
Die »Boston Tea Party«.	George Washington verliest die Unabhängigkeitserklärung der USA.	Der höchste Berg der Alpen, der Montblanc, wird von französischen Bergsteigern bestiegen.	Englische Gefangene kommen in Botany Bay, Australiens erster Strafkolonie, an.	George Washington wird erster Präsident der Vereinigten Staaten.	Kanada wird in englisch- und französischsprachige Gebiete aufgeteilt.	Revolutionskriege in Frankreich; die Französische Republik wird ausgerufen.	Ceylon wird von den Briten erobert.

Das Zeitalter der Kriegssegelschiffe

Damit wurde das Risiko vermindert, aber auch die Möglichkeit, eindeutige Siege zu erringen. Admirale, welche die Regeln mißachteten, konnten eine Katastrophe herbeiführen, aber einige – wie Howe oder Nelson – sahen darin die einzige Möglichkeit, Feinde zurückzuschlagen.

1740 erbeuteten die Briten die spanische *Princessa* mit 70 Kanonen. Die Offiziere, die sie besichtigten, waren sprachlos. Verglichen mit zeitgenössischen britischen Kriegsschiffen war sie weit überlegen. Die Folge war eine umfassende Modernisierung der Schiffsentwürfe. Ein anderer, ähnlicher Meilenstein war die britische Erbeutung des französischen Kriegsschiffes *L'Invincible* im Jahre 1747 (Seite 154–155).

The Invincible, wie sie nach ihrer Erbeutung von der britischen Royal Navy getauft wurde, schuf die Grundlage für eine neue Gruppe von Schif-

1798	1803–15	1804	1805	1812–15	1813	1815	1820
HMS-De-Braak-Wrack, ein britisches Kriegsschiff.	Die Napoleonischen Kriege.	Napoleon krönt sich selbst zum Kaiser der Franzosen.	Die Briten besiegen die französisch-spanische Marine in der Schlacht bei Trafalgar.	Krieg von 1812.	Hamilton- und Scourge-Wracks, umgerüstete Handelsschoner.	Wellington besiegt Napoleon in der Schlacht bei Waterloo.	Amerikanische Missionare beginnen ihre Arbeit auf Hawaii.

Links: *Der Verlust großer Kriegssegelschiffe durch Explosionen oder Schiffbruch war selten: Als größte von Menschenhand hergestellte Schiffe ihrer Zeit sind sie für Archäologen eine faszinierende Quelle. »Verlust der HMS Ramillies, September 1782: Das Wrack wird in die Luft gesprengt.« Ölgemälde von Robert Dodd.*

Unten: *Zusätzlich zu den Linienschiffen spielten kleinere Schiffe eine wesentliche Rolle in der Marine des 18. Jahrhunderts. »Eine Fregatte vor Liverpool.« Ölgemälde von Robert Dodd.*

fen, die 74-Kanonen-Schlachtlinienschiffe, die bis zum Ende der Napoleonischen Kriege den Kern der britischen Flotte bilden sollten.

Die Kombination aus der Schlachterfahrung des Siebenjährigen Krieges und dem neuen Reichtum an Informationen über Schiffsentwürfe führte zu einem Phänomen in der Geschichte der Seefahrt: Am Ende des Krieges wurde die britische Royal Navy als die beste der Welt angesehen, deren Schiffe und Besatzung jeden Gegner mit Leichtigkeit besiegen konnten. Zuerst brachte ein schwacher Auftritt in der Amerikanischen Revolution diesen Ruf ins Wanken, gefolgt von Niederlagen einzelner Schiffe gegen amerikanische Schiffe im Krieg von 1812. Trotz dieser Rückschläge blieben sie die führende Seemacht und schlugen so gut wie jeden Gegner, der sich ihnen in den Weg stellte.

Wendige Fregatten und Briggs

Eine Vormachtstellung auf See beruhte nicht nur auf großen Schiffen. Während des fast hundertjährigen Kriegszustands zwischen Britannien und Frankreich mit der gelegentlichen Einmischung anderer Nationen wurden auch kleinere Schiffe wie Briggs, Kutter und Schoner in die Schlacht geschickt – häufig dorthin, wo die großen Flotten nicht hinsegeln konnten. Fregatten spielten hier die wichtigste Rolle: Einige, wie die amerikanischen 54-Kanonen-Fregatten, z. B. die *USS Constitution*, waren genauso stark wie kleinere Schiffe der Schlachtlinie. Die Einführung von kurzen Kanonen mit einer starken Feuerkraft im Nahbereich verlieh vielen kleineren Schiffen, im Vergleich zu ihrer Größe, eine enorme Durchschlagskraft.

Fregatten und Briggs waren kleine, schnelle und wendige Kriegsschiffe, die in vielen Bereichen eingesetzt werden konnten. Sie begleiteten Konvois, spähten den Feind aus und kreuzten feindliche Fahrrinnen. Bei einer typischen Fregatte standen die Kanonen auf einem Einzeldeck – im Vergleich zu den zwei Decks eines Linienschiffes 3. Ranges. Kleine Briggs wie die britische *De Braak* (siehe Seite 156–157) waren außerdem sehr wichtig für die Kommunikation zwischen den Schiffen. Im Revolutionskrieg und im Krieg von 1812 zwangen sowohl die Amerikaner als auch die Briten ortsansässige Schiffe in den Dienst der Marine auf den Großen Seen oder bauten von Grund auf neue Kriegsschiffe (Seite 158–159).

Der Einzug der Dampfkraft

Nach den Napoleonischen Kriegen entwickelten sich die Kriegsschiffe während der ersten Hälfte des 19. Jahrhunderts langsam weiter. Zuerst wurde Metall zur Verstärkung der hölzernen Rümpfe eingeführt. Während die Stärke der Bewaffnung zunahm, wurde das Kanonenfeuer eine wachsende Gefahr für die Schiffe, aber nichts wurde zu ihrem Schutz unternommen. Obwohl schon die Schiffsbauer um 1830 empfohlen hatten, Kriegsschiffe mit Stahl zu bauen, wurde dieses Konzept abgelehnt.

Eine weiterer großer Fortschritt war der Einsatz der Dampfkraft. Von 1840 an stimmten die Seestreitkräfte widerwillig zu, mit Dampfkraft zu fahren, behielten aber die Segel aus Gründen der Sicherheit und Wirtschaftlichkeit bei. Diese Kriegsschiffe bildeten den Übergang zwischen den segelnden Kriegsschiffen und den Panzerschiffen. Die Einführung gepanzerter Kriegsschiffe in den 60er Jahren des 19. Jahrhunderts machte sie überflüssig, und die Tage der hölzernen Kriegsschiffe waren vorüber.

1823	1833	1834	1836	1837	ca. 1840	ca. 1860	1861
Monroe-Doktrin: Eine europäische Einmischung auf dem amerikanischen Kontinent wird untersagt.	Das Britische Empire schafft die Sklaverei ab.	Charles Babbage entwirft eine programmgesteuerte Rechenmaschine.	Die Mexikaner schlagen die Texaner bei Alamo.	Queen Victoria wird gekrönt.	Die Seestreitkräfte benutzen Dampfschiffe.	Panzerschiffe ersetzen die Holzschiffe.	In den USA werden Pässe eingeführt.

Die Kronan

1676

Der Stolz von Schweden

Oben: Ein Schädel und eine teilweise mit Sand bedeckte Bronzekanone gehören zu den verstreuten, gut erhaltenen Fundstücken des schwedischen Kriegsschiffes Kronan.

Als die *Kronan* am 31. Juli 1668 vom Stapel lief, war sie eines der eindrucksvollsten und mächtigsten Schiffe in der schwedischen Marine. Sie wurde von dem englischen Schiffsbauer Francis Sheldon entworfen und in der Königlichen Werft in Stockholm gebaut. Obwohl schon 1665 mit dem Bau begonnen wurde und ihr Stapellauf drei Jahre später stattfand, konnte die *Kronan* aufgrund eines Verteidigungsabbaus erst 1672 auslaufen.

Schweden verbündete sich 1672 mit Frankreich – ein Schritt, der zum Krieg zwischen Schweden und den Ländern Holland und Dänemark führte. Die *Kronan* wurde schnell zur Verstärkung der schwedischen Flotte auslaufbereit gemacht. Sie war ein eindrucksvolles Kriegsschiff – mit drei Decks, 60 m lang, 13 m breit und einer Wasserverdrängung von 2140 Tonnen. Ihre Bewaffnung bestand aus 124 Bronzekanonen, und sie wurde von einer Mannschaft aus 500 Matrosen und 300 Marinesoldaten bedient.

Im Mai 1676 lief die schwedische Flotte aus, um die vereinte dänisch-holländische Flotte anzugreifen; die Gegner trafen am 1. Juni vor der Ostküste der schwedischen Ostseeinsel Öland aufeinander. Mittags – gerade als die Schlacht beginnen sollte – explodierte die mächtige *Kronan* aus unerklärlichen Gründen, kenterte, versank und nahm bis auf 50 Männer die gesamte Mannschaft mit sich.

Wiederentdeckt wurde das Wrack des schwedischen Kriegsschiffs im August 1980 von Anders Franzén, einem bekannten schwedischen Meeresarchäologen und Historiker, der auch die *Vasa* entdeckt hatte. Die Überreste der *Kronan* lagen in 26 m tiefem Wasser auf dem flachen sandigen Meeresboden, etwa vier Meilen von der Südostküste der Insel Öland entfernt. Bald darauf wurde der Fundort gründlich untersucht und eine Aushebung des Wracks geplant.

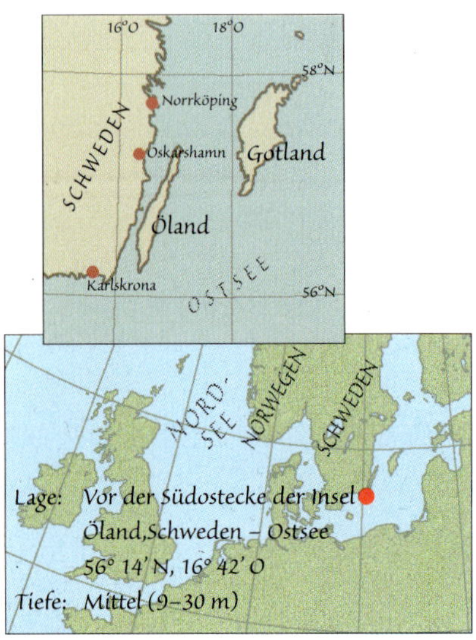

Verstreute und verbrannte Schiffsbalken

Die konservierende Eigenschaft des Wassers in der Ostsee führte dazu, daß die hölzernen Teile des Kriegsschiffes in hervorragendem Zustand waren. Die Balken der *Kronan* waren über ein Gebiet von 36 × 18 m verstreut; der Hauptteil, etwa zwei Drittel ihrer hinteren Backbordseite, lag als Ganzes flach auf dem Meeresboden, die Innenseite zeigte nach oben. Verbrannte Balken lagen über den restlichen Fundort verstreut: ein Zeichen für die katastrophale Explosion, die zu ihrem Untergang führte. Das Wrack lag noch immer mit dem Bug in Richtung Süden auf dem Meeresgrund – die Richtung, in die es 1676 in die Schlacht zog.

Von 1981 an wurde der Fundort von einem archäologischen Team unter der Aufsicht des Kalmar Läns Museums im Südosten Schwedens, unweit von Öland, ausgehoben. Testgräben wurden gezogen, um die Größe der Fundstelle zu ermitteln. Anfang 1983 wurde ein Gitter über das Wrack gelegt, um einen genauen Lageplan des Fundortes anfertigen zu können. Es wurde außerdem als Rahmen für einen fotografischen Überblick verwendet, mit dem dann eine Fotomosaik-Karte zusammengestellt werden konnte. Diese Arbeit brachte ans Licht, daß der größte Teil der Steuerbordseite durch die Explosion weggerissen worden und der vordere Teil des Schiffes stark beschädigt war.

Tausende von Fundstücken

Die Aushebung brachte einen Reichtum an Fundstücken zutage, von denen viele noch in gutem Zustand waren. Mehr als 22 000 Artefakte wurden geborgen, von 44 großen Bronzekanonen und den dazugehörigen Lafetten, Zubehör und Munition bis zu menschlichen Überresten – letzte Spuren der Mannschaft. Andere erstaunlich gut erhaltene Fundstücke sind Kleidungsstücke, Navigations- und Musikinstrumente, Tischgeschirr und Kisten mit persönlichen Besitztümern sowie ein großer Goldmünzenvorrat, wahrscheinlich die Überreste der Heuerkiste der *Kronan*. Sorgfältig gearbeitete Schnitzereien, die einst den Rumpf verzierten, wurden gefunden, und die Spuren des Meißels waren noch zu erkennen. Da die Arbeit noch andauert, werden jedes Jahr etwa 1000 weitere Fundstücke geborgen, so daß dieses Projekt zu einem der größten meeresarchäologischen Projekte in Europa geworden ist.

Man rechnet damit, daß die Aushebungsarbeiten noch bis mindestens 2003 fortgeführt werden; bis heute wurden zwei Drittel des Rumpfes und der verstreuten Überreste im Plan verzeichnet und geborgen. Für die Zukunft hat man sich vorgenommen, die zusammenhängende Backbordseite des Wracks zu heben – aber sogar ohne den Rumpf selbst sind die Fundstücke ein faszinierendes Vermächtnis aus Schwedens goldenem Zeitalter. Die konservierten Funde der *Kronan* können im Kalmar Läns Museum in der Nähe von Öland besichtigt werden.

Unten: Die Kronan wurde in einer katastrophalen Explosion auseinandergerissen, die das Leben von fast allen Mitgliedern ihrer Mannschaft forderte. »Die Schlacht von Südöland am 1. Juni 1676«. Ölgemälde von Claus Moinichen.

Die HMS Invincible (L'Invincible)

1758

Die Überreste eines britischen Marineschiffs

Oben: Taucher arbeiten im Munitionslager zwischen Pulverfässern. Das Tauchen in den finsteren Tiefen britischer Gewässer machte auch diese Expedition zu einem schwierigen Unterfangen.

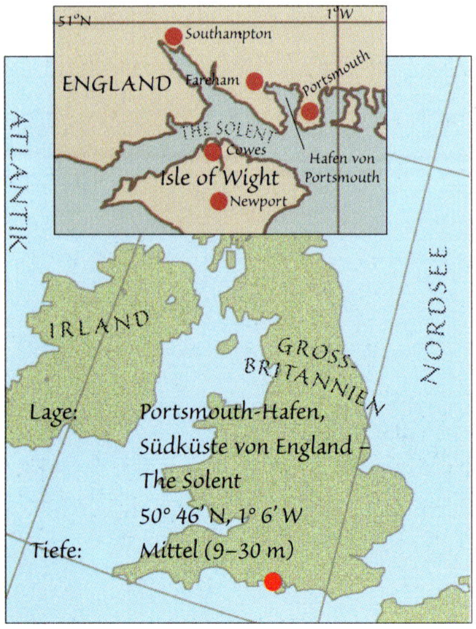

Der Fischer Arthur Mack arbeitete im Mai 1979 vor Portsmouth an der Südküste von England. Seine Netze verfingen sich unter Wasser in einem Hindernis, deshalb kehrte er mit dem ortsansässigen Taucher John Broomhead an die Stelle zurück; dieser berichtete nach einem Tauchgang vom Fund eines großen hölzernen Schiffswracks. Geborgene Artefakte wurden auf die Mitte des 18. Jahrhunderts datiert. Mark bat den Taucherclub der britischen Marine um Unterstützung, der das Wrack unter der Leitung von John Bingeman, einem Marineoffizier und Amateurarchäologen, aushob.

Weitere Fundstücke ließen darauf schließen, daß es sich bei dem Schiffswrack um die *HMS Invincible* handelte, ein Kriegsschiff, das im Jahre 1758 vor Portsmouth auf Grund lief. Der Fundort wurde unter den Schutz des Gesetzes gestellt. 1981 fand man einen Holzstab, der die Inschrift »Invincible Flying Jib« trug – und somit war das Wrack zweifelsfrei identifiziert.

Die *HMS Invincible* war ursprünglich ein französisches Schiff, gebaut in Rochefort und 1744 vom Stapel gelassen. Sie war als *L'Invincible* eingetragen und beträchtlich besser entworfen worden als britische Schiffe aus derselben Zeit. Das neue Kriegsschiff versah seinen Dienst auf den westindischen Inseln, bevor es Teil der Eskorte einer großen französischen Flotte wurde, die in der ersten Schlacht von Finisterre im Mai 1747 von der britischen Royal Navy überrascht wurde. Die Schlacht war eine Katastrophe für die Franzosen, die acht Kriegsschiffe, unter ihnen die *L'Invincible*, verloren.

Ihr Name wurde anglisiert, und sie wurde der britischen Marine unterstellt, der sie hervorragende Dienste leistete. Während des Siebenjährigen Krieges (1756–63) verließ die *HMS Invincible* im Februar 1758 Portsmouth als Teil einer Flotte, deren Ziel Kanada war. Sie lief vor ihrem Heimathafen auf eine Sandbank auf, und bevor sie wieder flottgemacht werden konnte, wurde sie von der heftigen See umgeworfen und stark beschädigt. Die *Invincible* wurde teilweise im Jahre 1758 geborgen – die Kanonen und andere wertvolle Gegenstände wurden entfernt, bevor man das Schiff sich selbst überließ.

Zwischen 1981 und 1990 wurde der Fundort teilweise von John Bingeman und seinem Team aus Freiwilligen ausgehoben, mit dabei waren auch professionelle Archäologen des Mary Rose Trust. In den Anfangsjahren wurden Testgräben am Fundort gezogen, um den Zusammenhalt der Rumpfstruktur erkennen zu können.

Versteigerung von Geschichte

1981 wurde ein Komitee »Invincible 1758« mit John Bingeman als Vorsitzendem gegründet, um die Arbeit auf der Fundstelle zu koordinieren. Allerdings wurden die Marinetaucher im Jahre 1981 im Krieg auf den Falklandinseln gebraucht, und die anderen Taucher waren mit der Aushebung der *Mary Rose* beschäftigt – aber das Projekt wurde 1983/84 neu gestartet, und ein ausreichend großer Teil der Rumpfstruktur der *Invincible* konnte aufgedeckt werden, um die Schiffsbalken mit den erhaltenen Originalplänen vergleichen zu können.

Ein Bereich wurde als Aufbewahrungsraum der Kanoniere und Bootsmänner identifiziert und ausgehoben, und es stellte sich heraus, daß der anaerobe Schlick im Hafen von Portsmouth zur Erhaltung seines Inhalts beigetragen hatte. Diese Räume lagen im Bug des Schiffes und enthielten eine große Auswahl an Besitztümern der Seefahrer sowie Geschützteile, die uns viele Erkenntnisse über die Kriegsschiffe im 18. Jahrhundert ermöglichen.

Ein Graben, der am Heck des Schiffes gezogen wurde, enthüllte die Kabinen der Offiziere und Aufbewahrungsräume, aus denen Schuhe, die wahrscheinlich dem Schuster des Schiffes gehörten, und andere persönliche Gegenstände geborgen wurden. In den Folgejahre deckte ein detaillierter Lageplan des Fundortes auf, daß das Schiff an seiner Mittellinie gespalten war; die weitere Aushebung ergab, daß dies eher eine Folge des Schiffbruchs selbst als der Bergungsarbeiten gewesen war. Die Aushebungsarbeiten wurden 1990 eingestellt.

Die wachsende Anzahl der Fundstücke zwang die Gruppe, eine eigene Konservierungsabteilung einzurichten. Während einige Fundstücke schließlich im Chatham Historic Dockyard im Südosten Englands ausgestellt wurden, kam es über den Rest der Sammlung zu heftigen Auseinandersetzungen.

Das Komitee beschloß schließlich, viele der Fundstücke bei Christie's in London versteigern zu lassen – ein Entschluß, der in Archäologenkreisen Zorn aufkommen ließ. Finanzielle Umstände hatten die Gruppe aus Freiwilligen zu dieser Entscheidung gezwungen, aber das Auseinanderreißen einer wertvollen historischen Sammlung kann nur bedauert werden.

Trotzdem führte der Fund der *HMS Invincible* zu umfassenden Forschungsarbeiten, und die Verbindung dieser Forschungs- und der Aushebungsarbeiten hat unsere Kenntnisse über die Schiffe erweitert, die im Zeitalter der Kriegssegelschiffe als Linienschiffe eingesetzt wurden.

Oben: Diese 30-Minuten-und-28-Sekunden-Sanduhr diente während der Wachen als Uhr. Die Schiffsglocke wurde um 8.30 Uhr einmal, um 9.00 Uhr zweimal usw. geläutet.

Unten: Die HMS Invincible mit 74 Kanonen nach ihrer Übernahme von den Franzosen im Jahre 1747. Stich.

Die HMS De Braak

1798 Kommerzielle Zerstörung eines Schatzschiffs

Oben: Die britische Brigg De Braak wurde von den Holländern gekapert. Sie war ein typisches Beispiel für die kleinen Schiffe, die den Flotten der Napoleonischen Ära als Spähschiffe und Nachrichtenüberbringer dienten.

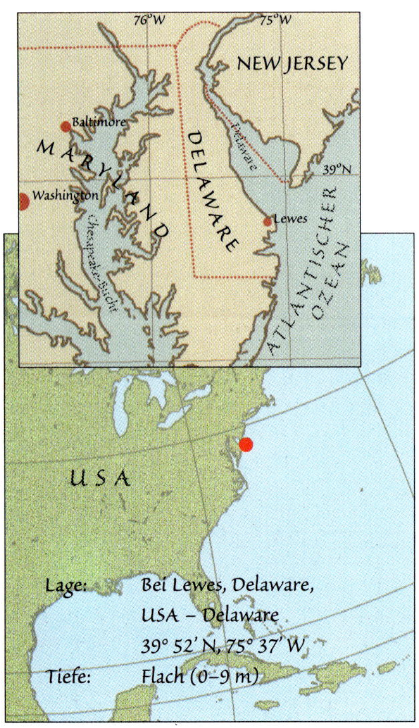

Am Nachmittag des 28. Mai 1798 fuhr die 16-Kanonen-Brigg der britischen Marine *HMS De Braak* in den Delaware ein. Sie eskortierte die gekaperte spanische *Don Francisco Xavier.* Als sie ihren Anker vor Kap Henlopen in der Nähe von Rehoboth Beach auswerfen wollte, wurde sie von einer Windböe getroffen, die sie so weit umwarf, daß Wasser eindringen konnte – sie kenterte und versank innerhalb von Minuten. Kapitän James Drew, 34 Besatzungsmitglieder und 12 spanische Gefangene ertranken. Die Überlebenden wurden von der *Xavier* an Bord genommen und fuhren weiter nach Philadelphia, wo sie den britischen Konsul über die Tragödie informierten.

Im Juli 1798 wurde die *HMS Assistance* von Neuschottland in den Delaware geschickt, um herauszufinden, ob die *HMS De Braak* geborgen werden konnte. Das Unternehmen wurde für durchführbar erklärt, und britische Bergungsboote kamen herbei. Während des Sommers versuchten sie vergeblich, die Brigg zu bergen.

Geschichten, daß die *HMS De Braak* von den Spaniern erbeutete Schätze an Bord hatte, machten in der Gegend die Runde, und im gesamten 19. Jahrhundert wurden Versuche unternommen, das Wrack zu finden. Sie wurden von einer örtlichen Niederlassung unterstützt, die von dem Delaware-Lotsen Gilbert McCracken eingerichtet worden war. Da die Legende von einem Schatz mit der Zeit immer größer wurde, verstärkte man die Suche nach dem Wrack, aber ohne Erfolg. Maritime Geschichtsbücher berichteten sogar als Tatsache über das Schiff, es habe »70 Tonnen Kupferbarren und eine große Menge an Gold- und Silberbarren und Münzgeld an Bord« gehabt, obwohl wissenschaftlich bewiesen ist, daß es niemals einen Schatz gab. Die Folge war eine kulturelle Katastrophe.

Unverantwortliche Schatzsucher

Im April 1984 ortete das kommerzielle Bergungsunternehmen Sub-Sal das Wrack mit einem Side-Scan-Sonar. Geborgene Gegenstände von der Fundstelle identifizierten das Wrack, und das Unternehmen ersuchte und erhielt die Rechte an dem Wrack. Sub-Sal begann 1985 mit ernsthaften Bergungsarbeiten und hob den Rumpf aus, um zu sehen, ob Kostbarkeiten darunter verborgen lägen. Sie baggerten den gesamten Fundort auf der Suche nach dem Schatz aus. Die Aktionen führten zu irreparablen Schäden am Wrack und rückten das Bergungsunternehmen in den Augen der Öffentlichkeit in ein sehr schlechtes Licht. Staatliche Archäologen, welche die Bergungsarbeiten besuchten, waren angesichts der scheinbar mutwilligen Zerstörung eines historischen Schiffswracks entsetzt.

Der gehobene Rumpf wurde in einen vorläufigen Kofferdamm aus Beton unweit von Lewes im US-Bundesstaat Delaware gebracht. 1990 wurde er in ein Gebäude mit Feuchträumen in der Nähe verlegt. Schamlose Verletzungen von staatlichen und bundesstaatlichen Gesetzen, einschließlich der Beseitigung menschlicher Überreste und der illegalen Verwendung von Artefakten, führten dazu, daß die Bergungsgesellschaft die Rechte an dem Wrack verlor. Harvey Harrington, der Bergungstaucher, der zuerst das Wrack entdeckt hatte, wurde beschuldigt, Artefakte ohne staatliche Erlaubnis geborgen und sie als Nebeneinnahme zur Finanzierung verwendet zu haben. 1992 sprachen die Gerichte das Wrack dem Bundesstaat Delaware zu, der versuchte, sämtliche Informationen von den Überresten des Wracks, die Sub-Sal zurückgelassen hatte, zu retten.

Der US-Bundesstaat Florida unternahm Schritte, den Rumpf vor weiterem Zerfall zu bewahren, und übernahm die Verantwortung für die Konservierung der von dem Bergungsunternehmen gehobenen Fundstücke. Mehr als 26 000 Gegenstände wurden geborgen, die gesamte Sammlung wurde vom Auktionshaus Christie's auf einen Wert von 300 000 US-Dollar geschätzt. Man nimmt an, daß Sub-Sal das Zehnfache für die Bergungsarbeiten ausgab auf der Suche nach einem Schatz, der niemals existierte. Viele der konservierten Artefakte wurden im Zwaanendael Museum in Dover, Delaware, ausgestellt, das einer staatlichen Abteilung unterstellt ist.

Viele Historiker und Meeresarchäologen sehen in der Bergung der *HMS De Braak* eine der schlimmsten meeresarchäologischen Katastrophen in der jüngeren Geschichte. Zu begrüßen war jedoch, daß die Meinungsverschiedenheiten um die Bergung des Wracks dazu führten, eine Lobby im Kongreß zu schaffen und somit eine Gesetzesänderung herbeizuführen. Im Jahre 1988 wurde ein Gesetz über verlassene Schiffswracks (Abandoned Shipwreck Act) verabschiedet, das eine derartige Zerstörung in Zukunft verhindern helfen wird.

Unten: Die Überreste des Rumpfs der De Braak wurden kurz nach der Bergung aus dem Delaware durch einen Kofferdamm geschützt. Das Eingreifen des Staates trug dazu bei, die Überreste vor weiterem Zerfall zu bewahren.

Die Hamilton und die Scourge

1813

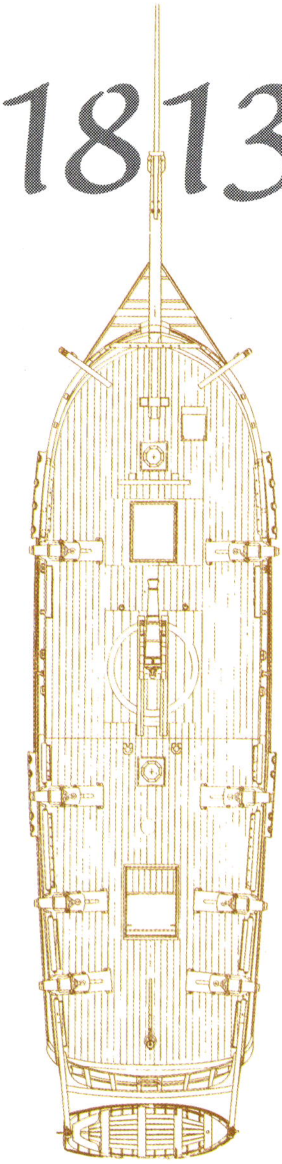

Die Geisterschoner der Großen Seen

Während des Krieges von 1812–1815 zwischen Britannien und den Vereinigten Staaten wurden die Großen Seen zwischen Kanada und den USA zum Schlachtfeld. Während kleine Armeen sich gegenseitig in den jeweiligen Hoheitsgebieten überfielen, entbrannte auf den Großen Seen eine erbitterte Seeschlacht. Auf beiden Seiten wurden Handelsschiffe in Kriegsschiffe umgewandelt und Schiffsbauprogramme gestartet.

Die *Hamilton* war ursprünglich ein amerikanischer Handelsschoner mit dem Namen *Diana* und wurde 1812 von der amerikanischen Marine gekauft; die *Scourge* war ein beschlagnahmter kanadischer Handelsschoner, ursprünglich die *Lord Nelson*. Beide waren Toppsegel-Schoner, die für den Ontariosee entworfen worden waren, die *Hamilton* war 22 m lang, die *Scourge* 17 m. Im Winter 1812/13 wurde jedes Schiff für acht bis zehn Kanonen umgerüstet – spezielle Kanonen, die im Nahbereich über eine beträchtliche Durchschlagskraft verfügten.

Im August 1813 trafen die britische und die amerikanische Flotte unweit von Niagara auf dem Ontariosee aufeinander, und nach einigem Manövrieren zogen sich die Flotten zurück, um sich auf eine Schlacht am darauffolgenden Tag vorzubereiten. Am frühen Morgen des 8. August wurde die amerikanische Flotte von einer plötzlichen Windböe erfaßt, die beiden Schoner bekamen Schlagseite, kenterten und versanken innerhalb von Minuten. Man kam zu dem Schluß, daß die Kanonen die Schiffe oberlastig gemacht hatten und sie somit leicht kentern konnten. Von der Besatzung aus 61 Offizieren und Männern auf beiden Schiffen verloren 53 ihr Leben.

1973 konnte Dr. Daniel Nelson, der für das Royal Ontario Museum arbeitete, die beiden Wracks mit einem Magnetometer lokalisieren, ein Fund, der zwei Jahre später durch eine Untersuchung mit einem Side-Scan-Sonar bestätigt wurde. Die Bilder waren spektakulär: Sie zeigten die *Hamilton* unversehrt und aufrecht in 90 m Tiefe mit noch intakten Masten auf dem Meeresboden liegen. Die *Scourge* wurde ein paar hundert Meter weiter in fast ebenso perfektem Zustand entdeckt. Die nachfolgende Erforschung der Wracks mit einem unbemannten U-Boot, oder ferngesteuerten Unterwasser-Fahrzeug, bestätigte die Identität der Schiffe und ihren erstaunlich guten Erhaltungszustand.

Oben: Der Plan des Schoners Hamilton zeigt, wie gut dieses Schiff erhalten war.

Alles noch an Ort und Stelle

Die US-Marine übertrug die Eigentumsrechte an den Schiffen der Stadt Hamilton im US-Bundesstaat Ontario, und im Mai 1982 wurde die Hamilton-Scourge-Stiftung gegründet, um die Forschungsarbeiten zu beaufsichtigen. Zusammen mit der National Geographic Society erstellte die Stiftung mit Hilfe von Foto- und Videokameras einen umfassenden Lageplan der beiden Wracks. Die Archäologen Ken Cassavoy und Kevin Crisman übernahmen die Auswertung der Ergebnisse und erstellten Pläne, die zeigten, daß die Schiffe – bis auf den Verlust des Tauwerks – noch genau so aussahen, wie sie zu dem Zeitpunkt ihres Untergangs ausgesehen haben müssen: Das kalte Wasser des Sees hatte sie so gut erhalten. Beide lagen aufrecht, mit 16–18 Prozent Schlagseite auf Backbord.

Die Geschütze der *Hamilton* befanden sich noch an Ort und Stelle, und die Beiboote hingen an den Davits im Heck. Eine Galionsfigur, die Göttin Diana, schmückte gut erhalten ihren Bug, und kleine Waffen und Entermesser lagen verstreut auf ihrem Deck. Die Art, wie die Artefakte auf dem Deck der *Scourge* lagen, war ein weiterer Hinweis dafür, daß sie auf Backbord Schlagseite bekam. Besonders interessant sind die Entermesser und -waffen, die fertig zum Gebrauch im Heck und auf Gestellen neben den Kanonen gefunden wurden.

Handelsschoner auf dem Computer

1990 wurde eine vielerorts beachtete Untersuchung von Dr. Robert Ballard vom Woods Hole Oceanographic Institute durchgeführt. Unterstützt wurde er von Dr. Margaret Rule, der Direktorin des Mary Rose Trust. Mit einer elektronischen Spezialkamera wurde eine bahnbrechende dreidimensionale Aufzeichnung der Schiffswracks durchgeführt. Die Spezialkamera war mit einem Computer verbunden, der ein Fotomosaik des Fundortes mit hoher Auflösung und ein computergesteuertes Modell der beiden Schiffe erstellte.

Obwohl seit 1813 kein menschliches Wesen einen Fuß auf die Decks der *Hamilton* und der *Scourge* gesetzt hat, sind die Archäologen heute genau über sie informiert. Die Fotos und Videoaufnahmen sind aufgrund des hervorragenden Zustands der Schiffe von enorm großer Bedeutung für alle, die den Schiffsbau im frühen 19. Jahrhundert studieren. Die Fortschritte in der Tauchtechnik bedeuten auch, daß die Wracks heimlich von Tauchern aufgesucht werden könnten. Weitere Erhaltungsmaßnahmen oder sogar eine archäologische Bergung müssen in nächster Zukunft ins Auge gefaßt werden, wenn man diese einzigartige Quelle der Seefahrtsgeschichte schützen möchte.

Oben: Die Galionsfigur der Hamilton ist eine Büste der Göttin Diana, nach der sie benannt war, bevor sie in der US-Navy den Dienst antrat.

Unten: Ein Kanonenrohr ragt aus der offenen Geschützpforte der Hamilton, als ob das Schiff noch bereit wäre, in die Schlacht zu segeln.

Die Handelsschiffe

Kriegsschiffe wurden immer schon in Bildern oder Geschichten für die Nachwelt festgehalten, Handelsschiffe hingegen waren die unbesungenen Helden der Geschichte der Seefahrt. Die kleineren Segelschiffe, die im letzten Jahrhundert des Segelzeitalters die Ozeane der Welt überquerten, wurden bald durch schnellere Dampfschiffe ersetzt. In der Mitte des 19. Jahrhunderts kam der Klipper auf – vielleicht die Krönung des Zeitalters der Segelschiffe. Im späten 19. Jahrhundert wurden die Schiffe in erster Linie mit Dampf betrieben. Als sie mit der Zeit immer zuverlässiger wurden, setzte man sie auch als Passagierdampfer ein, um den Atlantik zu überqueren. So entstand das Zeitalter der Transatlantik-Linienschiffe, heute symbolisiert durch wunderschöne Schiffe wie die *Titanic* und die *Mauretania.* Nach den beiden Weltkriegen gab es einen regelrechten Boom in der kommerziellen Seefahrt, und die Supertanker von heute haben mit den kleinen Segelschiffen vor 200 Jahren nicht mehr viel gemein. Aber auch heute noch gehen Schiffe unter – und die maritimen Katastrophen von heute bergen vielleicht die archäologischen Informationsquellen von morgen.

Oben: In den 1870er Jahren erforderte der Handel Zuverlässigkeit, und das bedeutete den Einsatz von Dampfkraft, obwohl Segel erst noch als Sicherheit für ein mögliches Maschinen-Versagen beibehalten wurden.

Die Handelsschiffe

In einem früheren Kapitel wurde die Entwicklung des transatlantischen Handels im Laufe des 18. Jahrhunderts beschrieben; dieses Kapitel nimmt den Faden der Geschichte am Vorabend der Amerikanischen Revolution wieder auf. Wie gesagt verbrachten Handelsschiffe, anders als Kriegsschiffe oder die ruhmvollen Ostindienfahrer, häufig ihr gesamtes arbeitsreiches Leben auf See, ohne das Interesse von Malern oder Chronisten zu wecken. Genau aus diesem Grund kann die Meeresarchäologie einen unschätzbaren Beitrag leisten, indem sie die Lücken der zeitgenössischen Aufzeichnungen schließt. Obwohl die Entwicklung der Handelsschiffe in den letzten 200 Jahren ein weites Thema ist, können hier einige allgemeine Entwicklungsphasen nachgezeichnet werden.

Im späten 18. Jahrhundert waren große Handelsschiffe in der Regel vollgetakelt, mit drei Masten und Rahsegeln. Abgesehen von den gut bewaffneten Handelsschiffen der unterschiedlichen Ostindienkompanien trugen Handelsschiffe nur wenige oder gar keine Waffen, sogar in Kriegszeiten. Einige Seefahrernationen, wie Britannien, führten in unsicheren Zeiten ein Konvoisystem ein, wohl das erste Mal seit den Tagen der spanischen Schatzflotten. Eskorten aus Kriegsschiffen wurden sogar für Walfänger- und Fischerbootsflotten bereitgestellt, wenn man diese für gefährdet hielt.

Kleinere Schiffe trugen selten Waffen. Während die größeren Schiffe sich in der Regel ziemlich ähnlich waren, gab es unter den kleineren zahlreiche verschiedene Typen. Sie wurden nach ihrer Takelage klassifiziert, und wenn diese sich änderte, änderte sich auch die Bezeichnung des Schiffes. Zu den kleineren Schiffen gehörten Schnaus, Brigantinen, Schoner, Leichter, Briggs und Barken; es gab zu viele unterschiedliche Typen, um alle aufzählen zu können. Eine Brigantine war zum Beispiel ein kleines zweimastiges Schiff mit Rahsegeln. Wenn sie ihre Takelage auch nur geringfügig änderte, wurde sie zu einer Schnau. Ein Beispiel für diesen Schiffstyp ist die britische Betsy (Seite 166–167), die als Kohlenschiff unterwegs war, bevor sie während der Amerikanischen Revolution (Seite 166–167) als kleines Transportschiff in den Dienst der Marine gezwungen wurde. Diese kleinen Schiffe, die häufig im Küstenverkehr fuhren, wurden bis Mitte des 19. Jahrhunderts eingesetzt und dann durch die Küstendampfschiffe ersetzt.

Oben: Das Aufkommen der schnellen Klipper in den 40er Jahren des 19. Jahrhunderts gab der Segelschiffahrt für kurze Zeit eine neue Chance gegen die sich ausbreitende Dampfschiffahrt und brachte einige der schönsten Segelschiffe hervor, die jemals gebaut wurden. »Der Klipper Flying Cloud«. Ölgemälde von einem unbekannten Künstler amerikanischer Schule.

Unten: Dampf als Antriebskraft bedeutete, daß die Handelsschiffahrt nicht länger von Wind und Strömung abhängig war. »Die Great Western im Wellenmeer, 11. Dezember 1844«. Ölgemälde von Joseph Walter.

Abkömmlinge der Schoner

Der Schoner war ein amerikanischer Schiffsentwurf, obwohl seine Vorfahren unter den holländischen Schiffen des 17. Jahrhunderts zu finden sind. Die ersten Schoner im 18. Jahrhundert hatten einen Einzelmast mit Gaffelsegel und zumindest einem Klüver. Mitte des 18. Jahrhunderts wurde der Begriff »Schoner« dann für kleine zweimastige Schiffe verwendet, die in der Regel mit Stag- oder Gaffelsegeln und Klüver ausgestattet waren. Massachusetts wurde die erste Ausführung des echten Schoners zugeschrieben, obwohl die typischen Entwürfe in Bezug auf Stil und Takelage leicht variierten. Im frühen 19. Jahrhundert machten die Schoner einen Großteil der kleinen Handelsschiffe aus und waren auf beiden Seiten des Atlantiks unterwegs, obwohl sie in erster Linie ein amerikanischer Schiffstyp blieben.

1769	1775	1781	1789	1803–15	1821	1825	1837
James Watt patentiert die Dampfmaschine.	Ausbruch der Amerikanischen Revolution.	Betsy-Wrack, ein britisches Handelsschiff.	George Washington wird erster Präsident der Vereinigten Staaten.	Napoleonische Kriege.	Michael Faraday erfindet den elektrischen Generator und den Elektromotor.	Die erste Eisenbahn wird in England in Betrieb genommen.	Königin Victoria wird gekrönt.

Oben: *Diese Hafenszene aus der Mitte des 18. Jahrhunderts zeigt die kleinen Segelschiffe, wie sie für die Handelsflotten der damaligen Welt typisch waren. »Eine dänische Barke«. Ölgemälde von Samuel Scott.*

In europäischen Gewässern fuhren ähnliche Schiffe eher mit Rahsegeln an den Hauptmasten, deshalb wurden sie zu den Brigantinen gerechnet. Die Bezeichnungen der Schiffe im 18. und frühen 19. Jahrhundert waren äußerst verwirrend und änderten sich häufig; die Kennzeichen mehrerer Schiffstypen überschnitten sich.

In den 40er Jahren des 19. Jahrhunderts wurde eine Abwandlung des Schoners, der Klipper, immer bekannter. Er breitete sich allmählich weiter aus; seine Ursprünge können bis zu den klassischen amerikanischen Schonern des späten 18. Jahrhunderts zurückverfolgt werden. Eine Zeitlang wurde die Bezeichnung »Klipper« für jedes schnelle Schiff verwendet, aber sie wurde mit der Zeit standardisiert. Genauer dargestellt wird der Klipper in der Beschreibung der Wracks des amerikanischen Klippers *Snow Squall*, der 1864 unterging (Seite 168–169).

Eine frühe Abwandlung war der Baltimore-Klipper, ein Schonertyp mit steilem Bug und schlankem Rumpf. Die großen amerikanischen Klipper der 40er und 50er Jahren des 19. Jahrhunderts waren in der Regel dreimastig, mit Rahsegeln und ähnlich eleganten Linien wie die frühen Baltimore-Klipper. Die englischen Tee-Klipper waren gewöhnlich größer; die *Cutty Sark* (1869), ein Beispiel der späten Tee-Klipper, wurde mit einem eisernen Rahmen verstärkt, um die Rumpfkapazität zu vergrößern. Mit bis zu 18 Rahsegeln und acht Vorsegeln scheint sie ein Beispiel für ein Segelschiff in Vollendung zu sein, obwohl sie neben dem fünfmastigen, eisenverstärkten Segler *Preußen* (1902) aus Deutschland wie ein Zwerg wirkt. Während kleinere Segelschiffe bis ins 20. Jahrhundert benutzt wurden, verlangte der Handel nach Schnelligkeit und Verläßlichkeit, und in den 70er Jahren des 19. Jahrhunderts bedeutete dies den Einsatz von Dampfkraft.

Schaufelrad gegen Schiffsschraube

Die ersten Dampfschiffe wurden schon im späten 18. Jahrhundert entwickelt, aber als Arbeitsschiffe eingesetzt, bis Robert Fulton 1807 Dampfschiffe für den Transport von Passagieren auf dem Hudson River entwarf. Dampfschiffe, die auch für die Handelsschiffahrt geeignet waren, wurden zunehmend im frühen 19. Jahrhundert eingesetzt, sie waren zu

ca. 1840
Die Marine verwendet Schiffe mit Dampfantrieb.

1843
Die SS Great Britain überquert als erstes Schiff mit einem Antrieb durch eine Schiffsschraube den Atlantischen Ozean.

1845
Eine Hungersnot in Irland führt zu einer Auswanderungswelle nach Amerika.

1846
Die Vereinigten Staaten besiegen Neumexiko im Mexikanischen Krieg.

1848
Das »Kommunistische Manifest« von Karl Marx wird herausgegeben.

1854–56
Krim-Krieg.

1859
Charles Darwin gibt »Über den Ursprung der Arten durch natürliche Zuchtwahl« heraus.

ca. 1860
Panzerkriegsschiffe ersetzen die Holzschiffe.

dieser Zeit häufig mit Schaufelrädern ausgestattet. Die erste richtige Schiffsschraube wurde 1839 erfunden. Um 1845 wurden die Schiffsschrauben dann für effektiver gehalten als die Schaufelräder, obwohl diese noch bis ins späte 19. Jahrhundert weiterverwendet wurden.

Als erstes Schiff, das mit einer Schiffsschraube angetrieben wurde, überquerte die *SS Great Britain* 1843 den Atlantik – mit einer konstanten Geschwindigkeit von neun Knoten. Für den Fall einer Maschinenpanne war sie noch mit Masten und Segeln ausgestattet. Dieses kleine Schiff wurde 15 Jahre später von der *SS Great Eastern* überholt, einem massiven Raddampfer aus Eisen von 27 000 Tonnen. Mit einer Transportfähigkeit von 4000 Passagieren war sie zwar das erste echte Linienschiff, aber nicht sehr funktionstüchtig und wurde deshalb als transatlantischer Kabelleger eingesetzt. Obwohl die *Great Eastern* finanziell ein Verlustgeschäft war, unternahmen andere Schiffsbauer weitere Versuche, verläßliche Passagier- und Frachtschiffe zu entwerfen, allerdings in bescheidenerem Rahmen. Noch bis in die 1880er Jahre wurden Masten und Segel auf Dampfschiffen beibehalten, wie z. B. auf dem Passagierdampfer *Oceanic*, der 1871 fertiggestellt wurde, und auf der *City of New York* von 1888.

Frachtschiffe wurden ebenfalls stetig weiterentwickelt, obwohl viele überraschenderweise Merkmale trugen, die für ältere Segelschiffe bis in die 90er Jahre des 19. Jahrhunderts typisch waren. Hierzu gehörten eine weit hinten liegende Steuerposition, ein erhöhtes Achterdeck und die Beibehaltung von Masten und Segeln. Bis ins frühe 20. Jahrhundert fuhren die meisten kleineren Schiffe wie Küstenhandelsschiffe und Fischerboote eher mit Segeln als mit Dampfantrieb.

Unten: Die enorme Größe der Passagierdampfer zur Zeit König Edwards bot Passagieren die Möglichkeit, den Atlantik in unvergleichlichem Luxus zu überqueren. Hier ist die Mauretania der Cunard-Linie an der Anlegestelle am Kai zu sehen.

1861–65
Amerikanischer Bürgerkrieg.

1864
Snow-Squall-Wrack, ein amerikanischer Klipper.

1865
Ermordung von Abraham Lincoln.

1867
Rußland verkauft Alaska für 7,2 Millionen US-Dollar an die Vereinigten Staaten.

1869
Der Suezkanal wird fertiggestellt.

1877
Die Königin von England wird auf Vorschlag des Ministerpräsidenten Benjamin Disraeli Kaiserin von Indien.

1885
Die Freiheitsstatue kommt in New York an.

1896
Die modernen Olympischen Spiele beginnen in Athen, Griechenland.

Das Zeitalter der Ozeandampfer

Die größte Entwicklung der Passagierdampfer fand 1899 statt. Eine zweite *Oceanic* wurde vom Stapel gelassen, sie war 215 m lang und hatte bei voller Ladung eine Wasserverdrängung von 28 500 Tonnen, so daß sie sogar größer war als die *Great Eastern* 40 Jahre zuvor. Sie wurde als reines Dampfschiff ohne Segel als zusätzliche Kraft gebaut. Anders als die früheren riesigen Passagierschiffe flößte sie aufgrund ihrer Bauweise den Reisenden keine Furcht ein, und ihre Eleganz und ihr Stil wirkten bald wie ein Magnet. Innerhalb von sechs Jahren wurden zwei Schwesterschiffe gebaut: die *Lusitania* und die *Mauretania*. Die Luxusdampfer waren geboren. Die *Mauretania* war vielleicht das erfolgreichste aller transatlantischen Linienschiffe: Sie erhielt 22 Jahre lang das Blaue Band für die schnellste Atlantiküberquerung eines Passagierschiffes. Ihr Ruf wurde nur übertroffen durch das berühmteste aller Linienschiffe, die *RMS Titanic* (Seite 170–171) von der White-Star-Linie.

Unten: *Die Lusitania war ebenfalls ein typisches Beispiel für die Anmut dieser Luxusschiffe, die das Blaue Band für die schnellste Atlantiküberquerung gewinnen wollten.*

Obwohl nach ihrem Verlust im Jahre 1912 noch andere Transatlantikschiffe gebaut wurden, setzte ihr Untergang dem Vertrauen in die Schiffsbaukunst in jener Zeit ein Ende. Nach dem Ersten Weltkrieg hielten Schiffe wie die *Normandie*, die *Queen Mary* und die *Queen Elizabeth* die Tradition der transatlantischen Linienschiffe aufrecht, aber sie erlangten nie den Ruhm, der die Luxusdampfer aus der Zeit König Edwards umgeben hatte. Während des Zweiten Weltkriegs wurden britische Linienschiffe als schnelle Truppentransportschiffe eingesetzt, und die Zunahme von Kriegsschiffen führte zu einer ebensogroßen Zunahme der Frachtkapazitäten, vor allem bei amerikanischen Schiffen.

In den 50er Jahren machte der Flugverkehr die Linienschiffe überflüssig, obwohl viele Menschen, zumindest bis in die frühen 60er Jahre, den luxuriösen Müßiggang auf den Schiffen bevorzugten. Transatlantikschiffe wie die *Rotterdam* und die *Andrea Doria* waren immer noch beliebt, obwohl der Untergang der *Andrea Doria* dazu führte, daß die Menschen immer weniger Vertrauen in Schiffsreisen hatten (Seite 172–173). Von den 60er Jahren an überquerten Frachtschiffe, spezielle Kühlschiffe, massive Öltanker und Containerschiffe die Ozeane der Welt zu Tausenden, und die Handelsschiffahrt nahm eine wichtigere Stellung ein als jemals zuvor. Die Weiterentwicklung stand im Zeichen einer zunehmenden Automatisierung, eines exakten Radarsystems und der Satelliten-Navigation – viele Seeleute blicken allerdings mit Wehmut auf die Zeiten der Segelschiffahrt zurück.

1903	1912	1914–18	1924	1932	1936	1939–45	1956
Den Gebrüdern Wright gelingt ihr erster Flug.	RMS-Titanic-Wrack, ein transatlantisches Linienschiff.	Erster Weltkrieg.	Tod von Wladimir Lenin.	Ibn Saud gründet das Königreich Saudi-Arabien.	Erste Sendung einer regulären Fernsehstation.	Zweiter Weltkrieg. Englische Linienschiffe werden als Versorgungsschiffe eingesetzt.	Andrea-Doria-Wrack, ein transatlantisches Linienschiff.

Die Betsy

1781

Das Versorgungsschiff des Earl Cornwallis

Oben: »Die Belagerung von Yorktown 1781«. Der amerikanische Kommandeur George Washington und sein Stab besichtigen den Fluß York, bevor eine Verteidigungsstrategie festgelegt wird. Die Masten der britischen Flotte – eines der Schiffe wäre die Betsy gewesen – kann man im Hintergrund erkennen.

Britanniens Bestrebungen, die Rebellen in seinen amerikanischen Kolonien im Zaum zu halten, waren 1781 in eine Sackgasse geraten. Nach einem spektakulären, aber unentschiedenen Feldzug in Carolina zog Earl Cornwallis mit seiner kleinen britischen Armee nach Virginia, um sich dort mit Truppen zur Verstärkung treffen. Statt dessen wurde er in Yorktown belagert, eingeschlossen von einer größeren französischen und amerikanischen Armee unter George Washington. Schließlich entschied Cornwallis, daß weiterer Widerstand zwecklos war, und kapitulierte am 17. Oktober 1781. Dieses Desaster brachte die britische Regierung dazu, den Krieg zu beenden, und der Friedensvertrag wurde weniger als zwei Jahre später unterzeichnet.

Während der Belagerung saßen einige kleine britische Handels- und Transportschiffe auf dem Fluß York in der Falle. Diese Schiffe wurden kurz vor der Kapitulation versenkt, aber ihr Standort wurde nie schriftlich festgehalten. Im Jahre 1978 enthüllte eine Untersuchung des Flußgrundes in der Nähe von Yorktown den Ruheplatz von sechs Schiffen: Man hatte die Reste der sechs kleinen Handelsschiffe gefunden, die alle aus der Zeit der Belagerung stammten. An jedem der sechs Fundorte wurde eine Probeaushebung durchgeführt, um den Erhaltungszustand festzustellen und um zu prüfen, ob eine weitere Untersuchung angebracht war. Eines dieser Schiffe, eine Handelsbrigg, die von den Archäologen mit der Bezeichnung »YO88« versehen worden war, wurde für eine umfassende Aushebung auserkoren.

Das Wrack lag etwa 150 m vom Ufer entfernt in einem Bereich mit starker Strömung. Die Sicht unter Wasser reichte nicht weiter als 50 cm, also wurde nach Methoden gesucht, die Bedingungen zu verbessern und den Fundort während der Aushebung zu schützen. Die Lösung war, das Wrack mit einem metallenen Kofferdamm zu umgeben, der mit dem Ufer durch einen Steg verbunden war. Anders als der Kofferdamm, der bei der Aushebung

Lage: Vor Yorktown, Virginia, USA – York River 37° 18′ N, 76° 42′ W
Tiefe: Flach (0–9 m)

der Skudelev-Schiffe gebaut wurde, war dieser Damm mit Wasser gefüllt, das gefiltert worden war, um die Sicht zu verbessern. Bald nach der Fertigstellung des Kofferdamms im Sommer 1982 wurde die Sicht unter Wasser besser, bis die Archäologen 8 m und weiter sehen konnten. Wie bei der Aushebung der Amsterdam wurde der Kofferdamm auch hier als Werkzeug für die kartographische Darstellung benutzt, weil er feste Markierungspunkte lieferte.

Oben: Yorktown 1781. Die Stadt gehörte in der ersten Hälfte des 18. Jahrhunderts zu Virginias geschäftigsten Häfen. Ihre wirtschaftliche Bedeutung ging nach 1750 zurück. Die Belagerung beschleunigte den Niedergang der Stadt.

Ein Kohlenschiff im Dienst eines Infanterieregiments

Das Unternehmen wurde als das »archäologische Yorktown-Schiffswrack-Projekt« bekannt und vom Virginia Department of Historic Resources gefördert. Die Aushebung wurde zwischen 1982 und 1986 unter der Leitung des Meeresarchäologen John D. Broadwater durchgeführt, der zahllose technische und logistische Probleme scheinbar mit Leichtigkeit löste. Die Ergebnisse waren eine sorgfältige Untersuchung des kleinen Schiffes und einige Erkenntnisse in die Verwendung der Schiffe während der letzten Tage der Belagerung.

Die erhaltenen Überreste der Brigg waren 22 m lang, demnach verfügte sie schätzungsweise über eine Wasserverdrängung von 176 Tonnen. Sie hatte einen ausgedehnten, flachen Boden und einen breiten Bug, was ihr ein stämmiges Aussehen verlieh. Ihre Balken waren aus weißer Eiche, und sie war extrem einfach und handlich gebaut, obwohl sie mit ihrem verstärkten Bug sehr solide wirkte. Ihr Rumpf war für ein Maximum an Ladekapazität entworfen worden – daraus folgerten die Archäologen, daß sie einst ein Kohlenschiff gewesen war.

Oben: Dieses Modell der Betsy gehört zu einer Sammlung John Broadwaters, dem Leiter der Expedition, die das Schiff aus seinem Wassergrab befreite.

Nachforschungen in den Archiven ergaben, daß es sich hier um die *Betsy* handelte, ein Kohlenschiff, das 1772 in Whitehaven in Nordengland gebaut worden war. Sie transportierte Kohle zwischen England und Irland, bis sie im Jahre 1780 der Marine als Versorgungsschiff überlassen wurde. Sie fuhr nach Amerika, nur um dort mit Cornwallis in Yorktown in die Falle zu geraten. Dokumentationen zeigen, daß alle britischen Handelsschiffe in Yorktown unmittelbar vor der Übergabe versenkt wurden.

Am Wrack der *Betsy* wurde ein Loch entdeckt, das man unterhalb der Wasserlinie in ihre Steuerbordseite gebohrt hatte. Da sie versenkt worden war, rechneten die Archäologen nicht damit, irgendwelche Artefakte zu finden, aber eine Handvoll britischer Uniformknöpfe aus dem 43. Infanterieregiment wurden trotzdem entdeckt. Dieses Regiment war auf drei Schiffen nach Amerika transportiert worden, eines davon war die *Betsy*. Möbelüberreste wurden im Heckbereich gefunden, unter ihnen Teile von Stühlen, Tischen und Kommoden.

Die Aushebung der *Betsy* hat mit dazu beigetragen, daß wir heute mehr über die ungezählten kleinen, unbesungenen und unbemerkten Schiffe wissen, die im späten 18. Jahrhundert auf den Weltmeeren segelten, ohne von der Geschichtsschreibung beachtet zu werden.

Unten: Die Briten mußten die französische Flotte davon abhalten, den York River hinaufzusegeln und die Stadt anzugreifen. Versorgungsschiffe wie die Betsy wurden unterhalb der Wasserlinie durchlöchert und in Position gebracht, um den Angriff zu verhindern.

Die Snow Squall

1864

Der letzte amerikanische Klipper

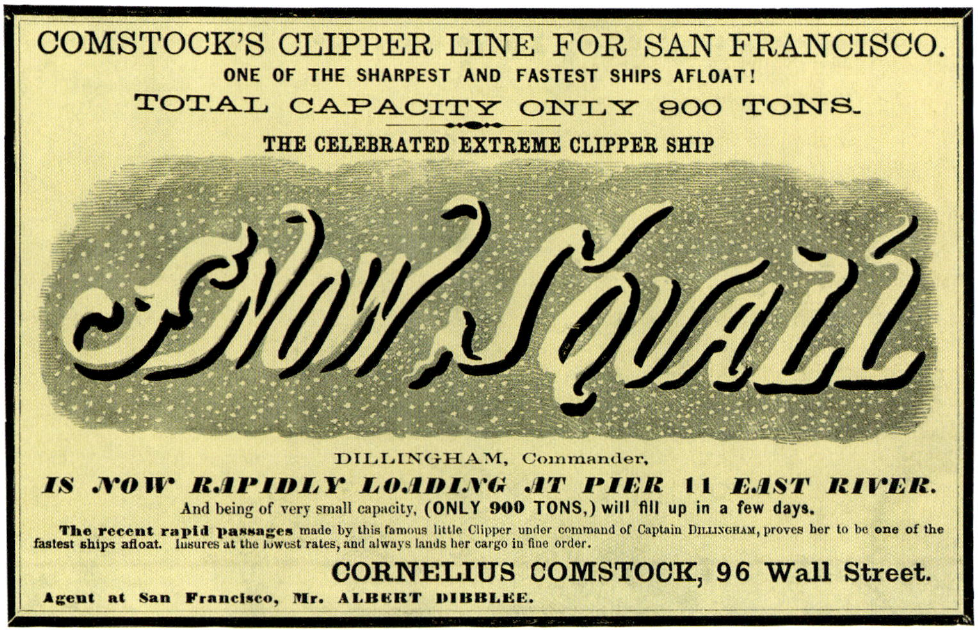

Oben: *Diese Karte kündigt die Abfahrt des Klippers Snow Squall von New York an; es war eine ihrer Reisen in den 1850er Jahren. Klipper boten die schnellste Transportmöglichkeit von einer Seite der USA zur anderen.*

Der Klipper wurde als die höchste Entwicklungsstufe der Segelschifffahrt angesehen – viele halten ihn für das schönste Schiff, das je gebaut wurde. Die Bezeichnung wurde häufig für jede Art von schnellem Schiff verwendet, aber ab Mitte des 19. Jahrhunderts bezeichnete »Klipper« in der Regel eine besondere Gruppe von Schiffen mit spezifischem Erscheinungsbild. Klipper hatten im Vergleich zu ihrer Größe einen schlanken Rumpf mit einem schmalen, stark geneigten Bug. Sie wurden so entworfen, daß sie das Maximum an Segeln für ihre Größe tragen konnten, und ihr Name wurde zu einem Synonym für Geschwindigkeit.

Weit verbreitet waren die Tee-Klipper (oder China-Klipper), die amerikanischen (oder kalifornischen) Klipper, ja sogar die Kaffee- oder Opium-Klipper. Von diesen Klippern waren die beiden ersten Typen die häufigsten; vollgetakelte Segelschiffe, bei denen mehr Wert auf die Schnelligkeit als auf die Ladekapazität gelegt wurde. Die »Extrem-Klipper« waren die demonstrativste Entwicklung von schnellen Schiffen mit wenig Ladekapazität. Die amerikanischen Klipper wurden während des Goldrausches in Kalifornien berühmt, als ein guter Klipper die Reise von New York nach San Francisco in weniger als drei Monaten zurücklegen konnte. Die Ära der amerikanischen Klipper dauerte nur von 1845 bis 1859.

England ist in der glücklichen Lage, noch ein Exemplar eines Tee-Klippers, die *Cutty Sark*, zu besitzen. Leider gab es kein noch bestehendes Beispiel für den amerikanischen Klipper, und man glaubte, die Details über seine Bauweise und die verwendeten Materialien seien für immer verloren. Obwohl es viele dieser Schiffe gab, die regelmäßig die Route zwischen Amerika und China oder Australien fuhren, glaubte man nicht daran, jemals ein Exemplar zu finden, das die Zeit überdauert hatte. Dann, in den 70er Jahren, entdeckten Historiker die Überreste eines amerikanischen Klippers mit dem Namen *Snow Squall* unweit der Falklandinseln im Südatlantik.

Eine außergewöhnliche Karriere

Nachforschungen ergaben, daß dieser letzte amerikanische Klipper eine bemerkenswerte Karriere hinter sich hatte. Die *Snow Squall* war ein »Extrem-Klipper«, der 1851 von dem Schiffsbauer Alfred Butler am Kap Elizabeth in Maine gebaut worden war. Sie war 48 m lang, 9,70 m breit und verfügte über eine Wasserverdrängung von 742 Tonnen. Ihr Eigner, Charles Green aus New York, verwendete sie für regelmäßige Reisen zwischen San Francisco, Shanghai und New York, mit gelegentlichen Abstechern nach London oder Sydney. Sie wurde bei einem Zusammenstoß im Jahre 1857 schwer beschädigt, konnte aber repariert werden.

Als der Amerikanische Bürgerkrieg 1861 ausbrach, fuhr die *Snow Squall* weiter zwischen New York und dem Fernen Osten hin und her – 1862 wurde sie sogar von einem Kaperschiff der Konföderierten Staaten gejagt. Im Januar 1864 verließ sie New York auf dem Weg nach San Francisco, lief aber in der Straße von Le Marie, in der Nähe von Kap Hoorn, auf Grund. Sie konnte sich selbst befreien und mit großen Lecks bis zu den Falklandinseln schleppen. Ihre Fracht wurde im Hafen von Stanley gelöscht, aber ihr Rumpf konnte nicht mehr repariert werden, und so geriet sie in Vergessenheit.

Die kalte Luft am Südatlantik bewahrte die *Snow Squall* vor zu starkem Zerfall. Sie wurde in den 70er Jahren identifiziert, aber erst nach dem Falklandkrieg (1982) näher untersucht. Fünf Expeditionen wurden zwischen 1982 und 1987 durchgeführt, und der 10 m lange vordere Teil ihres Bugs wurde vom Peabody Museum in Massachusetts untersucht und ausgehoben. Ihr Heck wurde in eine Mole aus aufgeschütteten Steinen gezogen und dort belassen, weil man annahm, es nicht wiederherstellen zu können.

1987 befestigten Taucher Ketten an ihrem Rumpf, mit deren Hilfe der mittlere, verrottete Teil des Schiffes weggezogen und der Bug auf ein Gestell geschleppt wurde. Die Überreste der *Snow Squall* wurden zurück nach Maine gebracht, wo das Spring Point Museum die Verantwortung für ihre weitere Konservierung und Ausstellung übernahm. 1995 konnte das Museum die hohen Kosten nicht mehr tragen, und die *Snow Squall* wurde in das Maine Maritime Museum in Bath transportiert.

Eine Untersuchung der Konstruktionsweise des Schiffes ergab, daß zehn verschiedene Holzsorten für seinen Bau verwendet wurden und eine Mischung aus Kupfer und Zink aufgetragen worden war, um den unteren Teil des Rumpfes zu schützen. Die Überreste bedeuten viel für die Erforschung des amerikanischen Klippers und bieten heute eine greifbare Erinnerung an die Romantik der letzten Tage der Segelschiffahrt.

Unten: *Die Überreste der Snow Squall verrotteten auf einem Strand der Falklandinseln, bis Konservatoren sie vor weiterem Zerfall bewahrten.*

DIE RMS TITANIC

1912 Das berühmteste Schiffswrack der Welt

Oben: Die Titanic brach im April 1912 von Southampton zu ihrer Jungfernfahrt auf. Sie war über Cherbourg in Frankreich und Queenstown in Irland auf dem Weg nach New York.

Die Geschichte vom Verlust des »unsinkbaren« Passagierschiffes und den menschlichen Tragödien, die damit verbunden waren, ist wieder und wieder erzählt worden. Einzelheiten über ihren Fund und die nachfolgenden Bergungsarbeiten erlangten jedoch nur kurzlebigen Ruhm, obwohl zu jener Zeit weltweit darüber berichtet wurde.

Die *Titanic* wurde von Harland and Wolf für die Schiffahrtslinie White Star gebaut. Am 10. April 1912 brach sie von Southampton aus zu ihrer Jungfernfahrt nach New York auf. Vier Tage später, sie war noch eine Tagesreise von ihrem Ziel entfernt, erhielt sie die Warnung, daß voraus Eisberge gesichtet worden waren. Kurz vor Mitternacht am 14. April stieß sie auf einen Eisberg, der ein großes Loch in die Steuerbordseite ihres Rumpfes riß. Fast zwei Stunden später versank sie und nahm 1490 Passagiere und Besatzungsmitglieder mit sich in die Tiefe.

Der Verlust der *Titanic* sollte das Ende des weitverbreiteten Sicherheitsgefühls in der Ära Königin Victorias und König Edwards symbolisieren; man konnte ihren Untergang fast als Auftakt des katastrophalen Traumas ansehen, das durch den Ersten Weltkrieg hervorgerufen werden sollte. 70 Jahre lang lag das Wrack in zu großer Tiefe, 4000 m unter der Wasseroberfläche des Atlantiks, um es aufspüren zu können.

Mit der technologischen Entwicklung im Tiefseetauchen, mit ferngesteuerten Unterwasser-Fahrzeugen und Sonar-Geräten war es unausweichlich, daß die *Titanic* das Ziel der Tiefseeforschung werden würde. 1985 führte Dr. Robert Ballard vom Woods Hole Oceanographic Institute eine Expedition an, die das Schiff in Zusammenarbeit mit einem französischen Institut zur Erforschung der Meere (IFREMER) lokalisieren wollte. Das Team fand die *Titanic* am 1. September mit einem Side-Scan-Sonar und rief damit einen weltweiten Medienrummel hervor.

Videobilder, die von dem ferngesteuerten Unterwasser-Fahrzeug Jason aufgenommen wurden, zeigten, wie die *Titanic* auseinandergebrochen und daß sie in einem sehr gut erhaltenen Zustand war. Augenzeugen hatten berichtet, daß die *Titanic*, kurz bevor sie versank, in zwei Hälften brach, und als das Wrack lokalisiert wurde, fand man zwei Teile. Die Videokameras zeigten außerdem einen schmalen durchlässigen Schlitz in ihrer Seite, wahrscheinlich der durch den Eisberg entstandene Schaden.

Unten rechts: Der geisterhafte Bug der Titanic leuchtet in 4000 m Tiefe aus der Dunkelheit des Atlantischen Ozeans.

Der Streit um die Fundstücke

Robert Ballard kehrte 1986 an den Fundort zurück, um eine sorgfältige Untersuchung des Wracks und der verstreut liegenden Trümmerteile vorzunehmen. Ballard setzte sich dafür ein, den Fundort der *Titanic* geheimzuhalten, und war entschieden gegen weitere Eingriffe von außen.

Er schrieb über das Wrack: »Es ist ein ruhiger und friedvoller Ort, ein geeigneter Ruheplatz für die Überreste dieser größten Tragödie in der Geschichte der Seefahrt. Möge es für immer so bleiben, und möge Gott diese wiedergefundenen Seelen segnen«. Man hörte nicht auf ihn.

In einer heftig umstrittenen Aktion lokalisierte eine kommerzielle Bergungsgesellschaft das Wrack und barg mehr als 300 Artefakte aus dem Trümmerfeld, das den letzten Ruheplatz der *Titanic* umgibt, dabei wurde sie wiederum von der französischen Forschungsgruppe IFREMER unterstützt. Zwei Bergungsgesellschaften, Marex Titanic und Titanic Ventures, stritten vor Gericht um die Eigentumsrechte an dem Fundort. Die RMS Titanic Ltd., ein Ableger der letzten Gesellschaft, wurde als rechtmäßige Besitzerin anerkannt, somit besaß sie die Exklusivrechte, von dem Wrack zu bergen, was immer sie wollte.

Da die *Titanic* in internationalen Gewässern liegt, konnten Ballard, nationale Regierungen und die öffentliche Meinung nur wenig bewirken. Es ist schon eine Ironie, daß Ballard als der ursprüngliche Finder des Wracks vor Gericht die Eigentumsrechte hätte einfordern können. Er entschied sich dagegen, weil er glaubte, auch die Bergungsgesellschaften würden die Unverletzlichkeit des Wracks anerkennen.

Die RMS Titanic Ltd. organisierte 1993, 1994 und 1996 weitere Expeditionen zu dem Wrack. Jede Expedition zog die Bergung weiterer Gegenstände nach sich, die man untersuchte, konservierte und zu einer Ausstellung zusammenstellte. Die Sammlung wurde zuerst im National Maritime Museum in London gezeigt und bildet nun das Herzstück einer Titanic-Wanderausstellung.

Der kürzlich unternommene Versuch, einen Teil des Rumpfes auszuheben, scheiterte – aber was immer die Zukunft auch für das Wrack der *Titanic* bereithalten mag, es ist unwahrscheinlich, daß die Öffentlichkeit das Interesse an ihr verlieren wird oder daß ihre Überreste in Frieden gelassen werden.

Oben: Eine Geschichte der Selbstgefälligkeit und Selbstüberschätzung: Die »unsinkbare« Titanic ging innerhalb von zwei Stunden unter, und weil nicht genügend Rettungsboote vorhanden waren, verloren fast 1500 Menschen in den eisigen Tiefen des Atlantiks ihr Leben.

Unten: Durch das wiederholte Aufsuchen des Wracks durch ferngesteuerte Tauchboote seit 1985 wurden den Überresten des Schiffes einige Schäden zugefügt.

Links: Viele Bereiche des oberen Aufbaus und der Decks der Titanic blieben unversehrt.

DIE ANDREA DORIA

1956

Oben: Die Schiffsglocke wurde 1985 von Bergungstauchern geborgen.

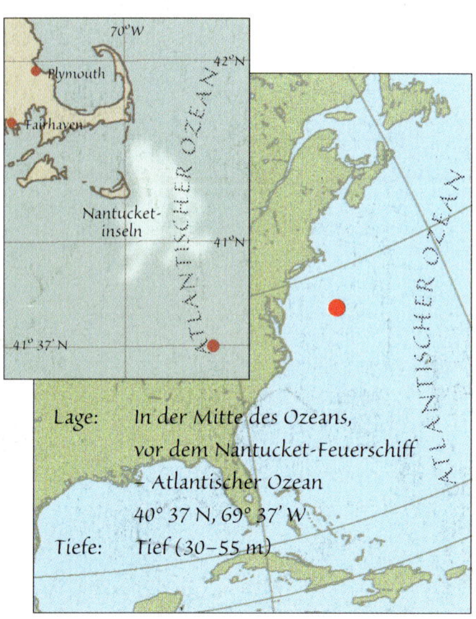

Eines der letzten Passagier-Linienschiffe

Die *Andrea Doria* war eines der letzten großen transatlantischen Passagier-Linienschiffe. Um 1956 hatten solche Schiffe der zunehmenden Geschwindigkeit und den Annehmlichkeiten des Luftverkehrs nichts mehr entgegenzusetzen. Trotzdem gab es noch viele Menschen, die eine ruhige Reise über den Atlantik auf einem Linienschiff vorzogen, und mehr als 1700 Passagiere waren an Bord, als die *Andrea Doria* von Genua nach New York segelte.

Sie war in der Ansaldo-Werft in Genua in Norditalien gebaut worden und nach einem berühmten Genueser Seekommandanten aus der Mitte des 16. Jahrhunderts benannt. Das Schiff gehörte der Italia-Linie, deren grüne, weiße und rote Farben auf den Schiffsschornstein gemalt waren. Die Gesellschaft stattete das 200 m lange Schiff mit jeder Art von Luxus aus, der auf einem Passagierschiff für eine Atlantiküberquerung erwartet wurde: Speisesäle, Foyers, Ballsäle, Kinos und Schwimmbäder.

Die *Andrea Doria* war 1956 erst vier Jahre alt und wurde in bezug auf den Schiffsentwurf für das modernste Schiff seiner Zeit gehalten. Wie die *Titanic* 40 Jahre zuvor, war sie in drei Klassen unterteilt: Auf ihrer letzten Reise fuhren 190 Passagiere in der ersten Klasse, 267 in der Kabinenklasse und 677 in der Touristenklasse. Die Reichen zogen den Luxus eines Passagierschiffes dem Flugzeug vor, und für die armen Einwanderer in den unteren Decks war die Seereise der billigste Weg nach Amerika.

Sie verließ Genua mit dem Ziel New York am 17. April 1956, und nachdem sie in Cannes und Gibraltar haltgemacht hatte, fuhr sie hinaus in den Atlantik. Die Passagiere und die Besatzung gewöhnten sich schnell an die Routine einer Schiffsreise. In der Nacht des 25. Juli war die *Andrea Doria* noch eine Tagesreise von New York entfernt. Sie fuhr vor der Küste von Nantucket in eine Nebelbank, und Kapitän Calamai reduzierte die Geschwindigkeit. Nebel sind vor der Küste von Nantucket keine Seltenheit, weil dort der warme Golfstrom auf kälteres, von Labrador nach Süden fließendes Wasser trifft. Das Passagierschiff hatte das modernste Radarsystem an Bord, und es schien kein Grund zur Sorge zu bestehen.

Ein unerklärlicher, fataler Irrtum

Um 22.45 Uhr wurde ein anderes Schiff auf dem Radarschirm gesichtet, das auf Gegenkurs fuhr. Um 22.55 Uhr waren die beiden Schiffe nur noch sieben Meilen voneinander entfernt und fuhren mit einer Geschwindigkeit von ungefähr einer Meile in der Minute genau aufeinander zu. Kurz nach 23.03 Uhr kamen die Schiffe in gegenseitige Sichtweite. Das andere Schiff war die *Stockholm*, ein Passagierschiff der Schwedisch-amerikanischen Linie; hier spürte man die Gefahr und änderte den Kurs nach Steuerbord, um eine Kollision zu verhindern. Die Verkehrsregeln auf See besagen, daß in einer solchen Situation beide Schiffe nach Steuerbord drehen müssen. Aus unerklärlichen Gründen drehte Kapitän Calamai sein Schiff nach Backbord, genau in das Fahrwasser der Stockholm.

Um 23.10 bohrte sich der Bug der *Stockholm* in die Seite der *Andrea Doria* und tötete mehr als 50 Passagiere und Besatzungsmitglieder. Der Schaden war enorm, und Passagiere und Mannschaft stiegen in die Rettungsboote. Als andere Schiffe sich dem Unglücksort näherten, unter ihnen das französische Passagierschiff *Ile de France*, konnte sich die *Stockholm* zurück in den Hafen retten. Früh am Morgen des 26. Juli versank die *Andrea Doria* in 75 m tiefem Wasser. Abgesehen von den Menschen, die bei der Kollision getötet wurden, konnten alle Passagiere und Besatzungsmitglieder gerettet werden.

Ihre Erbauer hatten behauptet, daß die *Andrea Doria* unsinkbar sei. Obwohl nur eines ihrer elf wasserdichten Schotten während des Zusammenstoßes zerbrach, ragten sie lediglich ein wenig über die Wasserlinie hinaus. Die Ballasttanks des Schiffes waren nur zum Teil gefüllt, und als sie zerbrochen waren, konnte das Seewasser ungehindert eindringen. Die *Andrea Doria* neigte sich stark nach Steuerbord, so daß das Wasser über die Schotten eindringen und ein Abteil nach dem anderen füllen konnte.

1956 lag der obere Aufbau gerade noch in der Reichweite von Tauchern, und sofort nach ihrem Untergang wurde sie für die Presse fotografiert. Einer dieser Taucher, Peter Gimbel, war überzeugt, daß auf dem Schiff ein Vermögen an Juwelen und Gold lag, sicher verwahrt in dem Safe des Schiffes. 1985 organisierte er eine Expedition, um den Safe zu lokalisieren und zu bergen. Millionen Fernsehzuschauer konnten live miterleben, wie er geborgen und geöffnet wurde. Alles, was er enthielt, war äußerst feuchtes Papiergeld.

Unten: Ein Taucher geht bis an die Grenzen des Menschenmöglichen, als er die Glocke des Linienschiffes untersucht, die zum Teil unter Algen und anderen Gewächsen verborgen ist.

Robert Ballard
Unterwasser-Forscher

Dr. Robert Ballard nutzte die Möglichkeiten des Tiefseetauchens bei der US-Navy, um die wissenschaftlichen und archäologischen Mysterien tiefer Gewässer außerhalb der Reichweite von Tauchern zu studieren. Seine Entdeckung der Titanic weckte weltweites Interesse und demonstrierte das Potential von Schiffswracks in großen Tiefen.

Oben: Dr. Robert Ballard hat viele Tiefsee-Expeditionen unternommen und dabei die moderne Technologie bis an ihre Grenzen getrieben, um zu erfahren, was auf dem Boden der tiefsten Ozeane liegt.

Das Meer hat Robert Ballard immer schon fasziniert. Als Junge in Südkalifornien untersuchte er die kleinen Meereslebewesen an den Stränden der Pazifikküste und als Teenager lernte er Tauchen, um mehr davon sehen zu können. Er studierte Geologie und Chemie an der Universität von Kalifornien; nach seinem Abschluß wechselte er zur Universität von Hawaii, wo er als Assistent in der Meeresgeologie arbeitete. 1967 ging er als Wissenschaftler zur US-Navy und wurde dem Tiefsee-Laboratorium am Woods Hole Oceanographic Institute in Massachusetts zugeteilt.

In den folgenden 30 Jahren nahm er an mehr als 65 Unterwasser-Expeditionen teil, von denen er einige auch leitete. Viele erforderten eine Tiefsee-Ausrüstung, darunter waren bemannte Tauchboote, ferngesteuerte Unterwasser-Fahrzeuge, Unterwasser-Laboratorien und sogar das Forschungs-U-Boot der US-Navy. Von 1973 bis 1974 erforschte er eine Bergkette mitten im Atlantik und promovierte in Meeresgeophysik an der Universität von Rhode Island; sein Spezialgebiet war die Geo-Tektonik.

Seine Theorien wurden in den nächsten 10 Jahren durch mehrere einzigartige Funde bestätigt. 1977 entdeckten Dr. Ballard und sein Forschungsteam in der Nähe der Galapagosinseln vor der Pazifikküste von Südamerika riesige Würmer, die in großen Trauben an heißen Unterwasser-Quellen hingen. Zwei Jahre später fand er vor der Küste Kaliforniens Unterwasser-Vulkane, die heiße Flüssigkeit ausspiehen.

Tiefseewracks

Dr. Ballard und ein Forschungsteam des Woods Hole Oceanographic Instituts arbeiteten 1985 bei der Suche der *Titanic* mit einer französischen Gruppe zusammen. Das Wrack wurde mit Tauchbooten lokalisiert und erforscht, und die Fotos davon hielten die Phantasie der Menschen auf der ganzen Welt gefangen. Ballard entwarf sogar einen Roboter, Jason Jr., um in die *Titanic* vordringen und ihr Inneres fotografieren zu können. Im Jahr darauf kehrte er für eine ausgedehntere Untersuchung zurück. Ballard war gegen eine kommerzielle Ausbeutung des Wracks und sehr aufgebracht, als bald darauf Gegenstände von einer kommerziellen Bergungsgesellschaft ausgehoben wurden.

Unten: Ein ferngesteuertes Unterwasser-Fahrzeug untersucht das Vorderdeck der Titanic. Man kann erkennen, daß die Ankerketten und -winden sich noch an ihrem Platz befinden.

Die *Titanic*-Expedition 1985 weckte Ballards Interesse an der Erforschung von Schiffswracks in tiefen Gewässern, und weitere Expeditionen schlossen sich an, um auch die letzten Ruheplätze der deutschen *Bismarck* (1941), des Passagierschiffes *Lusitania* (1917) und der japanischen und amerikanischen Kriegsschiffe, die in der Schlacht auf Guadalcanal (1942) sanken, zu entdecken, zu untersuchen und für nachfolgende Generationen zu erhalten.

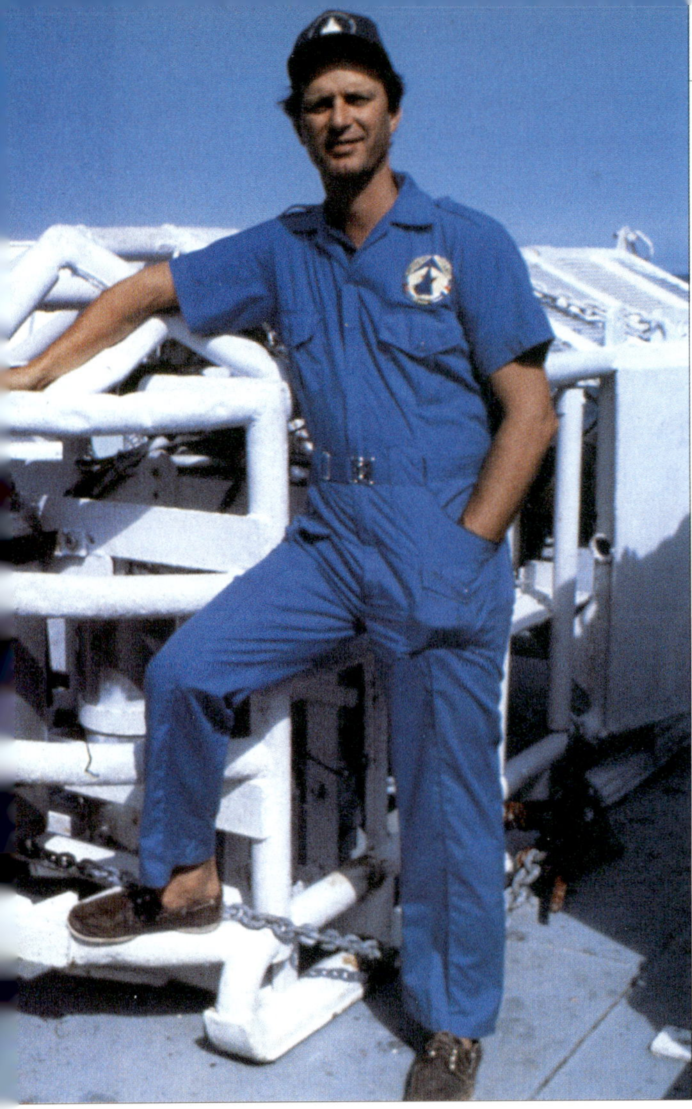

Oben: In den Tiefen des Atlantiks fotografierte Ballards Team die Titanic. Hier kann man das Deck am Bug und die Ankerplätze klar erkennen.

Oben rechts: Ballard (sitzend) hilft dem »Piloten« Dudley Foster, ein kleines Tauchboot während der Untersuchung der Titanic im Jahre 1986 zu steuern.

JASONs ungezählte Projekte

Die Möglichkeiten von Tauchbooten mußten für die archäologische Arbeit erst noch getestet werden, und so organisierte Ballard das JASON-Projekt, bei dem Tausende von Studenten per Satellit mit dem Forschungsteam verbunden waren und die Aufregung der Arbeit teilen konnten. *Jason* hieß auch das bemannte Tauchboot, mit dem diese Aktion durchgeführt wurde. 1989 startete Dr. Ballard das Projekt, indem er alten Handelsrouten im Mittelmeer folgte und dabei die Überreste eines römischen Handelsschiffes entdeckte und untersuchte.

Im darauffolgenden Jahr fand das JASON-II-Projekt in den Großen Seen statt. Ballard und seine Mannschaft erforschten mit dem Tauchboot die Wracks der *Hamilton* und der *Scourge*, Marineschoner, die während des Krieges von 1812 gesunken waren.

1991 kehrten Ballards Team und eine wissenschaftliche Mannschaft für das JASON-III-Projekt zu den Galapagosinseln zurück und erforschten die Inseln über und unter Wasser. Nach dem JASON-IV-Projekt wurden im JASON-V-Projekt die Gewässer vor Belize erforscht. JASON VI und VII fanden in den Gewässern Hawaiis und der Florida Keys statt, ebenfalls zur Erforschung von Schiffswracks bzw. von Geysiren. Bei jedem dieser Projekte war das Forschungsteam per Satellit mit Schulkindern verbunden; es soll im nächsten Jahrtausend fortgeführt werden.

Buchautor und Fernsehgast

Dr. Robert Ballard ist der Verfasser vieler Bücher, in denen er seine Forschungsarbeit beschreibt; er hat zahlreiche Auszeichnungen erhalten und ist ein häufiger Gast im Fernsehen. Sein beständiger Beitrag zur Erforschung historischer Schiffswracks ist ein Beweis dafür, daß die Tiefsee-Technologie wirksam in der archäologischen Forschungsarbeit eingesetzt werden kann. Dr. Ballard inspirierte Millionen von Erwachsenen und Kindern, die Vergangenheit, die Unverletzlichkeit von Schiffswracks und den Wert ihrer Informationen zu respektieren.

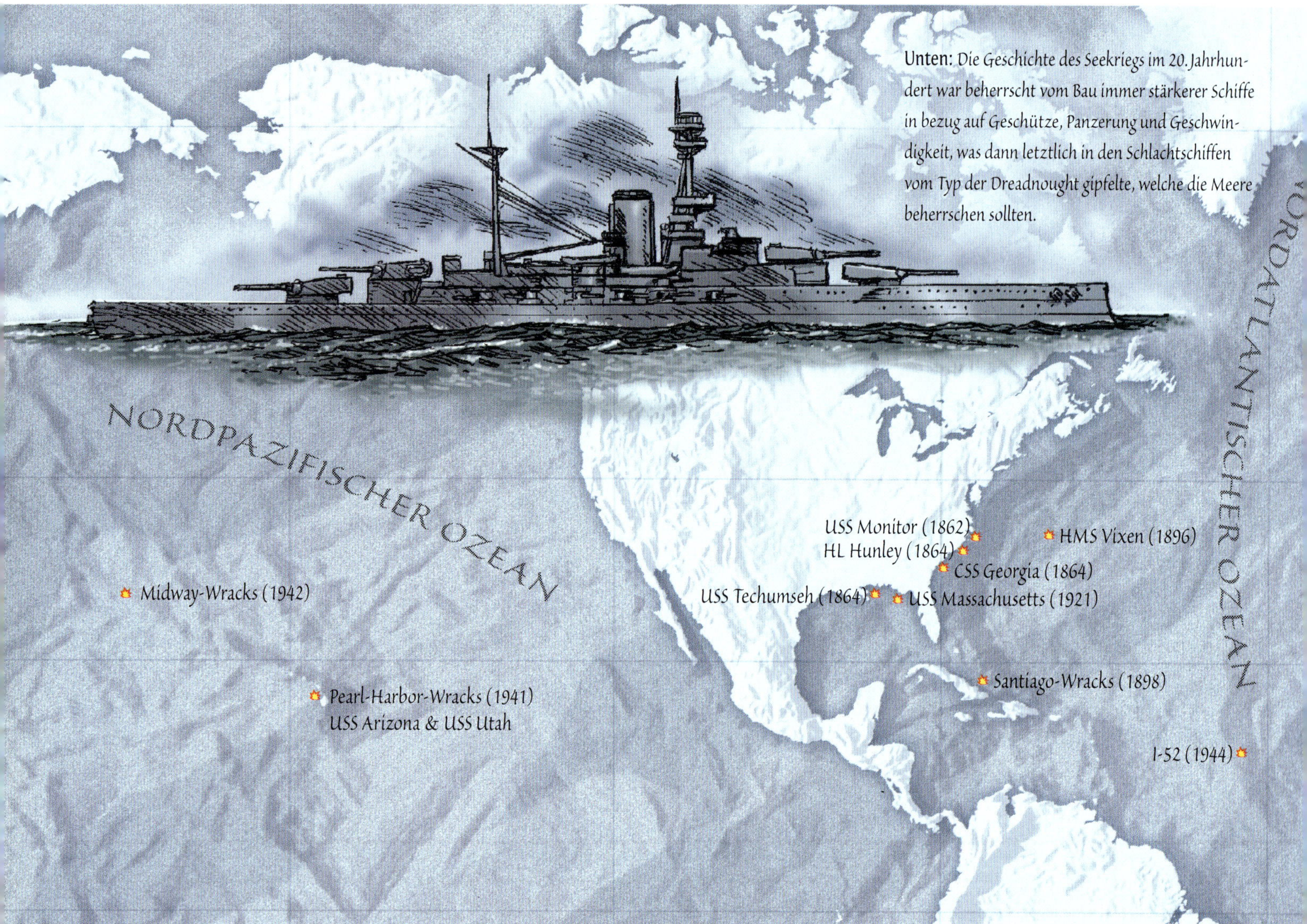

Unten: Die Geschichte des Seekriegs im 20. Jahrhundert war beherrscht vom Bau immer stärkerer Schiffe in bezug auf Geschütze, Panzerung und Geschwindigkeit, was dann letztlich in den Schlachtschiffen vom Typ der Dreadnought gipfelte, welche die Meere beherrschen sollten.

Eine Welt im Krieg

Während sich die Kriegsschiffe im Zeitalter der Segelschiffahrt in 150 Jahren kaum verändert hatten, durchliefen sie in den 80 Jahren nach 1862 eine Zeit des Umbruchs. Die Schiffe wurde doppelt so groß und verdoppelten sich dann nochmals. Anfang des 20. Jahrhunderts wurde ein neuer Typ eines Großkampfschiffes entwickelt – schneller und stärker als alles bisher Dagewesene. Zu Beginn des Ersten Weltkriegs hatten sich diese Schiffe zu den Kriegsschiffen entwickelt, die auch im Zweiten Weltkrieg noch im Einsatz sein sollten. Die Vormachtstellung des Kriegsschiffes wurde durch den Torpedo herausgefordert, der es auch kleinen Schiffen ermöglichte, große Kriegsschiffe anzugreifen. Er wurde ebenfalls auf den eben erst erfundenen U-Booten als Waffe eingesetzt, wodurch sich der Seekrieg einschneidend verändern sollte. Auch wenn niemand es gerne zugab, so waren es zu Beginn des Zweiten Weltkriegs Flugzeuge und U-Boote, die den Ausgang des Seekriegs entschieden. In gerade mal 80 Jahren machten Kriegsschiffe eine enorme Entwicklung durch, vom Panzerschiff bis zum Flugzeugträger und noch darüber hinaus. Hier wird diese Entwicklung anhand einer Gruppe von Schiffswracks nachgezeichnet; jedem einzelnen gebührt ein eigener Platz in dieser Revolution der Seefahrt.

PQ-17-Wracks (1942)
Scharnhorst (1943)
HMS Edinburgh (1942)
HMS Hood (1941)
Deutsche Hochseeflotte (1919)
HMS Royal Oak (1939)
Skagerrak-Wracks (1916)
Blücher (1914)
Resurguram (1880)
Holland I (1913)
CSS Alabama (1864)
Bismark (1941)
NORDATLANTISCHER OZEAN
MITTELMEER
Matapan-Wracks (1941)
Tsushima-Wracks (1905)
SÜDCHINESISCHES MEER
PHILIPPINEN-SEE
NORDPAZIFISCHER OZEAN
Philippinensee-Wracks (1944)
HMS Repulse & HMS Prince of Wales (1941)
Crossroads-Wracks (1946)
Truk-Lagoon-Wracks (1944)
Java-Wracks (1941)
Santa-Cruz-Wracks (1942)
Guadalcanal-Wracks (1942)
Korallensee-Wracks (1942)
KORALLEN-SEE
ATLANTISCHER OZEAN
INDISCHER OZEAN
HMS Birkenhead (1854)
INDISCHER OZEAN
SÜDPAZIFISCHER OZEAN

Oben: *Offiziere der USS Monitor posieren nach dem Kampf gegen die CSS Virginia im März 1862 für ein Foto. Diese Schlacht revolutionierte den Seekrieg.*

Im März 1862 waren die Vereinigten Staaten von Amerika seit beinahe einem Jahr in ihrem mit äußerster Erbitterung geführten Sezessionskrieg gefangen. Eine Seeblockade von Häfen der Südstaaten durch die Union führte zu einer extrem harten Lage für den Süden, und so wurden Schiffsbauingenieure um Rat gefragt, wie die Blockade durchbrochen werden könnte. Die Lösung war das mit Eisen verkleidete Panzerschiff in Form der *CSS Virginia*.

Am 8. März lief sie in Norfolk, Virginia, aus und fügte den wartenden hölzernen Dampfschiffen der Union beträchtliche Schäden zu; die Schüsse von den Schiffen der Nordstaaten konnten ihren gepanzerten Seiten nichts anhaben. Am Tag darauf kehrte sie nochmals zurück, um ihr Zerstörungswerk fortzuführen, traf nun allerdings auf ein gegnerisches Panzerschiff, die *USS Monitor* (Seite 182–183), die mit einem Geschützturm ausgestattet war. Zwar brachte diese Schlacht keine Entscheidung, aber sie revolutionierte den Seekrieg. Von diesem Zeitpunkt an wurden Schiffe, die mit Eisen oder Stahl gepanzert waren, die Regel – Kriegsschiffe mit hölzernen Rümpfen gehörten der Vergangenheit an.

Panzerschiffe bildeten in den 60er und 70er Jahren des letzten Jahrhunderts den Kern der größten Seestreitkräfte der Welt; die Seeschlacht bei Lissa (1866) zwischen der italienischen und der österreichisch-ungarischen Flotte zeigte die Stärke dieser neuartigen Schiffe. In den folgenden 20 Jahren entwickelten sich die Panzerschiffe in Größe und Leistung weiter, allerdings blieb die Entwicklung der Waffentechnologie vorerst hinter der Anwendung von Panzerungen zurück.

Neuartige Verfahren in der Stahlerzeugung brachten eine stete Verbesserung der Panzerung mit sich, allerdings erhöhte der verbesserte Schutz auch das Gewicht der Schiffe, und die Entwicklung von Schiffsmotoren konnte kaum Schritt halten. Die Panzerung wurde daher immer mehr auf die Bereiche konzentriert, wo sie am ehesten benötigt wurde – zum Schutz der Geschütztürme, der Maschinenräume und der Munitionslager –, während weniger wichtige Bereiche oft ungeschützt blieben. Die Panzerung bestand meist aus einem Gürtel rings um die lebenswichtigen Bereiche. Die Decks blieben gewöhnlich, genau wie der Aufbau der gepanzerten Kriegsschiffe, ungeschützt.

Die Dreadnought – Grundlage der Seeherrschaft

Im Angriff waren Kriegsschiffe höchstens so effektiv wie ihre Geschütze. Noch in den 1880er Jahren setzten die meisten Schiffe 80 bis 100 Tonnen schwere Vorderlader ein, die massive Geschosse abfeuern konnten. Ein Problem war das Nachladen, daher wurden die meisten neuen Kriegsschiffe ab etwa 1890 mit Hinterladern bestückt.

Anfangs trugen die Panzerschiffe ihre Waffen auf unterschiedliche Art: Während die *Monitor* mit einem Geschützturm ausgestattet war, befanden sich die Waffen auf der *Virginia* in einer Kasematte. Geschütztürme wurden nicht allgemein eingesetzt, und Kasematten wurden durch Zentralbatterien ersetzt, die eine gepanzerte »Zitadelle« sowie Geschütze mit begrenztem Schwenkbereich einschlossen.

Bis 1890 hatte sich der Geschützturm als Form der Waffenaufstellung durchgesetzt. Auch die Geschütze selber veränderten sich, die Waffensysteme wurden immer komplexer, die Zielgenauigkeit durch visuelle Entfernungsmesser immer besser. Nun wurden

1854–56	1854	1856	ca. 1860	1861–65	1862	1869	1870–71
Krim-Krieg.	In der Schlacht von Balaklawa wird eine englische Kavalleriebrigade fast völlig vernichtet.	Louis Pasteur beweist, daß Krankheiten durch Keime übertragen werden.	Panzerschiffe beginnen die hölzernen Kriegsschiffe abzulösen.	Amerikanischer Bürgerkrieg.	USS-Monitor-Wrack, ein gepanzertes Kriegsschiff.	Leo Tolstoi veröffentlicht »Krieg und Frieden«.	Deutsch-Französischer Krieg.

moderne Hinterlader, die Granaten mit einem Durchmesser von mehr als 30 cm abfeuern konnten, auf den größten Kriegsschiffen der Welt aufgebaut.

Während des Spanisch-Amerikanischen Kriegs von 1898 richteten die Kanonen der amerikanischen Kriegsschiffe große Verwüstungen an. In der Seeschlacht bei Santiago (3. Juli 1898) wurde eine spanische Flotte, zu der moderne Kreuzer wie die *Cristobal Colon* gehörten, binnen einer guten Stunde in flammende Wracks verwandelt (Seite 184–185). Ähnlich vernichteten die Japaner im Russisch-Japanischen Krieg von 1904/05 ihre russischen Gegner in einer beeindruckenden Demonstration ihrer Waffen. Die offensiven Fähigkeiten der Kriegsschiffe um die Jahrhundertwende waren nun ausreichend demonstriert worden, und Schiffsbauingenieure stellten fest, daß Geschwindigkeit und Panzerung der Schiffe weit hinter der Waffentechnologie zurückgeblieben waren.

Britische Schiffsbauingenieure begannen im Oktober 1905 mit dem Bau eines völlig neuen Typs von Kriegsschiff, der *HMS Dreadnought* (»Fürchtenichts«). Sie gab ihren Namen einer ganzen Schiffsgattung: den schwer bewaffneten und gepanzerten Schlachtschiffen des Ersten Weltkriegs. Die *Dreadnought* war ein bahnbrechendes Schiff und stellte alle bis dahin gebauten Kriegsschiffe in den Schatten. Sie war mit zehn 305-mm-Geschützen in fünf Geschütztürmen bestückt. Ein gepanzerter Gürtel um die Brücke, das Unterdeck und die Geschütztürme konnten selbst den stärksten Granaten widerstehen.

Die *HMS Dreadnought* stach aber auch durch zwei weitere Entwicklungen hervor. Ein neuartiger optischer Entfernungsmesser ermöglichte ein präzises Ausrichten der Geschütze. Sie brachte es auf eine Geschwindigkeit von 21 Knoten und hatte enorme Kohlekapazitäten. Die *Dreadnought* war allen anderen Kampfschiffen in jeder Hinsicht überlegen.

Oben: *U-Boot-Angriffe erweiterten die Möglichkeiten des Seekriegs im 20. Jahrhundert. »Die San Demetrio, 5. November 1940.« Ölgemälde von Norman Wilkinson.*

Unten: *Die großen dampfbetriebenen Panzerschiffe behielten in der Mitte des 19. Jahrhunderts noch Mast und Segel. »Das Geschützturm-Schiff HMS Captain.« Ölgemälde von Demenico.*

1872
Die Besatzung eines britischen Frachters findet die Marie Celeste verlassen vor.

1878
Thomas Edison erfindet die Glühlampe.

1881
Präsident James Garfield wird im Bahnhof von Washington ermordet.

1886
An den Niagara-Fällen wird das erste Wasserkraftwerk der Welt in Betrieb genommen.

1887
Königin Victoria feiert das 50. Jahr ihrer Herrschaft.

1891
Beginn des Baus der Transsibirischen Eisenbahn.

1898
Cristobal-Colon-Wrack, ein spanisches Kriegsschiff.

1899–1902
Burenkrieg zwischen Großbritannien und den südafrikanischen Burenrepubliken.

Die Verlierer schlagen zurück

Andere Länder folgten schnell dem Beispiel Großbritanniens: 1907 lief eine deutsche *Dreadnought* vom Stapel, und Amerika kam rasch hinterher. Bei Ausbruch des Ersten Weltkriegs im Jahr 1914 wurde die Dreadnought bereits wieder als überholt angesehen; die britische Marine hatte 20 Dreadnoughts oder Super-Dreadnoughts gegenüber 15 solcher Großkampfschiffe der deutschen Marine.

Super-Dreadnoughts waren eine Weiterentwicklung, die eine verstärkte Panzerung hatte, große Kanonen einsetzen und trotzdem eine hohe Geschwindigkeit beibehalten konnte. So war zum Beispiel das Großkampfschiff *HMS Iron Duke* mit zehn 343-mm-Geschützen bestückt – größere Waffen, als alle anderen Schiffe hatten, die während des Kriegs unterwegs waren. Die deutschen *Super-Dreadnoughts* bevorzugten etwas kleinere Geschütze, setzten dafür aber bessere Schutzvorrichtungen ein (Seite 186–187).

Schlachtschiffe waren aber nicht die einzigen Schiffe der Marine: Kreuzer wurden als Aufklärer eingesetzt; Kampfkreuzer kombinierten auf Kosten der Panzerung die Ausrüstung eines Kriegsschiffs mit der Geschwindigkeit eines Kreuzers; weitere vergleichsweise neue Schiffstypen waren Zerstörer und Unterseeboot, beide für den Einsatz von Torpedos geplant.

Ursprünglich waren Torpedos Unterwassergeschosse, die häufig an der Spitze langer Stangen befestigt waren und einen Kontaktauslöser hatten. Die ersten wirklichen Torpedos entstanden nach 1880, und ihr erstes Transportsystem waren die Torpedoboote: kleine, schnelle Boote, die vorpreschen, auf die feindlichen Schiffe Torpedos abfeuern und sich dann wieder zurückziehen konnten. Das war eine beunruhigende Entwicklung für eine große Seemacht des späten 19. Jahrhunderts: Kleine Schiffe einer kleinen Marine konnten nun große Schiffe angreifen. Die Antwort darauf war der Bau des Torpedobootzerstörers, eines etwas größeren, mit Schnellfeuerwaffen bestückten Schiffes, das Großkampfschiffe vor Angriffen durch Torpedoboote schützen sollte.

Unten: *Der Erste Weltkrieg kennzeichnete den Höhepunkt des Seekriegs mit Kampfschiffen. »Das Fünfte Schlachtgeschwader in der Schlacht im Skagerrak, 31. Mai 1916.« Ölgemälde von Arthur Douglas Wales-Smith.*

In der Zeit des Ersten Weltkriegs verschmolzen Torpedoboote und Zerstörer zu einer Bootsklasse, die beiden Zwecken dienen sollte. Vorgesehen war, daß in einer Seeschlacht die Zerstörerflotten aufeinanderstoßen würden, und die Siegerseite dann die feindlichen Großkampfschiffe weiter angreifen sollte. Wenn der angreifende Zerstörer in die Zielreichweite der Torpedos geriet, hätte er natürlich die volle Wucht der Feuerkraft des größeren Schiffs abbekommen. Da ein Treffer ausreichte, um einen Zerstörer völlig zu vernichten, dachte man, daß eine heimliche Annäherung weniger kostspielig wäre.

Kriegführung im verborgenen

Die Lösung bestand im Unterseeboot. Frühe U-Boote waren in bezug auf Reichweite, Widerstandsfähigkeit und Können sehr eingeschränkt, allerdings steckten auch die Gegentaktiken damals noch in den Kinderschuhen. Während des Ersten Weltkriegs zeigten die U-Boote, was in ihnen steckte: Deut-

1900	1904–05	1910	1912	1914–18	1915	1916	1919
Gründung des Australischen Bundes.	Japan gewinnt den Russisch-Japanischen Krieg.	Korea wird von Japan annektiert.	Beendigung der Mandschudynastie und Gründung der Republik China.	Erster Weltkrieg.	Ein deutsches U-Boot versenkt die Lusitania.	Albert Einstein veröffentlicht die »Allgemeine Relativitätstheorie«.	Versenkung der deutschen Hochseeflotte in Scapa Flow.

sche U-Boote verursachten eine massive Störung der alliierten Kriegsanstrengungen und brachten ungewollt die Vereinigten Staaten in das Lager der Alliierten, als 1915 der britische Passagierdampfer *Lusitania* nach der Torpedierung durch ein U-Boot sank.

In der Zeit zwischen den beiden Weltkriegen nahm die Vormachtstellung der Luftwaffe und der U-Boote zu, obwohl die Verfechter der alten Schlachtschiffe sich weigerten, ihre Position als oberste Klasse auf den Meeren aufzugeben. Gegen Ende des Ersten Weltkriegs führten Experimente mit Flugzeugen, die von einer eigens für diesen Zweck auf dem Schiff errichteten Rampe starten konnten, zu den ersten wirklichen Flugzeugträgern, und als der Zweite Weltkrieg ausbrach, wurden deren Fähigkeiten hinreichend demonstriert.

Deutschland war nicht in der Lage, eine Flotte aufzustellen, die stark genug war, um die Flugzeugträger zu bekämpfen, und war daher kein Konkurrent für die britische Seeherrschaft. So legten sie ihren Schwerpunkt auf die U-Boot-Flotten, wodurch sie die Briten fast in die Knie zwangen. Die Unterseeboot-Bekämpfung war eine wenig aufsehenerregende, aber lebensnotwendige Form der Kriegführung, denn Deutschlands strategischer U-Boot-Einsatz war der einzige Trumpf ihrer Marine im Zweiten Weltkrieg.

Zwei Ereignisse in den frühen Kriegsjahren zwangen die Verfechter der Kampfschiffe dazu, aufzuhorchen und den Tatsachen ins Auge zu sehen. Das von deutschen U-Booten in seinem Heimathafen versenkte britische Kampfschiff *Royal Oak* machte deutlich, wie verwundbar Großschiffe für Torpedoangriffe waren (Seite 188–189). 1940 wurden bei einem britischen Angriff auf Tarent in Italien durch von Schiffsrampen aus gestartete Doppeldecker italienische Kampfschiffe versenkt oder untauglich gemacht. Der Seekrieg sollte für den Rest des Jahrhunderts von Flugzeugen und U-Booten dominiert werden.

Die amerikanischen Admirale lernten die Lektion nicht schnell genug, um sich die harte Erfahrung von Pearl Harbor zu ersparen. Es ist kaum zu glauben, daß der japanische Angriff kaum 80 Jahre nach dem Duell zwischen der *Virginia* und der *Monitor* geschah. Da Amerika durch dieses Ereignis in die Schrecken eines weiteren Weltkrieges gestürzt war, hatten nur wenige die Muße, den Fortschritt der Entwicklungen zu bestaunen, die den Seekrieg so einschneidend verändert hatten.

Oben: *Ein englisches Schlachtschiff der Royal Sovereign-Klasse liegt zu Beginn des Zweiten Weltkriegs vor Anker. Flugzeuge und Unterwasserboote sollten schon bald darauf die Vormachtstellung der Schlachtschiffe beenden.*

1922	1929	1931	1936	1939–45	1939	1941	1943
Gründung der UdSSR. Benito Mussolini übernimmt die Macht in Italien.	Nach dem Börsenkrach an der New Yorker Wall Street kommt es zu einer schweren Wirtschaftskrise, der »Großen Depression«.	Präsident Hoover weiht das Empire State Building ein.	R. Watson-Watt und A.F. Wilkins erfinden in England den Radar.	Zweiter Weltkrieg; englische Liniendampfer werden als Versorgungsschiffe eingesetzt.	HMS-Royal-Oak-Wrack, ein britisches Kriegsschiff.	Die Japaner greifen in Pearl Harbor Schiffe der Vereinigten Staaten an.	Der französische Taucher Jacques Cousteau erfindet die »Aqualunge«, das erste Tauchgerät mit Preßluft.

Die USS Monitor

1862

Gepanzerte Überreste eines Kriegsschiffes

Die *CSS Virginia*, ein Panzerschiff der Konföderierten Staaten, lief am 9. März 1862 in Norfolk, *Virginia*, aus, um gegen die Flotte der Union zu kämpfen. Die *USS Monitor* erwartete sie schon, und so kam es zum ersten Gefecht zwischen Panzerschiffen, zu einer der berühmtesten Schlachten des Amerikanischen Bürgerkrieges.

Die Virginia erinnerte an eine umgekehrte Badewanne, der eiserne Überbau gespickt mit Geschützpforten. Die *Monitor* wurde als eine »auf ein Floß montierte Käseschachtel« bezeichnet, wobei die Schachtel aus einem Turm mit zwei 280-mm-Geschützen bestand. Die Panzerschiffe lieferten sich einen vierstündigen Kampf, der aber keine Entscheidung brachte. Über Nacht waren die hölzernen Kriegsschiffe veraltet, und Panzerschiffe bildeten das Rückgrat der Marine.

Die *USS Monitor* war der Prototyp einer Flotte von Panzerschiffen mit Geschütztürmen, entworfen und gebaut von John Ericsson, einem Erfinder schwedischer Abstammung. Sie war erst zwei Wochen vor ihrer Schlacht mit der *CSS Virginia* (die oft fälschlicherweise mit ihrem früheren Namen *USS Merrimac* bezeichnet wird) in Dienst gestellt worden.

Der Rumpf der *Monitor* lag fast völlig unter Wasser und hatte bis auf den Geschützturm und das Steuerhaus so gut wie keinen Aufbau. Der Rumpf bestand aus Eisen, auch wenn bestimmte Abschnitte wie der untere Rumpf und das Deck aus Holz gebaut und dann mit eisernen Panzerplatten verkleidet waren. Die wichtigste Neuerung aber war ihr runder, mit dicken Panzerplatten verkleideter Geschützturm, in dem zwei Kanonen standen. Der Turm war drehbar; allerdings brachten es die schlechten Sichtverhältnisse mit sich, daß das Zielen schwierig war. Zum Laden wurden die Kanonen in den Geschützturm gezogen und die Pforten mit gepanzerten Platten abgedeckt.

Nach der Schlacht schienen beide Seiten vor einer Wiederholung des Kampfes zurückzuschrecken. Die *USS Monitor* kam nie wieder zum Einsatz. Zwei Monate nach der Schlacht wurde Norfolk von Unionstruppen angegriffen; die *Virginia* wurde zerstört, damit sie nicht in feindliche Hände fiel. Bis zum Ende des Jahres 1862 befuhr die *Monitor* den James River zur Versorgung der Unionstruppen auf ihrem Feldzug.

Am Rande des Zusammenbruchs

Ende Dezember 1862 wurde die *Monitor* nach Charleston in South Carolina beordert. Während sie im Schlepp nach Süden unterwegs war, wurde sie vor Kap Hatteras von einem Sturm ergriffen. Das Panzerschiff wurde unter Wasser gesetzt und sank um 1.30 Uhr am 31. Dezember. Der größte Teil der Besatzung konnte gerettet werden, aber 16

Matrosen gingen mit ihrem Schiff unter. Im August 1972 suchte ein von der National Geographic Society unterstütztes Forscherteam nach dem Wrack und konnte es am 18. August in einer Wassertiefe von etwa 70 m ausmachen. Videoaufnahmen, die mit den Originalplänen des Schiffes verglichen wurden, bestätigten seine Identität. Zwei Jahre später kehrte dasselbe Team zum Wrack zurück und setzte zur Vermessung ferngesteuerte Unterwasserkameras ein. Das Panzerschiff lag mit der Unterseite nach oben, der Geschützturm war abgetrennt und steckte leicht seitlich unter dem Rumpf.

Im Januar 1975 wurde das Wrack von der National Oceanic and Atmospheric Administration (NOAA) zur ersten Nationalen Marine-Gedenkstätte ernannt. Es wurden weitere Untersuchungen durchgeführt, bei denen ferngesteuerte Unterwasserfahrzeuge und Taucher eingesetzt wurden, welche die Überreste des Kriegsschiffs direkt vor Ort untersuchen konnten.

Die Taucher gelangten auch in das Innere des Schiffswracks, wo sie trotz des stark zerfallenen Metalls in den Kabinen der Besatzung zahlreiche Artefakte bargen. Darunter befanden sich Schuhe, Geschirr, Gläser und Waffen. Außerdem konnte ein Grundriß vom Inneren des Wracks aufgezeichnet werden. Eine Untersuchung des Maschinenraums brachte die größte Maschine, umgestürzte Kessel und die Überreste von Kohlen aus dem Bunker zum Vorschein. Es gelang den Archäologen nicht, in den Geschützturm hineinzukommen, der wahrscheinlich der interessanteste Teil des Schiffs gewesen wäre.

Weitere Forschungsarbeiten in den 80er Jahren deckten Zeichen des Verfalls auf – ohne Eingriffe von Seiten der Archäologen der NOAA wird der Rumpf irgendwann zusammenbrechen. Nun versucht man, einen Weg zu finden, wie dem Zerfall Einhalt geboten werden kann; außerdem wird mit Unterstützung der US-Marine ein Projekt zur Stabilisierung des Wracks und eine Bergung ihrer größten Bestandteile geplant. Weiterhin will man versuchen, in den Geschützturm zu gelangen, um seinen Inhalt zu untersuchen. Man kann davon ausgehen, daß die Arbeiten an diesem Projekt bis ins 21. Jahrhundert andauern werden. Es bleibt nur zu hoffen, daß es gelingen wird, diese einzigartige Hinterlassenschaft aus dem Zeitalter der Panzerschiffe zu erhalten.

Oben: *Arzneiflaschen, die in den Kajüten der Besatzung der USS Monitor gefunden wurden. In den späten 70er Jahren wurde eine umfassende Sammlung an Alltagsgegenständen von dem Panzerschiff geborgen.*

Linke Seite: *Ein Taucher untersucht die zugewachsenen Überreste vom Heck der Monitor. Das Schiff liegt kopfüber auf dem Grund, so daß die Schraubenwelle und -halterung nach oben zeigen.*

Unten: *Nach ihrer Schlacht mit der CSS Virginia ruht sich die Mannschaft der USS Monitor an Deck aus. Eine Plane schirmt das Ventilationsgitter über dem einzigen Geschützturm ab.*

Die Cristobal Colon

1898

Grausame Erinnerung an einen ungleichen Kampf

Oben: Amerikanische Kriegsschiffe richteten bei dieser einseitigen Schlacht an den leicht bewaffneten spanischen Kreuzern verheerende Schäden an. »Die Schlacht vor Santiago de Cuba, 3. Mai 1898.« Ölgemälde von Arthur Dugmore.

Als Amerika 1898 Spanien den Krieg erklärte, nannte ein chauvinistischer amerikanischer Diplomat ihn »einen prächtigen kleinen Krieg«. Nachdem die Spanier ihre Herrschaft über Kuba verloren hatten, umfaßte der Konflikt auch Feldzüge in die Philippinen und nach Puerto Rico. Am Ende hatte der Krieg die Vereinigten Staaten zu einer Weltmacht gemacht und Spanien in seinem Rang herabgesetzt.

Im Mittelpunkt der Auseinandersetzungen in Kuba stand ein kleines spanisches Marinegeschwader unter der Führung von Admiral Cervera. Seine Streitkraft bestand aus vier modernen Kreuzern (*Cristobal Colon, Almirante Oquendo, Vizcaya* und Cerveras Flaggschiff, der *Infanta Maria Teresa*) sowie zwei kleineren Zerstörern. Cerveras Einheit war von Spanien entsandt worden und erreichte Santiago im südöstlichen Kuba ohne Verluste; dann aber zogen die Amerikaner innerhalb weniger Tage eine enge Seeblockade um den Hafen. Santiago de Cuba wurde zum Brennpunkt des Kuba-Feldzugs, und am 22. Juni 1898 landeten die Amerikaner im nahe gelegenen Daiquiri.

Die Kämpfe zu Lande erreichten ihren Höhepunkt mit dem Angriff auf San Juan Hill am 1. Juli. Die darauf folgende Einnahme der Höhen von San Juan durch die Amerikaner ermöglichte es ihren Truppen, die Stadt zu überblicken, so daß die spanische Position unhaltbar wurde. Cervera stand vor der Wahl, die Schiffe aufzugeben oder den Durchbruch zu versuchen. Es war eine Frage der Ehre, daß er sich für das letztere entschied, aber die nachfolgende Schlacht sollte kurz, brutal und sehr einseitig sein.

Am frühen Sonntagmorgen des 3. Juli lief die spanische Flotte aus. Um 9.35 Uhr sahen die amerikanischen Beobachtungsposten, wie die ersten spanischen Schiffe am Hafeneingang erschienen. Der diensthabende Offizier, Admiral Schley, ordnete an, das Feuer zu eröffnen. Als die spanischen Schiffe auftauchten, drehten sie hart nach Steuerbord und folgten der Küste, aber jedes einzelne Schiff war dem massiven Feuer von vier amerikanischen Schlachtschiffen ausgesetzt. Die Spanier beantworteten das Feuer mit ihren leichteren Kanonen, aber die schweren amerikanischen Geschütze hatten bereits ihr Ziel gefunden.

Das Massaker vor Santiago de Cuba

Für die *Infanta Maria Teresa* war der Kampf zuerst vorbei; Admiral Cervera befahl, daß sie an der kubanischen Küste auf Strand gesetzt werden sollte. Innerhalb von einer Stunde waren zwei weitere Kreuzer zerstört sowie die beiden Zerstörer. Der einzige Überlebende dieser vormals stolzen spanischen Flotte war der Kreuzer *Cristobal Colon.* Bei seiner Geschwindigkeit von 15 Knoten konnten nur das schnelle Schlachtschiff *USS Oregon* und die Kreuzer *USS New York* und *Brooklyn* mit der *Colon* mithalten, und nach und nach gelang es den Kreuzern, sie zu überholen.

Um 12.20 Uhr eröffneten die Amerikaner das Feuer und erzielten 20 Minuten später einen Treffer, durch den sie die Fahrt des spanischen Schiffes verlangsamen konnten. Die *Colon* erwiderte das Feuer, aber es gelang ihr nicht, einen wirkungsvollen Treffer zu erzielen. Als das Schlachtschiff der Amerikaner in Schußweite kam, war der Kampf so gut wie vorbei. Um 1.30 Uhr sah man sich gezwungen, die *Cristobal Colon* auf den Strand zu setzen; ihr Rumpf stand vom Bug bis zum Heck in Brand. Der Sieg der Amerikaner war durchschlagend.

Das Wrack des Kreuzers wurde in einer seichten Bucht ausfindig gemacht, 50 Meilen westlich von Santiago. Da es von den Sierra-Maestra-Bergen umgeben war, konnten Taucher das Wrack nicht leicht erreichen. Nach der Revolution in Kuba 1956 durften außerdem nur kubanische Taucher oder solche mit einer Vollmacht der Regierung nach Schiffswracks tauchen.

In den 80er Jahren wurde das Wrack untersucht, es lag völlig unter Wasser und war zum Teil auseinandergebrochen. In den frühen 90er Jahren beschloß die kubanische Organisation für Meeresarchäologie Carisub eine umfassende Untersuchung.

Die *Cristobal Colon* trug noch die Narben ihrer letzten Schlacht: verbogene Panzerplatten und zersplitterte Decks. Es gab Anzeichen dafür, daß sie von einem Feuer vernichtet worden war, bevor sie im seichten Wasser vor dem Ufer versank – Metallteile waren zusammengeschmolzen und menschliche Überreste vollständig verkohlt. Durchlöcherte Schädel bezeugten die Heftigkeit der Schlacht, während das Zeichen der spanischen Krone auf chinesischem Geschirr auf vergangenen Ruhm hinwies.

Die Überreste der *Cristobal Colon* sind von Korallen und Gras überwachsen, der Rumpf ist einem langsamen Verfall unterworfen. Das Wrack des einstmals eleganten spanischen Kreuzers dient als Grab seiner Mannschaft, gleichzeitig aber auch als Mahnmal für das Blutbad in einer ungleichen Schlacht zwischen einer amerikanischen und einer spanischen Flotte vor gerade mal einem Jahrhundert.

Oben: *Ein kubanischer Archäologe untersucht ein Häufchen Kohle aus den mittlerweile eingestürzten Bunkern der Cristobal Colon.*

Unten: *Verbogene Platten und Einschußlöcher zeugen von dem Bombardement, dem die spanischen Schiffe durch die amerikanische Marine ausgesetzt waren. Der Rumpf ist im Laufe des vergangenen Jahrhunderts langsam zerfallen.*

Die deutsche Hochseeflotte

1919 Scapa Flow: Untergang einer gesamten Flotte

Oben: Die deutsche Flotte wird im November 1918 in Scapa Flow interniert.

Während des Ersten Weltkriegs war Scapa Flow, eine natürlich geschützte Bucht zwischen den südlichen Orkneyinseln, der Hauptstützpunkt der britischen Kriegsmarine. Diese Inseln nördlich von Schottland lagen strategisch günstig, um einen Ausfall der deutschen Hochseeflotte zu verhindern und um die Konvois zu schützen, die zwischen Großbritannien und seinen Kolonien verkehrten. Von hier aus startete die »Grand Fleet« unter Admiral Jellicoe, um in der Schlacht im Skagerrak (1916) gegen die Deutschen zu kämpfen. Gleichzeitig waren sie der Schauplatz der letzten Seeschlacht des Kriegs.

1918 war Deutschland bereits in die Knie gezwungen worden, und die Admirale wollten einen letzten Ausfall gegen die britische Flotte versuchen. Angesichts des sicheren Todes meuterten die Matrosen und hißten die rote Flagge. Nach dem Waffenstillstand im November 1918 wurde ein großer Teil der deutschen Flotte in Scapa Flow interniert, während die Versailler Friedenskonferenz über ihr Schicksal beriet.

Innerhalb einer Woche fuhren 74 entwaffnete Schiffe der ehemaligen kaiserlichen deutschen Kriegsmarine in Richtung Norden zum Hauptstützpunkt der britischen Kriegsmarine. Es war ein einzigartiger Anblick in der Geschichte der Seefahrt: Da fuhr ein gefährlicher Feind, der ohne entscheidende Schlacht bezwungen worden war. Am Donnerstag, den 21. November, war dann die gesamte deutsche Flotte in Scapa Flow interniert.

Zu der bezwungenen Flotte gehörten elf Schlachtschiffe, fünf Schlachtkreuzer und 50 Zerstörer. Die Moral unter der deutschen Besatzung der Schiffe war auf den Tiefpunkt gesunken; sie waren gezwungen, an Bord ihrer Schiffe zu bleiben, und sehnten sich danach, zurückzukehren. Da die Schiffe nur interniert und nicht erobert waren, durften die Engländer sie nicht betreten, sondern mußten sie aus der Ferne bewachen.

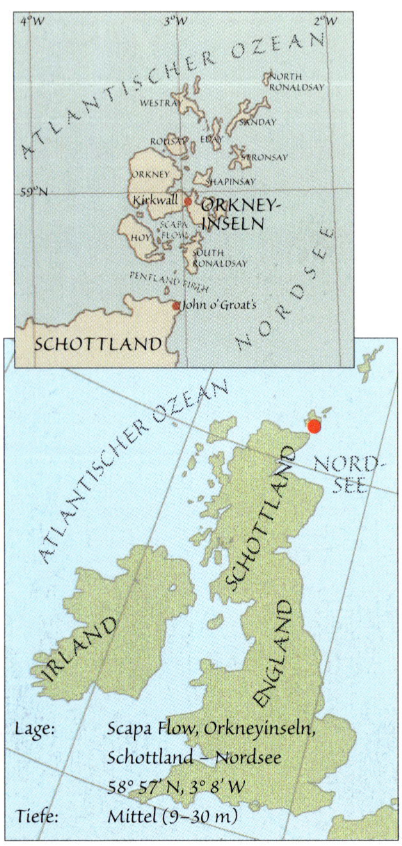

Ein beeindruckendes Schauspiel

Sieben Monate später befand sich die deutsche Flotte immer noch dort. Da die vereinbarte Zeit des Waffenstillstands sich dem Ende näherte, befürchtete Konteradmiral von Reuter ein Wiederaufleben der Feindseligkeiten. Er war nicht bereit, seine Schiffe den Briten zu überlassen, und so wurden Pläne zur Versenkung der Flotte gemacht. Am 21. Juni 1919 verließ die gesamte Grand Fleet die Bucht von Scapa Flow für eine Übung – lediglich zwei Zerstörer blieben zur Bewachung der Deutschen zurück. Von Reuter ergriff die Chance und gab den Befehl, die Schiffe zu versenken.

Gegen Mittag bemerkten die britischen Wachschiffe, daß das Schlachtschiff *Friedrich der Große* im Wasser versank. Als sie die Sache genauer untersuchen wollten, sahen sie, daß die übrigen deutschen Schiffe dem Beispiel folgten. Die Schiffe waren aufgetakelt worden, so daß das Vorhaben unumkehrbar war. Die Engländer konnten nichts weiter tun, als dem Schauspiel zuzusehen. Einige der Boote, wie zum Beispiel das Schlachtschiff *Bayern*, kenterten, während andere, wie der Schlachtkreuzer *Hindenburg*, ganz gerade versanken. Als die Boote untergingen, trieben Öl und Trümmerteile zusammen mit den deutschen Matrosen an die Wasseroberfläche.

Eine Gruppe Schulkinder wurde Augenzeuge der Vorgänge, und eines von ihnen bezeichnete es als »einen wundervollen Anblick, als all die deutschen Schiffe rings um uns versanken«. Die Briten gingen an Bord einiger Kreuzer und kleinerer Schiffe und setzten sie auf den Strand, am Abend aber lagen mehr als 50 Kriegsschiffe auf dem Grund, darunter alle großen Schlachtschiffe. Die Mannschaften wurden in Gefangenschaft genommen und später wieder nach Deutschland zurückgesandt.

In den 20 Jahren, die zwischen dieser Versenkung und dem Ausbruch des Zweiten Weltkriegs lagen, wurden fast 40 Schiffe gehoben und verschrottet, viele davon von der Bergungsfirma Cox and Danks. Dies war wohl eine der größten Bergungsaktionen, die jemals durchgeführt wurden. Bei den kleineren Schiffen legten Taucher Ketten unter die Wracks; mit Hilfe von Schwimmdocks konnten die Boote dann gehoben und ans Ufer gebracht werden. Bei den großen Schiffen wurden die Löcher im Rumpf abgedichtet, so daß er anschließend mit Luft gefüllt werden konnte. War das Schiff einmal an der Oberfläche, wurde es schließlich zur Verschrottung geschleppt.

Einige der Schiffe wurden aus unterschiedlichen Gründen nie geborgen, dazu gehören drei große Schlachtschiffe (*König*, *Markgraf* und *Kronprinz Wilhelm*), vier Kreuzer und drei Zerstörer. Heute sind die Wracks der deutschen Flotte eine Unterwasserattraktion von internationaler Bedeutung. Sie werden von einer strengen Bergungsverbotspolitik geschützt, aber Taucher haben die Möglichkeit, die Erhabenheit dieser Dreadnoughts anzusehen und nachzuempfinden, und so sind die Wracks Europas größtes Unterwasser-Schiffahrtsmuseum.

Unten: Die Besatzung eines Schleppkahns der britischen Marine untersucht einen teilweise gesunkenen und auf Strand gelaufenen deutschen Zerstörer, nachdem die Hochseeflotte im Juni 1919 versenkt worden war.

Die HMS Royal Oak

1939 Desaster an einem sicheren Ankerplatz

Oben: Die HMS Royal Oak vor Anker in Scapa Flow, kurz bevor sie von der U 47 versenkt wurde. Der Angriff traf die Besatzung völlig unerwartet unter Deck, was die unglaublich hohe Zahl an Toten erklärt.

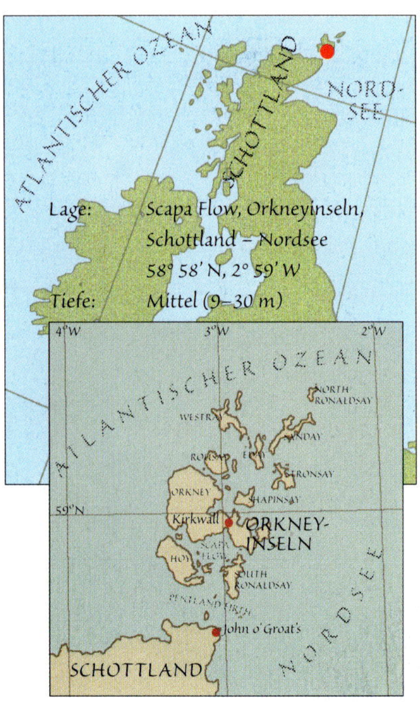

Als Großbritannien am 13. September 1939 in den Zweiten Weltkrieg eintrat, war die britische Kriegsmarine für den Konflikt bereit. Die Flotte versammelte sich an ihrem alten Stützpunkt in Scapa Flow, einer großen, natürlich geschützten Bucht zwischen den Orkneyinseln. Von dort aus hat man einen raschen Zugang zur Nordsee und zum Atlantik – eine gute Ausgangslage, um jedes Manöver der Deutschen abzufangen. Der Zugang war nur über sechs Einfahrten möglich, die durch Blockadeschiffe oder Anti-U-Boot-Netze sowie patrouillierende Kriegsschiffe versperrt waren. Der Stützpunkt wurde als uneinnehmbar für U-Boot-Angriffe angesehen.

Bei Ausbruch des Krieges kam Flottenadmiral Karl Dönitz, Oberbefehlshaber der deutschen U-Boot-Flotte, zu der Ansicht, daß ein kühner Kommandant es schaffen könnte, einen Weg zu dem Ankerplatz zu finden. So wählte er den Kapitänleutnant Günther Prien, Kommandant der *U 47* dafür aus, und am 8. Oktober 1939 lief das U-Boot in Kiel aus. Vier Tage später lag es vor Orkney, wo Prien überlegte, wie er am besten nach Scapa Flow kommen könnte.

Um Mitternacht tauchte das U-Boot auf und näherte sich Kirk Sound, zwischen der Hauptinsel Orkney und der Insel Lambs Holm. Dank der günstigen Strömung und seiner fast lautlosen Elektromotoren konnte das Boot den Blockadeschiffen und den Scheinwerfern eines vorbeifahrenden Autos ausweichen. Dann war das U-Boot hinter den Hindernissen und bewegte sich frei am Ankerplatz!

Prien fuhr zur Westseite der Bucht, entdeckte aber, daß dort gar keine großen Kriegsschiffe lagen. So ließ er das U-Boot in den Norden von Scapa Flow abdrehen, wo Aufklärungsflugzeuge Schlachtschiffe vor Anker gesehen haben wollten. Prien bewegte sich behutsam am östlichen Ufer entlang und konnte kaum an so viel Pech glauben, als er den Ankerplatz verlassen vorfand. Plötzlich aber entdeckten die Beobachtungsposten die Umrisse eines Schlachtschiffes, das sie als eines der Royal-Sovereign-Klasse identifizierten. Es war die *HMS Royal Oak.*

Ein unerwarteter Angriff

Die *Royal Oak* war im Mai 1916 in Dienst gestellt worden, gerade noch rechtzeitig, um an der Schlacht im Skagerrak teilzunehmen. Sie war etwa 185 m lang, hatte vollbeladen eine Wasserverdrängung von 35 000 Tonnen und eine Besatzung von 1198 Seeleuten. Sie war mit acht 381-mm-Kanonen bestückt, die eine Reichweite von über 15 Meilen hatten, sowie einer zweiten Batterie von 152-mm-Kanonen. Sie war drei Jahre vor dem Krieg modernisiert worden und wurde als wichtiges Glied der Kriegsmarine angesehen. In der Nacht vom 13. auf den 14. Oktober lag sie friedlich an der nordöstlichen Spitze von Scapa Flow vor Anker.

Um 1 Uhr morgens feuerte die *U 47* von ihren Bugrohren aus drei Torpedos auf die *Royal Oak*, die mehr als 2700 m entfernt lag. Ein vierter Torpedo verfehlte sein Ziel. Prien schwenkte sein U-Boot herum und feuerte zwei Torpedos aus den Heckrohren. Vier Minuten später hörten die Deutschen eine gedämpfte Explosion. Von der *Royal Oak* kam keine direkte Reaktion, und so feuerte Prien nochmals aus den nachgeladenen Bugrohren. Drei Minuten später wurde die Stille durch drei große Explosionen durchbrochen. Die *U 47* war schon wieder in sicherer Entfernung; am 17. Oktober kehrte Prien nach Kiel zurück, wo er wie ein Held empfangen wurde.

Die Besatzung der *Royal Oak* dachte, daß die erste gedämpfte Explosion durch einen Unfall in einem Lagerraum für Farben verursacht worden wäre. Kontrolltrupps versuchten, die durch die Explosion ausgelösten Brände einzudämmen. Die zweite Torpedosalve riß dem Schiff den Boden und 20 Minuten später die Seite auf, so daß die *Royal Oak* Schlagseite nach Steuerbord bekam. Um 1.30 Uhr kenterte sie und versank, wobei sie 833 Matrosen mit sich in die Tiefe nahm.

Oben: Eine Wrackboje kennzeichnet die letzte Ruhestätte eines ehemals stolzen Schlachtschiffs und seiner Besatzung.

Noch heute liegt die *HMS Royal Oak* in einer Tiefe von fast 30 m, so wie sie 60 Jahre zuvor gesunken ist. Netze wurden über ihrem Wrack ausgelegt, um zu verhindern, daß Leichen an die Oberfläche treiben. Vor kurzem entfernten Taucher der Marine ihre Schraubenwelle, die Teil eines Mahnmals gegen den Krieg wurde. Alle anderen Überreste bleiben unberührt, da ihr Status als Kriegsfriedhof die Aufmerksamkeit von Tauchern und Souvenirjägern verbietet.

Ihr nach oben zeigender Rumpf ist von der Wasseroberfläche aus durch eine Tauchermaske zu erkennen; der nun unterhalb des Rumpfs steckende Aufbau ist intakt, abgesehen von den alles überwuchernden Meerespflanzen. Eine Wrackboje kennzeichnet die Stelle der Bucht, an der die *Royal Oak* unterging. In jedem Jahr wird hier zum Gedenken an die Menschen, die dort unten ihren Tod fanden, ein Kranz ins Meer geworfen.

Unten: Man glaubte, der landschaftlich schöne und ruhige Ankerplatz Scapa Flow sei vor Angriffen durch deutsche U-Boote sicher.

Register